卓越教师 教学主张丛书

厦门市卓越教师培育项目成果
西南大学教育学"双一流"学科建设实践成果
总主编 陈 珍 朱德全

具身体育教学论

李加前 著

西南大学出版社
国家一级出版社 全国百佳图书出版单位
·重庆·

图书在版编目(CIP)数据

具身体育教学论 / 李加前著. -- 重庆：西南大学出版社, 2024.11. -- ISBN 978-7-5697-2686-2

Ⅰ.G807.01

中国国家版本馆CIP数据核字第2024ER2123号

具身体育教学论
JUSHEN TIYU JIAOXUE LUN

李加前　著

责任编辑：徐庆兰
责任校对：邓　慧
封面设计：闰江文化
版式设计：散点设计
排　　版：张　艳
出版发行：西南大学出版社(原西南师范大学出版社)
　　　　　地址：重庆市北碚区天生路2号
　　　　　邮编：400715
　　　　　市场营销部电话：023-68868624
印　　刷：重庆市国丰印务有限责任公司
成品尺寸：170 mm×240 mm
印　　张：17.5
字　　数：350千字
版　　次：2024年11月　第1版
印　　次：2024年11月　第1次印刷
书　　号：ISBN 978-7-5697-2686-2
定　　价：58.00元

编委会

总主编
陈 珍　朱德全

副总主编
洪 军　刘伟玲　庄小荣　潘世锋　罗生全　周文全

执行主编
范涌峰　魏登尖

编委（以姓氏笔画为序）
王天平　王正青　牛卫红　艾 兴　叶小波　朱德全
庄小荣　刘伟玲　陈 珍　陈 婷　范涌峰　罗生全
周文全　郑 鑫　赵 斌　侯玉娜　洪 军　唐华玲
　　　　　　　　　　　　韩仁友　潘世锋　魏登尖

总序

习近平总书记在2024年全国教育大会上指出,要实施教育家精神铸魂强师行动,加强师德师风建设,提高教师培养培训质量,培养造就新时代高水平教师队伍。《中共中央 国务院关于弘扬教育家精神加强新时代高素质专业化教师队伍建设的意见》指出,要加强中小学学科领军教师培训,培育一批引领基础教育学科教学改革的骨干。强化中小学名师名校长培养。

厦门市历来重视名师队伍的培育培养工作,根据教师专业成长规律,经二十年探索,逐步形成了"骨干教师—学科带头人—专家型教师—卓越教师"的金字塔式名师阶梯成长体系。自2021年起,厦门市教育局与西南大学开展战略合作,共同推进厦门教育高质量发展和教师队伍建设。"厦门市首期卓越教师培育项目"是由厦门市教育局与西南大学教育学部联合倾力打造的精品培训项目,也是厦门市迄今为止最高层次的教师培训项目。该项目旨在打造一支具有教育情怀、高尚师德,富有创新精神,具有鲜明教育教学思想和教学主张,在教育教学和教育科研上发挥领军作用的高层次教育人才队伍。项目以产出导向为理念,坚持任务驱动,通过个人自学、高端访学、课题研究、讲学辐射、挂钩帮扶、发表论文、出版专著、提炼教育思想、推广教学主张等方式优化培育过程。

三年琢磨,美玉渐成。通过三年的探索,围绕成为"有实践的思想者"这一核心目标,每一位卓越教师培育对象形成了特色鲜明、理念前沿的教学主张，并以教学主张为中心形成了一本专著，从而汇集成目前呈现在大家面前的"卓越教师教学主张丛书"。本丛书，既是"厦门市首期卓越教师培育项目"三年实施成果的沉淀，是每一位卓越教师培育对象思想的结晶，也是西南大学教育学"双一流"学科建设的实践成果。

仔细阅读本丛书，可以欣喜地看到，卓越教师培育对象们不仅能敏锐地捕捉到教育教学领域的难点、热点问题，揭示其中的本质规律，还能结合本地教学实际智慧地提出解决方案。总体来说，本丛书有以下三个方面的特点。

一是有较浓厚的学术气息。29位培育对象中有获得国家、省级基础教育教学成果奖的教师，有正高级教师，有省特级教师，但他们还在不断突破，追寻对教育教学本质的理解，追寻从实践到思想的蝶变，追寻高水平的专业表达。他们从实践中提炼出主张，再用主张引领实践，他们在书稿中融入了理论的阐释，学会了建构模型，并借助模型简洁地表述自己的教育教学思想，读起来不生涩也不单调。

二是有较强的系列探索味道。《义务教育课程方案（2022年版）》提出，应做好学段间的教育教学衔接。29位培育对象中，既有教育科研专职人员和学校的管理者，也有班主任、一线教师等，研究成果覆盖了小学、初中和高中的大部分学科，最终形成了29本培育对象教学主张的专著和1本全景式呈现卓越教师培育的经验和初步成效的论著。因此，本丛书既有基于教育者几十年教学实践的思想提炼，又有深入课堂的案例剖析，可以"用眼睛来读"，作为教师专业发展的自读文选；也可以"用行动去做"，作为教学范例直接进入课堂实践，在行动研究中孵化、创生；也适合专门研究者或管理人员参阅，从中窥探从小学到高中的教育教学重点与发展脉络。

三是有鲜明的课程育人特色。本丛书的撰写以学科课程为载体，以学科课程核心素养为目标，积极探索新时代背景下的育人方式变革，寻求育人最佳路径，以德施教，立德树人。因此，单看每本专著，已能感受到其中鲜明的课程育人特色，综合丛书来看，这一特色更加明显。

期盼厦门市首批卓越教师培育对象大力弘扬践行教育家精神，追求卓越的步伐永不停留，不断完善、应用和推广自己的教学主张和教学成果，为厦门教育做出更多更大的贡献。也期盼本丛书能为广大中小学教师深化教学改革提供参考，为教育学"双一流"学科服务教育实践提供借鉴。

是为序。

陈 珍
（中共厦门市委教育工委书记、厦门市教育局局长）
朱德全
（西南大学教育学部部长、西南大学教育学一流学科建设"首席责任专家"、国家重大人才工程特聘教授、国务院学位委员会学科评议组成员）

序言

具身认知(Embodied cognition)是新兴认知科学理论,这一理论起源于17世纪法国科学家笛卡尔提出的身心分离"二元论"思想;兴盛于20世纪八九十年代美国心理学家莱可夫和哲学家约翰逊等主张的身心合一"一元论";繁荣于21世纪初神经科学家借助ERP等技术所证明的心理现象与脑神经生理活动关联,确立了认知"身心一体论"。

具身认知理论认为身体的感官、神经结构以及活动方式决定了人们的思维和认知。近年来,国内外诸多教育专家运用具身认知理论开展研究,取得了一些成绩,但也面临不少问题。在此背景下,李加前老师能够根据多年的教学实践经验,凝练出"具身体育"等教学主张,并撰写《具身体育教学论》一书,意在通过体育教学的实践成效检验具身认知理论的适切性,进而提出具有中国特色的理论与实践问题,值得学习!

随着《普通高中课程方案(2017年版2020年修订)》和《义务教育课程方案(2022年版)》的出台,我国基础教育课程也迎来了新的变革,如体育与健康课程标准中明确提出,以培养学生的学科核心素养为终极目标,达成学生身心全面发展;倡导以学生为主体、以学定教的教学理念;提倡结构化的大单元教学内容;要求创设复杂的运动情境,采用教师示范与讲解重点和学生自主、合作及探究学习相结合的教学方式;完善多元的教学评价;建构"学、练、赛、评"一体化教学模式。

具身体育教学以具身认知理论为基础,倡导"身心一体",强调学生在学习活动过程中身体(机体、心理)与环境的充分交互,由此形成动作技能,建立新认知体系,从而达到身心全面发展的教学目标。可见，具身体育教学吻合此次基础教育体育与健康课程改革所对应的教学目标、内容、方法，以及评价要求，具有很强的理论性、实践性、科学性与时代性，对探索体育教与学的本质和规律、更新体育教师的教育教学观念、改善体育教学方式方法等具有重要的参考价值。

走进《具身体育教学论》，发现此书在理论与实践交互印证方面有着鲜明的连续性和逻辑性，突出表现在：一是，针对传统体育教育存在的诸多弊端，提出具身体育教学核心概念，并建立相应的认知体系；二是，溯源具身认知理论，澄清具身认知理论与体育教学的耦合逻辑，系统构建具身体育教学理论体系；三是，基于具身体育教学理论，更新体育教学目标、优化体育教学内容、创新体育教学模式、完善体育教学评价，以及有效开发与利用体育教学资源等；四是，借实践案例佐证具身体育教学理论，建立情感共鸣与行动共识。而在这个逻辑结构背后贯穿的具身体育教学主张，始终遵循着人类的认知发展规律，强调体育的本真是"以身体练习为主要手段"。这种以坚定身心一体性，指引学生在习练体育运动知识与技能的过程中共同参与，进而促进身心全面发展的目的论，内在契合新时代学生学科核心素养的培育要求。

2021年，教育部办公厅印发《〈体育与健康〉教学改革指导纲要（试行）》，此书的出版恰逢其时。其摒弃了"离心性、片面性、孤立性、固化性、虚拟性和单一性"的传统体育教学弊端，注重感知觉、运动系统对心智发展的影响，遵循由具体经验到抽象概念的自下而上的知识与技能，过程与方法，情感、态度与价值观的生成过程，将会引发一场体育教学的结构性变革。展望未来，希望李加前老师继续深入研究，在具身认知视域下探索更多有关体育教学改革的理论、实践与前沿问题，丰富学界的理论认知，为一线体育教师课程教学提供借鉴与参考。

是为序。

罗生全

2024年3月于西南大学师元楼

前言

2023年,教育部办公厅关于印发《基础教育课程教学改革深化行动方案》(教材厅函〔2023〕3号),文件中的"行动目标"提出:至2027年,教师教学行为和学生学习方式发生深刻变化,教与学方式改革创新的氛围日益浓厚,基础教育课程教学改革形成新气象。2020年,中共中央办公厅、国务院办公厅印发《关于全面加强和改进新时代学校体育工作的意见》(中办发〔2020〕36号)(简称《意见》),《意见》指出,应不断深化教学改革;加强体育课程和教材体系建设;强化学校体育教学训练。2021年,教育部办公厅印发《〈体育与健康〉教学改革指导纲要(试行)》(教体艺厅函〔2021〕28号),提出实现"享受乐趣、增强体质、健全人格、锤炼意志"的改革目标,指导如何把握"教会、勤练、常赛",达成育人目标。2017年和2022年相继出台普通高中和义务教育体育与健康课程标准,以培养学科核心素养为目标,以育人为导向,促进学生身心全面发展。恰逢大好背景下,作者结合前期对具身认知理论及其教育运用的研究工作,提出了"具身体育"教学主张,并撰写《具身体育教学论》专著。

"具身体育"是基于具身认知"身心一体论",结合体育教学特点,学生在学习体育的过程中通过身体运动感知觉、本体感觉、深度知觉,主体、客体互融,不断交互作用,直接获得新认知,形成动作技能,情感得到升华。撰写本专著的目的有四:一是贯彻上级文件精神,中共中央办公厅、国务院办公厅及教育部有关学校体育工作精神所要求的加强学校体育课程体系建设,创新与改革教学方式,构建"学、练、赛、评"一体化教学模式等;二是落实基础教育体育与健康课程标准,新课程标准倡导以学生为主体、以学定教的教学理念,采用自主、合作及探究学习方式,精准教学评价;三是为致力于相关研究的学者提供参考,本专著以学校体育教学为基础,以具身认知理论为指导,书中列举较多作者自身实践内容,可供学者研究参考;四是为一线教师提供借鉴,专著具有系统性的理论体系,能从体育教学思想和设计上为一线教师提供借鉴,提升教师的理论素养。

《具身体育教学论》是一本较为系统化的中小学体育教学理论专著。本书分为七章,内容涵盖了具身体育教学的基本概念、理论基础、教学目标、教学内容、教学模式、教学方法、教学评价以及课程资源开发等方面,提出了全新的体育教学理论体系和实践方法。第一章,主要从传统体育教育现状及其存在的问题和具身体育的优点出发,提出体育教学转向的必要性,阐述了具身体育的概念、内涵及核心要义,揭示了它对于改革体育教学、提升教学效果的重要价值。第二章,着重论述了具身体育的教学理论及思想体系,详细介绍了其基本原理和主要观点,以便读者理解具身体育的理论基础,同时,探讨了具身认知思想体系在体育教学中的重要意义,提出了一个完整的、系统的具身体育教学理论体系。第三章,详细描述了具身体育的教学目标,从宏观层面到微观层面对具身体育的教学目标进行了概述,包括各个目标的结构、内容和层次,探讨了具身体育教学目标的制定方法,并系统阐述了中小学具身体育教学目标。第四章,探讨了具身体育的教学内容,提出了科学、合理的具身体育教学内容开发方法,以便更好地落实体育和健康学科核心素养。第五章,分析了具身体育的教学模式和教学方法,基于具身体育教学的性质与特征,创新性地开发了科学、合理的教学结构,形成独特的教学模式;依据具身体育教学模式需要,探索具身体育的教学方法。第六章,研究了具身体育教学的评价,主要对具身体育教学评价的工具与方法进行了深入研究,研发与制定了一套科学、有效的评价工具和方法,实践探索具身体育教学评价的运用。第七章,具身体育课程资源的开发与利用,阐述了具身体育课程资源的开发策略,探索了具身体育课程资源的分类开发与应用方法,列举了具身体育课程资源开发与运用的典型案例。总的来说,本书运用"具身认知"理论,有机结合体育教学,深入探索体育教学的理论框架和实践方法。

具身认知是一门新兴的认知科学,它遵循人类认知规律,揭示人的认知属性。专著《具身体育教学论》是基于具身认知理论、体育特点及教学论的一门学校体育教学理论,具有自身的特色与创新性。

特色。基于具身认知理论视角下的体育教学认知方式具身性、发展目标全面性、活动方式交互性、教学模式灵动性、教学情境真实性,以及评价方式多元性。具体体现在:一是具身体育认知方式的"具身性",身体是认知的主体,人体在世界活动并嵌入世界,身体、世界、认知是一个完整的统一体;二是具身体育教学发展目标的"全面性",强调身体与心理完整统一,两者共同参与,促进心智提升和技能形成的同步发展;三是具身体育活动方式的"交互性",强调在活动中生、师及环境三者之间相互交互,融为一体;四是具身体育教学模式的"灵动性",倡导自然生成的、动态的、非预设的教学方式,因此,具身体育教学模式是灵动的;五是具身体育教学情境的"真实性",认知来源于身体与环境的交互作用,真实性的学习情境才能使学生更好地掌握与运用技能,培养学科核心素养;六是具身体育教学评价的"多元性",不仅重视"评"的要素,更重视"价"的价值,倡导评价内容的全面性、评价主体的多样性、评价方式的多样性。总之,具身体育的主旨是认知活动与身体参与深度融合。

创新性。基于具身认知理论的具身性、情境性和生成性等特征,结合新课标提出的发展学科核心素养理念,创新本书的学科核心素养的"具身认知性"含义。具体表现为以下三个方面:一是具身认知运动能力。在身体具身参与活动的情境性下,触觉、视觉、听觉等多种感知觉参与其中,身体认知能力、肢体自控能力有所提高,建立了稳定的程序认知(运动程序),从而形成与发展运动能力。由于运动能力是在丰富的情境下形成和发展的,因此也决定着它的生成性、整合性和即时性。二是具身认知健康行为。

健康行为的动力源于个体具身感受,正确的具身认知可以提升运动意识,养成良好的健康行为,因此具备具身性;人体在运动过程中,身体与环境相互交互,产生新的运动认知,影响健康行为习惯,因此具备情境性;体育锻炼过程是机体、心智与环境充分融合,不断建构而生成,形成了运动锻炼的行为与习惯,因此具备生成性。三是具身认知体育品德。在运动过程中,身体、心智和环境三者交互作用生成体育品德。不同的动作形式会影响不同的情绪认知;不同的交流与合作形式也会产生不同的情绪认知。大脑会根据身体不同的运动形式和人体活动交流合作方式,整合和分析各种信息,改变认知结构,产生新的认知情绪,从而形成良好的体育品德。

在撰写本书时,笔者对具身认知理论在体育教育运用的理论研究还存在不够全面、不够深入、不够透彻等问题,具体表现为理念落实不到位、目标定位有偏差、方法运用不恰当、举案针对性不强等,在后续研究中会加以改进,同时,也希望读者提出宝贵意见。

特别说明:本书在撰写过程中,参考并引用了较多的文献资料,这些文献资料多数有标明出处,如有疏忽未能在引用处准确标注,请与笔者联系,避免引发"知识产权"的争议。

李加前

2024年5月

目录

第一章 具身体育的提出及其核心概念

第一节 具身体育的提出……003
第二节 具身体育的概念与内涵……008
第三节 具身体育教学核心要义……015

第二章 具身体育教学理论及思想体系

第一节 具身体育的理论基础……021
第二节 具身认知思想体系及其在体育教学中的应用……032
第三节 具身体育教学理论体系……050

第三章 具身体育教学目标

第一节 具身体育教学目标概述……063
第二节 具身体育教学目标的结构与制定依据……066
第三节 具身体育教学目标的内容……068

第四章　具身体育教学内容

第一节　具身体育教学内容概述……………………………………091
第二节　具身体育教学内容……………………………………………094
第三节　具身体育教学内容的开发……………………………………115

第五章　具身体育教学模式和教学方法

第一节　具身体育教学模式结构………………………………………127
第二节　具身体育教学模式的运用……………………………………134
第三节　具身体育教学方法……………………………………………171

第六章　具身体育教学评价

第一节　具身体育教学评价概述………………………………………177
第二节　具身体育教学评价的工具与方法……………………………183
第三节　具身体育教学评价运用………………………………………210

第七章　具身体育课程资源的开发与利用

第一节　具身体育课程资源的开发与利用概述………………………227
第二节　具身体育课程资源的开发与利用的策略和要求……………230
第三节　具身体育课程资源的分类开发与利用………………………234

参考文献……………………………………………………………257

后记…………………………………………………………………262

第一章

具身体育的提出及其核心概念

体育是学校教育的重要组成部分,它在促进学生身心全面发展方面具有不可替代的作用。引入具身认知理论的"具身体育",遵循体育与健康学科的教育教学规律,更好地聚焦于发展学生学科核心素养。

第一节 具身体育的提出

体育是以身体练习为主要手段。体育教学是以身体活动为媒介;谋求个人身心全面发展为直接目的的教育活动。[①]体育是人体运动时通过本体感知觉获得程序认知,形成运动技能,发展体能,产生情绪认知。体育教学过程是以学生身体为认知主体,在复杂的情境中学练运动技能,自然生成学习目标。

认知科学是一门跨学科的科学,它研究人类的认知过程,包括知觉、记忆、思维、语言等。近年来,认知科学的研究成果在教育领域得到了广泛应用,为体育教学提供了新的视角和路径。

本书提出的"具身体育"源于"具身认知"和"体育教育",属于认知科学和教育的范畴。

一、具身体育提出的缘由

传统体育教育存在诸多弊端,而具身体育却能真正反映体育教育的本质。基于具身认知理论视角下的体育教学,具有"具身性"认知方式、"全面性"发展目标、"交互性"活动方式、"灵活性"教学模式、"真实性"教学情境以及"多元性"评价方式等特点。

(一)认知方式转型:由传统体育教育教学的"离心性"向具身体育"具身性"的认知方式转型

受到第一代认知科学理论"离心说"的影响,传统体育认为认知活动与身体是分离的,认知是不依赖身体而独立存在的,如计算机模拟输入与输出、命题符号的加工等。具身理论认为认知的主体是身体,身体嵌入世界,认知、身体、世界是一个统一体。因此,具身体育具有具身性。

[①] 全国体育学院教材委员会.体育概论[M].北京:人民体育出版社,1989:89-92.

(二)发展目标转型:由传统体育教育教学的"片面性"向具身体育"全面性"的目标转型

受到行为主义理论的影响,传统体育强调通过身体活动,让身体承受不同程度的运动负荷来提高身体素质和掌握运动技能,这一过程将会使身体和心理产生分离,是机体独立完成的动作练习,忽视了身体活动过程中的心理诉求。而具身体育强调了机体与心理的整体统一、共同参与,以达到运动技能的形成与心智提升同步全面发展。

(三)活动方式转型:由传统体育教育教学的"孤立性"向具身体育"交互性"的活动方式转型

受到形而上教学理论的影响,传统体育注重个体独立、单一的身体活动,未能创设情境,使学生"学练"合作和师生"导学"合作,缺乏人与人、人与环境的交互过程。具身体育则强调在身体活动过程中,生生之间、生师之间、生师与环境之间的交互,让身体嵌入环境,使机体与环境融为一体。因此,体育教育亟待由"孤立"转向"交互"。

(四)教学模式转型:由传统体育教育教学的"固化性"向具身体育"灵活性"的教学模式转型

传统体育是按照预先设计的教学内容、教学组织和教学方法进行固定模式的体育教育活动过程,易导致认知思维固化。而具身体育教学方式是非预设的、动态的、自然生成的,具有一定的灵活性。具身体育倡导充分利用自然生成的"错误"资源,加以灵活、科学处理以改进教学。

(五)情境创设转型:由传统体育教育教学的"虚拟性"向具身体育"真实性"的教学情境创设转型

传统体育教育教学注重运动技能的熟练掌握,强调运动技能环节的强化与巩固,多采用虚拟的学与练情境,脱离了实际的运用,尤其是对开放性运动技能项目非常不利。具身体育依据认知来源于身体同环境的交互作用,无论是开放性运动技能的教学还是闭合性运动技能的教学,均应在学生理解动作技术原理的基础上,设置真实性的学习情境,让学生在真实的情境中"学、练、赛",提升综合核心素养。

(六)评价方式转型:由传统体育教育教学的"单一性"向具身体育的"多元性"评价方式转型

受到"二维、三维"教学目标的影响,传统体育教育评价主要采用"量"的评价方式,定性评价流于形式,特别是在体能、技能、理论、出勤等评价内容上,重视量化评价的数字符号,忽视对学生在活动过程中自然产生的情意表现上的"质"的评价。

具身体育倡导体育教学评价的"多元性",重视评价过程中"评"的维度,更重视隐藏在数字后面的"价"的值。评价的目的是激励和促进学生更好地发展。具身体育教学评价注重评价内容的全面性、评价主体的多样性、评价方式的多样性,特别突出生生、师生的交互评价。

具身认知理论的体育教育教学,注重身体参与认知活动的合法性与重要性的主旨深度融合,同时表明具身认知理论对体育教学活动的组织措施具有前瞻性的指导意义。[①]具身认知理论与当前学校的体育教学理念十分吻合。

二 具身体育确立的理由

比较传统体育教育教学,具身体育提出了"具身性"认知方式等六个转型,提出转型确立的理由是具身体育具有理论前沿性、政策前沿性和教学实践需求性。

(一)理论前沿性

具身认知(Embodied cognition)是新兴认知科学理论,它强调人的思维和知识是通过身体与环境互动而形成的。具身认知起源于17世纪法国科学家笛卡尔提出的身心分离"二元论"思想;兴盛于20世纪八九十年代美国心理学家莱可夫和哲学家约翰逊等提出的身心合一"一元论";繁荣于21世纪初神经科学家借助ERP等技术,经过实验证明脑认知成像技术伴随心理现象而发生的脑神经生理活动,确立了认知"身心一体论"。

近年来,国内外相关教育专家运用具身认知理论开展教育研究,认为具身

[①] 何绍元,杨健科,朱艳,等.基于具身认知理论的体育教学转向研究[J].南京体育学院学报(自然科学版),2016,15(5):113.

认知理论遵循人的认知规律和心智发展规律,具有科学性与有效性。具身教育遵循人的认知规律,探索教育的本质,注重自下而上,由具体经验到抽象概念,从认知与技能到情感态度与价值观的生成过程,对探索教育科学具有重要意义。

具身体育具有理论前沿性,它基于具身认知教育思想理论体系,倡导运动技能的习得、体能的发展以及情感的培养,是通过身体与复杂的运动情境交互作用下产生新的程序认知和陈述认知。具身体育理论体系强调以学生为主体,学生是学习过程的积极参与者,通过具身实践获得新认知,以构建知识和技能。具身体育观点认为机体感知是认知的基础;运动经验可以提高学生的技能认知水平;运动情境可以提升学生的高阶认知水平。

(二)政策前沿性

1.新的政策与文件

2020年,中共中央办公厅与国务院办公厅印发《关于全面加强和改进新时代学校体育工作的意见》(中办发〔2020〕36号),文件指出,要不断深化教学改革;加强体育课程和教材体系建设等。2021年,教育部办公厅印发《〈体育与健康〉教学改革指导纲要(试行)》(教体艺厅函〔2021〕28号),提出学校体育教学要以实现"以体育人"为教学目标。2023年,教育部办公厅印发了《基础教育课程教学改革深化行动方案》(教材厅函〔2023〕3号),文件在"行动目标"中明确提出,要在未来的几年,改革创新教与学方式,改变教师教学行为和学生学习方式。

2.新的课程标准

《普通高中体育与健康课程标准(2017年版2020年修订)》和《义务教育体育与健康课程标准(2022年版)》的出台,标志着我国基础教育新一轮课程改革的启动,此次体育与健康课程改革,着力发展学生的核心素养,促进学生身心全面发展;设计专项运动技能的大单元教学;注重"学、练、赛"一体化教学理念;创设多种复杂的运动情境,采用多样化的教学方式方法;构建主体多元、内容全面、方法多样的评价体系。

具身体育倡导"身心一体"教学理念,强调学生在学习活动过程中身体(机体、心理)与环境的充分交互,以形成动作技能和内化知识,获得新认知,从而达到身心全面发展的教学目标。

具身体育教学理论体系与国家当前新的文件精神和新课标的要求相一致，因此，具身体育教学理论体系具有较强的政策性前沿。

(三)教学实践需求性

身体作为具身认知理论的核心范畴，在体育教学情境中以主体、客体互融的角色生成认知，体育教学中的身体具有主体性、互动性、体验性的具身意蕴。基于现实体育教学实践的问题导向，通过树立"身体主体"的具身性教学理念，体悟"身体思维"的具身性教学方式，倡导"身体间性"的具身性教学方法，营造"身体生成"的具身性教学情境等优化策略，以期具身认知理论能够为解决体育教学实践中的身体认知困惑提供理论支撑。

第二节 具身体育的概念与内涵

具身体育是一种全新的体育教学理论,它试图通过将认知科学的最新研究成果应用到体育教学中,为我们提供了一种全新的视角和方法。具身体育的提出,不仅仅是体育教学领域的一个重要创新,也是对传统教学理论的一种挑战和超越。接下来,我们将深入探讨具身体育的概念与内涵。

一、具身体育的概念

具身体育源于具身理论,同时,具身体育又属于教育的领域。认识具身体育之前需先厘清具身认知、具身教育和体育教育的相关概念。

(一)具身认知:认知过程植根身体,是知觉和行动过程中身体与世界互动塑造出来的。具身认知方式具有具身性、体验性、生成性、互动性及情境性。

(二)具身教育:在具身认知理论下,感觉、知觉和运动等身体经验和环境等对于教育教学的影响及其规律。[1]

(三)体育教育:体育是以身体活动为媒介,以谋求个体身心健康、全面发展为直接目的,并以培养完善的社会公民为终极目标的一种社会文化现象或教育过程。[2]

通过厘清上述概念,结合姜勇教授等专家对具身体育的相关阐述,我们可对具身体育做出如下定义:

具身体育是基于具身认知理论,以学生身体为主体,在身体运动中集合身体的感觉、知觉、思维、情绪等来提高身体自我运动认知,获得情感体验,磨炼意志,达到强身健体、完善性格、塑造人格的目的。

---

[1] 王铿,张盼,岳晓东.儿童认知发展与具身教育[M].北京:清华大学出版社,2022:1.
[2] 全国体育学院教材委员会.体育概论[M].北京:人民体育出版社,1989:89-92.

二、具身体育的内涵

具身体育的内涵包含具身认知理论内涵和体育教育的内涵。

(一)具身认知理论内涵

具身认知理论的内涵主要包括认知是大脑处理信息、认知是具身体验、认知是受身体影响及认知是身体与环境交互等四个方面。

1.认知是大脑处理信息

认知需要经过大脑对外部各种符号、信息进行储存与处理,并有意识地支配自身的身体行为。

2.认知是具身体验

认知主要依赖于身体体验,身体经历、运动、感觉、体验等多维层面交互中,自然生成的不同认识方式和思维方式,因此,认知不是独立于身体之外的封闭活动过程,而是具身的。

3.认知是受身体影响

人的心智产生受到身体运动方式的影响,身体的运动方式不仅直接影响人们对于事物的感知,而且影响着人的情绪、态度、思维和意志等心智内容,如咬牙表示坚持到底的心态。约翰逊等在《身体哲学:具身心智及其对西方思想的挑战》一书中提出:认知主体的身体、心智等参与认知过程;以体认知世界,在认知过程中身体与环境耦合互动的重要性。[1]

4.认知是身体与环境交互

身体是认知的主体,人们通过身体不断与外界环境联系,从而获得对外界事物的认识和知晓,因此,认知、身体、环境三者是有机的整体,彼此影响,相互促进,当身体嵌入环境之中,并与环境相互作用而产生认知。心理学家克拉克

---

[1] 张慈军,周惠新.高校体育教学中融入具身认知理论的研究[J].当代体育科技,2019,9(31):114.

认为,心灵远离内在模型和表征集聚,在大脑、身体及环境相互整合、交织的复杂系统中得以生成。

(二)体育教育的内涵

体育教育的内涵是育人,具体地说是培养学生的学科核心素养。核心素养包括运动能力、健康行为和体育品德三方面。

1.发展运动能力

通过身体活动,提升运动认知,发展体能,提高技能水平,掌握与运用技战术。

2.形成良好的健康行为

在体育学练过程中,形成良好的意识与习惯,获得健康知识与掌握和运用技能、学会调控情绪和适应环境的能力,奠定终身体育。

3.养成优秀体育品德

体育品德是在体育运动中遵循的行为规范和体育伦理,以及形成的价值追求和精神风貌,主要体现为养成优秀的体育精神、体育道德和体育品格等。

(三)具身体育的内涵

基于具身认知理论的内涵和体育教育的内涵,具身体育的内涵可概括为主体具身活动,育体育人。

具身体育是一种强调个体主体与身体互动的教学理念和实践方法。它认为体育教学应该注重学生的主体性和参与性,通过身体活动和经验来促进学生的学习和发展。具身体育的内涵包括以下六个方面的"统一"。

1.身体与思维的统一

具身体育认为身体和思维是密不可分的,身体的行动和经验会深刻地影响我们的思维方式和知识构建。在具身体育中,学生通过身体的参与和体验来获得知识,而不是通过听讲获得知识。这种身体与思维的统一,能够使学生更好地理解和应用所学的体育知识。

在具身体育的教学中,教师通过创造性的教学方式,鼓励学生积极参与体育活动,通过亲身实践来感受和理解运动技能、战术策略以及身体的运动原理。通过身体的动作和感知,学生可以更加深入地认识自己的身体特点和潜能,并将这些经验与学科知识相结合,取得良好的学练效果。

2.主体性与参与性的统一

具身体育强调学生的主体性和参与性。学生不再是被动接受知识的对象,而是知识的创造者和运用者,需要通过亲身参与和体验,积极地探索和解决问题,培养自主学习能力和创新能力。在具身体育教学中,学生可以根据自己的兴趣和能力选择合适的体育项目,从而更好地发展自己的潜能。

具身体育的教学注重个体差异的发展。学生可以根据自己的兴趣和特长选择参与不同的体育项目,如足球、游泳、羽毛球等,从而激发他们的学习热情和积极性。教师应该充分了解学生的个体需求和特点,为他们提供个性化的指导和支持,帮助他们充分发挥自己的潜能。

3.技战术与心理的统一

具身体育追求学生的全面发展,它不仅注重技战术和能力的提升,还强调在学练技战术时学生心理的具身真实感受。通过体育活动,学生学习到运动技能的原理、规则,发展了体能、技能及战术运用,综合能力有所提升,同时心理也会产生极大的变化。此外,在体育活动中学生的良好健康意识和生活习惯,有助于身心的健康发展。

具身体育的教学注重培养学生的综合素质,使他们在体育活动中获得全面发展。通过参与体育活动,可以培养学生的团队合作精神。在集体体育项目中,学生需要相互配合、共同努力,才能取得良好的成绩。这种合作精神不仅在体育活动中有用,而且在日常生活和工作中也是必不可少的。学生通过体育活动中的合作经验,可以学会倾听他人的意见、尊重他人的观点,并学会与他人有效地沟通和协作。

4.情感与价值观的统一

具身体育注重培养学生的情感和价值观。体育活动会激发学生的情感体验,增强他们对体育运动的喜爱和热爱。在此过程中,可以培养学生积极进取、团队合作、遵守规则、公平竞争的意识和尊重他人等体育品德,促进学生获得积极的情感体验和形成正确的价值观与人生观。

在具身体育的教学中,学生通过主体具身参与体育活动,可以体验到运动的乐趣和挑战,激发自身对体育的情感投入。这种情感体验可以增强学生对体育运动的喜爱和热爱,促使他们持续参与体育活动,并养成积极的生活态度。同时,还可以培养他们的团队精神和公平竞争意识。在体育比赛中,学生需要与他人合作,共同赢得团队的胜利。通过团队合作,学生可以学会互相支持、相互信任,并共同解决问题。此外,体育活动还可以培养学生的公平竞争意识,使他们明白竞争应该建立在公平和尊重的基础上,不仅注重结果,更要注重竞争过程中的公正和道德。

5."教、学、评"的统一

具身体育要求改变传统的教学方法和评价方式。传统的体育教学往往以传授知识和技能为主,评价也主要依据学生的表现和成绩。然而,在具身体育中,教师应该采用多样化的教学方法,注重学生的参与和体验,强调过程性、表现性等方面相结合的评价,激发学生的学习兴趣和积极性。

具身体育强调学生的主体性和自主性,是教师引导学生主动参与体育活动的过程。教师可以采用启发式教学、问题导向式教学等方法,通过提问让学生自主思考和探索,培养学生的独立思考能力和解决问题的能力。此外,教师还可以引入合作学习的方法,让学生在小组内相互合作、交流和分享,共同完成任务和解决问题,培养学生的团队合作精神和沟通能力。评价方面,具身体育强调从多个维度来评价学生的学习成果。教师可以通过观察学生的参与程度、表现出的态度和价值观、解决问题的能力等方面来评价学生的综合素质。此外,还可以采用学生自评和互评的方式,让学生对自己的学习进行反思和评价,培养他们的自我认知和自我管理能力。

6.校内与社会实践的统一

具身体育强调将体育活动与社会实践相结合。学生不仅仅要在课堂上进行体育活动,还应该参与到社会中去,通过参加社区活动、组织比赛等方式来锻炼自己的能力和素质。

具身体育倡导将学生的校内体育学习与实践相结合,使他们能够将所学的体育知识与技能应用到实际生活中。学生可以参与社区体育活动,为社区居民提供健康指导和服务,通过实际操作来巩固和应用所学的知识和技能。此外,学生还可以组织相关活动或参加各类体育比赛,通过与其他学校或社区的交流和竞争,提升自己的竞技水平和团队合作能力。

具身体育是一种注重学生主体性和参与性的教学理念,它通过身体的参与和体验,促进学生的学习和发展,培养学生的综合素质和价值观,提高学生的学习兴趣和积极性。具身体育教学的实施需要教师的引导和支持,也需要学校和社会的认可和支持。相信通过具身体育的推广和实践,可以为学生的全面发展和健康成长提供更好的教育环境和机会。

(四)新课程标准出台丰富具身体育的内涵

课程标准是我国学校教育的纲领性文件,具身体育确立的"政策前沿性"理由之一是体育与健康学科新的课程标准。《普通高中体育与健康课程标准(2017年版2020年修订)》提出了"学科核心素养"概念:学科核心素养是学科育人价值的集中体现,是学生通过学科学习而逐步形成的正确价值观、必备品格与关键能力。在当前新课程标准注重"学科核心素养"的背景下,国内多位专家、学者根据具身认知的具身性、生成性和情境性特征,提出了体育与健康学科核心素养的"具身认知性"意蕴[1]。学科核心素养丰富了具身体育的内涵,具身体育有利于学科核心素养的形成与发展。

1.具身认知运动能力

运动能力是人们完成各种活动的能力,它的形成和发展过程是渐进和漫长的,是通过运动程序来完成各种活动技能。运动程序来自大脑神经系统对身体活动中产生的各式各样信息反馈的整合,使运动能力具有显著的具身性。具有情境性的外部环境,能够充分激发人们的视觉、听觉、触觉等多种感知觉参与到运动过程中,建立运动程序,提高自身运动的控制能力,提高身体认知,形成和发展运动能力。但是,随着在个体活动过程中所产生的反馈信息与外环境交互作用的加强,原有的运动程序被打破并重新建立,使身体控制能力更强、空间感

---

[1] 姜勇,马晶,赵洪波.基于具身认知的体育与健康学科核心素养意蕴与培养路径[J].体育学刊,2019,26(4):89.

知更准,身体认知更高。运动能力形成和发展过程的情境性决定着它的生成性;又因运动能力是人依靠自身的体能、技能、心理等要素,在特定的时间和空间内完成活动的能力,因此,具有整合性、即时性和创新性。

2.具身认知健康行为

健康行为是增强身心健康和适应外部环境的综合表现。个体具身感受是产生健康行为的动力源泉,积极的具身感受产生正面的动力,反之会有负面影响。个体感受认知来自身体运动与外部环境相互作用产生的各种运动体验,外部感官的经验、记忆引发主体意识,主体意识建立在身体认知之上,身体认知通过身体运动感知的变化而变化,正确的身体认知有利于增强个体的运动意识,引发良好的健康行为,因此,健康行为具有具身性。由于个体感受到环境作用产生新的身体认知,从而引起健康行为的增强、保持或消失,所以健康行为具有情境性。因体育锻炼之习惯、情绪调控等健康行为,是大脑经验记忆与具身感受和外界环境因素间相互作用、不断建构而成的,所以健康行为具有生成性。

3.具身认知体育品德

体育品德是体育活动中应遵循的行为规范,以及追求的价值和精神风貌,是以身体为主体所形成的高级认知。在体育运动中,个体的认知结果受身体不同动作的表现形式影响,能积极地反映个体的情绪。体育品德是在心智、身体、环境三者之间不断相互作用下生成的,身体是心智形成的主体,心智是品德生成的基础。丰富多样的动作产生具身感受,形成体育品德。在运动过程中,大脑不断地整合和分析外部环境的各种信息,改变现有认知结构,提升认知功能,促进身体、认知、情境三者协同发展。

具身体育包含教育、体育和具身认知三层含义。第一是教育范畴,以培养人的全面发展为目的;第二是体育属性,是以身体活动为手段,达到强身健体、培养完善人格的目的;第三是具身认知理论,遵循人的认知规律,揭示人的认知本质。

第三节 具身体育教学核心要义

具身性、体验性、交互性、情境性和生成性是具身体育的基本特征。以具身认知理论为理念的体育教学,强调回归"具身身体"的本真,遵循认知规律,以人为本;遵循体育是"以身体活动为练习手段"的本质属性,实现体育教育的"育体育人"目标。

基于具身认知理论的体育教学,学生的体育知识、体能、技能及情感等的获得和体育能力的提升,取决于身体(机体、心理)在复杂的环境下通过发挥感知能力来参与体育活动,与同伴合作交流,深入互动。

具身体育教学的核心要义是:教学理念主体性;教学目标生成性;教学内容全面性;教学过程参与性;教学组织情境性;教学方式交互性;教学评价多元性。具身体育教学能有效提高教学质量,达到发展学科核心素养、培养"全面发展的人"的教育教学目标。具身体育教学倡导学生在活动过程中要有足够的身体参与,身体(机体、心理)与环境要充分交互,有利于学生加速知识的内化,形成动作技能,获得新认知,提高整体学习效果与教学质量。

一 教学理念主体性

基于具身认知的"具身性",具身体育在教学理念上倡导以学生为主体,以学生发展为中心。由于学生的性别特点、身体机能、体能及技能基础存在差异性,结合具身体育的"具身性"特征,学生个体在体育活动中感觉、知觉及运动和心理体验等方面也会存在差异性。本着尊重学生个体差异性的理念,具身体育教学要求设置不同的教学情境和差异性的教学方式,使全体学生均能习得体育知识与技能,发展体能和培养情感等,以达到共同进步的目的。

二、教学目标生成性

具身体育的教学目标是动态、自然生成的。认知的获得并非预设的,而是在原认知的基础上,通过具身运动感受与体验动态获得的。学生在自然的环境下重组碎片化的知识与技能,生成新的认知与本体感受。如在体育的"赛"教学过程中,能动态性地表现学生的情感变化,自然生成真实的情境画面,这对于落实德育教育具有重要的意义。

三、教学内容全面性

依据具身理论提出的"身心一体论",具身体育在教学内容上要求做到全面性。"身心合一"理论要求具身体育内容更全面、更完整,不仅要关注运动知识、体能与技能,还要注重在运动知识、技能习得过程中的情感、态度与价值观等方面,以达成教学内容的全面性与系统性。符合"生命世界中的人是身心统一的整体性存在,是精神和肉体的结合"[①]。同时,具身体育客观地遵从具身认知教育理论的"碎片化教学"主张,打破原有的具身认知,重组碎片化的知识与技能,使其系统化、整体化。具身体育遵从运动技能形成的规律,帮助学生提前完成运动技能的"泛化"阶段和知识的内化。

四、教学过程参与性

针对具身体育教学过程的参与性体验,具体体现在以下几个方面。

(一)体验性参与的教学过程

具身体育教学过程是以人的身体参与为前提,在身体(机体、心理)与环境的循环、交互作用下,掌握运动技能,养成锻炼习惯,培养体育品德。

[①] 何绍元,杨健科,朱艳,等.基于具身认知理论的体育教学转向研究[J].南京体育学院学报(自然科学版),2016,15(5):115.

(二)多元性参与的教学过程

具身体育教学过程是师和生多元参与的活动,主要体现在活动过程的师生参与、生生参与,是师生交互的活动过程,并非单一的学生学练过程。

五 教学组织情境性

(一)开放的情境性教学

体育教学是以实践教学为主,一般是在学校开放的运动场所实施,如田径场、球场等。同时,体育教学中运用新兴信息技术获取学习资源,体现开放的情境性教学组织。

(二)复杂的情境性教学

具身体育复杂的情境性教学源于体育教学内容的全面性和学生心理变化的复杂性,如运动技能、体能和健康教育等全面的体育教学内容。运动技能又包括技术原理、规则、单一技术、组合技术、防守技术、进攻技术、战术及比赛等丰富而又复杂的内容。同时,师生在体育课堂教学中受学、练、赛过程中具身感受与体验的影响,其思想、情绪、态度、认知及行为等心理过程复杂多变。因此,具身体育课堂体现了复杂的情境性教学组织。

(三)适应的情境性教学

在复杂多变的体育课堂上,适应的情境性教学组织体现为:一方面,课堂组织设置为学生适应课堂环境,并能调控自身情绪的学习情境;另一方面,课堂组织设置科学的身体承受运动负荷练习情境,适应的科学生理负荷是由小到中再到大,再由大到小调整的负荷过程。

六 教学方式交互性

具身认知理论认为,知识与技能的习得是通过身体与环境交互而自然生成的,因此,具身体育教学要创设环境,让学生与环境充分交互,在交互中产生新认知与技能,实现动态、自然生成的具身体育教学目标。具身体育倡导的合作与探究学习方式,有利于学生与环境的交互。

七 教学评价多元性

　　基于具身体育教学的具身性、体验性、交互性、情境性和生成性等特点,具身体育教学评价倡导真实性评价、生成性评价、交互性评价、多元性评价。在内容上对知识、技能、体能及情感等方面进行真实而又多维的评价;在评价方式上采用定性与定量结合、终结性与过程性相结合的交互多样化评价;在评价的主体上,采用生评、师评及组评相结合的交互多元评价方式。多元性评价符合具身教育教学评价范式。

第二章

具身体育教学理论及思想体系

具身体育基础理论源于具身认知理论和教育理论。具身认知理论提出认知"身心一体论",其特征是具身性、体验性、交互性、情境性及生成性等。具身认知的特征属性吻合当代教育培养"全面发展的人"的理念,奠定了具身体育的基础理论,构建了具身体育的思想体系。

第一节 具身体育的理论基础

体育是教育的组成部分,具身体育的理论基础源于具身教育理论,具身教育的理论基础源于具身认知理论。要想了解具身认知理论,应追溯其起源与发展。

一、具身认知理论的起源

(一)本体论基础——身心分离

古希腊罗马时期,柏拉图等西方思想家认为身体同灵魂是相对独立的,身体只是灵魂的载体。柏拉图认为学习不是从外部获得知识,而是学习者克服身体带来的障碍,恢复知识的回忆过程,他强调学习者的积极性和主动性,形成了一种身心对立的思想传统,忽视了身体在教育过程中的作用。

17世纪,法国著名科学家笛卡尔基于身心独立这种观点,提出身心分离的"二元论"思想。所谓身心分离的"二元论",是指身、心二者各自独立,不依赖于对方的存在而存在。

笛卡尔论证并确立了包括身体在内的物质实体和包括心灵在内的精神实体。物质实体的本性是"广延的身体",即身体总是处在一定的空间和时间之中。精神实体的本性是"思维",不包含任何物质成分,但是具有能动性。物质实体和精神实体虽然具有互动关系,但是性质截然不同,分属不同领域。这种划分的目的在于把世界从性质上分成两个相互对立的体系,即物质世界体系和精神世界体系。笛卡尔的"二元论"将代表物质世界的"身"和代表精神世界的"心"区别开,认为"身"和"心"是两个实体。对"身"的研究归属于物理学、生理学等自然科学;而对于"心"的研究则归属于心理学。

19世纪中叶,德国哲学家、心理学家古斯塔夫·西奥多·费希纳(Gustav Theodor Fechner)和德国生理学家、心理学家威廉·冯特(Wilhelm Wundt)受笛卡尔"二元论"影响较深,也都默认"身"和"心"分离。

(二)百家争鸣——认知革命

1.构造主义

冯特的学生、英国心理学家爱德华·布雷福德·铁钦纳(Edward Bradford Titchener)是构造主义主要代表之一。构造主义探讨的是意识,倡导意识元素和确定意识的"构造"。这种将意识从身体中抽离出来,对意识进行静态分析的模式与实用主义显得格格不入。

2.机能主义

美国心理学之父威廉·詹姆斯(William James)却提出机能主义,倡导从适应环境的视角看待意识的功能,认为意识是人生存活动的意识,是身体在适应环境的活动过程中形成的,并保存在身体的活动中得到发展。他关注的是意识对有机体的价值和功用。

美国著名现代教育家约翰·杜威(John Dewey)也是从适应环境的整体视角看待心理活动,认为应该通过身体活动去理解意识和心理。在教育与教学中,杜威倡导"从做中学",强调了身体的行为动作对学习效果的影响。这些观点都体现了杜威对身体及其活动的重视,也体现出机能主义是在身体活动中考察意识和心理。

3.行为主义

美国心理学家约翰·布鲁德斯·华生(John Broadus Watson)提出行为主义,将行为归结于身体的动作反应;另外一位激进行为主义者伯尔赫斯·弗雷德里克·斯金纳(Burrhus Frederic Skinner)也表达了类似观点,他认为行为划分为两个层次:一是外部公开事件,即可观察的行为;二是内部的私有事件,包括感觉、意象和思维等意识经验。斯金纳认为身心是合一的,但是这种合一是物理主义的合一。

计算机科学的发展和行为主义本身固有的缺陷,加速了行为主义的没落和认知心理学的诞生,而认知心理学就是要了解行为背后的这种机制。

(三)二元转向一元——具身认知雏形

计算机的诞生为认知心理学研究"心智"提供借鉴,促进认知科学迅速发展。心智包含意识和心理,具体表现为知觉、学习、记忆、思维、判断、情绪和情感等实体状态。计算机和信息科学的发展启示人们心智只不过是一个信息加工装置,与计算机的符号加工有着异曲同工之妙。

计算机软件和硬件的关系是一种离散关系,二者既相互依赖,又相互独立。这种观点一经确立,身心"二元论"就从科学上得到论证。行为主义的物理还原论把"心"归于"身",实现了物理主义的身心合一。心理学抛弃身体转而关注心智的加工、操纵、储存和利用感觉信息,将知觉、记忆、推理、意动等认知研究转变成心智的加工信息研究。

认知心理学对心智的认识基于两个假设。一是计算假设,认知是一种计算过程,发生于大脑,与身体无关,身体只是一个载体和容器,仅仅关心的是大脑;二是表征(心理表征)假设,心智的本质是计算,计算过程采用符号来处理。基于两个假设,可推断出认知是发生在大脑的高级过程,与身体构造、身体感觉和运动系统等低级过程没有直接联系。

"剥离身体和环境"的认知观受到当时很多学者的质疑。美国心理学家瓦雷拉认为:认知依赖于有着各种运动能力的身体所导致的不同种类的经验;各种感觉运动能力本身又根植于一种更具有包容性的生物、心理和文化背景中。通过使用动作,我们想要再次强调,在一个鲜活的认知中,感觉和运动过程、知觉与动作从本质上讲是不可分离的。

镜像神经元的发现也佐证了认知对身体的依赖性。它能映射他人的动作,如同自己在执行同样的动作;它是对动作的意义产生反应,而不是对动作的视觉特征产生反应。这说明镜像神经元是理解他人动作的神经机制。作为认知过程的理解并不是一个抽象符号的信息加工,而是使用着我们自身的动作系统,用我们自己动作的意义去理解他人动作的意图。这说明认知同身体的运动系统是一致的。身体作用于世界的动作造就了我们的思维和理解过程。

"具身认知"就这样在对传统认知观的质疑声中产生。它强调的是,认知不是计算机那样的抽象符号运算。具身认知的转向有着自身特有的诉求,它要超越西方认识论和心理学研究中的离身心智观念。所谓的认知现象不再孤立于内部心理空间中,其活动方式既不独立于身体,也没有超越环境。

在具身范式影响下,心灵哲学以知觉现象学为指引,提出身体哲学转向;语言学以身体隐喻为基础,提出思维基于身体、源于身体;社会学中的身体转向则直接促进了身体社会学的形成。具身认知雏形——"身心一元"就这样基本形成。

二、具身认知理论的发展

西方心理学、生理学及自然科学界的学者对具身认知的认识,是通过长期实验研究,由起始的"离身认知"发展到"具身认知",由"二元"到"一元"理论,最后发展确立了具身认知"身心一体论"。

(一)从离身认知观到具身认知观

1.离身认知观

认知为信息的表征和操控,类似于计算机的符号加工。根据这种观点,认知是离身的,其作为一种精神智能,同作为物理实体的身体没有本质的联系。起始的这种离身认知一直主导着认知心理学的发展,离身认知的观念也支配着人工智能、机器人学等认知科学的研究,成为认知科学的主流。

离身认知是建立在计算机隐喻的基础上。其观点认为:一是大脑类似于计算机的复杂信息处理系统,这一系统通过感官接收和输入数据或符号,将它们保存在记忆中,并在以神经冲动的方式输出指令之前在大脑中进行加工和转换;二是像计算机的软件独立于硬件,认知在功能上独立于身体和大脑,精神过程的认知操作同操作过程的物理载体(神经元)之间的联系是离散的和任意的,即两者之间是一种随机的关系;三是像计算机对抽象符号的加工过程,推理、分类、记忆等高级认知过程也使用抽象符号作为加工的基本素材,而这些抽象符号是一种心理表征,认知过程的进行依赖于这些抽象的表征物;四是对这些抽象的心理表征的加工是中枢神经系统中的中央加工单位完成的。

20世纪80年代,认知过程的计算机隐喻备受质疑。相对于计算机隐喻,联结主义以大脑神经元的网状结构作为认知过程的隐喻,以并行加工作为符号加工的机制,同实际的脑组织更加接近。依据这种新的观点,认知和心智的特性在很大程度上同身体的物理属性相关,这表现在不仅脑神经水平上的细节对认知过程有重要影响,身体的结构、身体的感觉运动系统也对高级认知过程的形成有着至关重要的作用。因此,认知来源于身体及其活动过程,脱离具体身体的认知是不存在的。

2.具身认知观

具身认知的观点基本达成:大脑和心智并不是组成人自身的两个独立部

分,而是同整个身体紧密联系的。

具身认知可以理解为以下三个观点:一是身体的状态直接影响着认知过程的进行。心理学家经过一系列实验充分证实了"心智是具身的",因为心智的所有过程必须以神经活动为基础,并且知觉和运动系统在概念形成和理性推理中扮演了一种基础性的角色。二是大脑与身体在认知的形成中扮演着至关重要的角色。在身体与外部环境互动的过程中,大脑通过特殊的感觉和运动通道形成具体的心理状态。美国社会心理学家葆拉·尼登塔尔(Paula Niedenthal)的情绪研究证实,概念的使用涉及真实体验的感觉——运动状态的再激活,情绪知识的加工也涉及情绪的再体验。心智和认知在本质上并非使用抽象符号的表征和加工,而是一种模拟,即通过大脑与身体的特殊通道模拟他人的感受,从而产生逼真的体验。三是具身认知的另一个含义"扩展认知",它把身体和环境都包含其中。具身认知强调身体的物理过程、身体与外部环境的互动,这既构成了认知系统的有机组成部分,也限制着行为的可能性,且对认知过程造成直接影响。

认知是具身的、嵌入的,大脑嵌入身体,身体嵌入环境,它们构成一个整体系统。有机体、行为和环境紧密相连,把认知行为视为内部的、以某种特殊的方式隔离于行动和知觉的观点是错误的。

(二)理论思维促进具身认知

具身认知最初的探讨是从心智具身性开始的。心智或认知的具身性涉及身心关系,其探讨已经从思辨走向实证和实验。

1.笛卡尔的"二元论认识"思想,使具身认知的发展成为可能

以笛卡尔为代表的传统认知心理学,把认知作为独立于身体的表征和加工过程,其倡导的身心二元论,奠定了主客二元论的认识理论基础。其思想必然为一个主体所拥有;在主体之外又明明白白地存在着一个客观世界,二者都是一种实在,所以存在着主客、心物或身心二元世界。一直以来,主客二元论影响着人类的思维方式,但也持续处在争论之中。

2.海德格尔的"存在"思想,奠定了具身认知理论的基础

德国哲学家马丁·海德格尔(Martin Heidegger)提出"存在"的概念,奠定了

具身认知的理论研究基础。他认为存在不是一个孤立的主体,而是存在于世界中,同世界是一体的、相互关联的。人认识世界的方式是用身体以合适的方式与世界中的其他物体互动,在互动的过程中获得对世界的认识。在这个过程中,人是嵌入世界并同世界是一体的。这一思想构成了具身认知有关认知、身体、环境一体化观念的重要思想来源。具身认知的思想家把认知置于大脑,把大脑置于身体,把身体置于环境,强调一种具身-嵌入的认知研究模式。

3.梅洛·庞蒂的"具身的主体性"思想,促进了具身认知的发展

法国身体现象学家梅洛·庞蒂提出"具身的主体性"。他反对笛卡尔的身心二元论,认为人的心智不是离身的,而是活生生的、积极的创造物,其主体性是通过身体与世界的物理性互动而实现的。他的具身哲学思想主张知觉的主体是身体,而身体嵌入世界之中,知觉、身体和世界是一个统一体。人是通过身体与世界互动,并通过身体对客观世界的作用而产生知觉和认识世界的,即人以"体认"的方式认知世界。身体存在于世界,也通过身体认知世界。

4.莱可夫和约翰逊的"身体认知世界"思想,强化了具身认知的观点

20世纪末,认知科学、哲学家莱可夫和约翰逊提出"身体认知世界"的思想,进一步强调身体在认知中的重要作用。主张心智本来是具身的;思维大多是无意识的;抽象概念主要是隐喻的,而隐喻的来源是身体和身体的活动。要理解心智和认知,就必须理解身体的感觉-运动系统、神经联结的解剖学结构,是它们塑造了认知和心智。

理论思维对具身认知起到先锋和导向的作用。具身-嵌入的认知研究范式是在哲学探索和心理学理论思维的双重作用下产生的。理论心理学从思辨的角度对认知的具身性和环境嵌入特征进行了深入思考。传统认知主义笛卡尔的"二元论"观点受到批评,而梅洛·庞蒂的"具身-嵌入"思维框架得到大家的共识。

(三)神经科学的研究结果,为具身认知理论提供了科学依据

心理学对具身认知的研究,借鉴了神经科学的研究,利用脑科学和神经生理学的 ERP、fMRI 等方法和技术,通过脑磁图、功能成像技术,观察到脑认知成像技术伴随心理现象而发生的脑神经生理活动。但它不是以神经科学取代心

理学,而是相辅相成,强调身体的活动方式、神经系统的特殊通道对认知的塑造和制约作用。具身认知强调了身体构造、身体状态、感觉运动系统和神经系统等生理和生物因素对认知的塑造和影响,把认知置于环境和身体的整体背景中。

认知神经科学在神经水平上探索认知的性质,进一步促进人们对认知过程的理解。神经科学的研究为具身认知理论提供了更为客观和精确的科学数据。

具身认知借助神经科学的方法和技术,利用神经科学的结论和数据,远离一元论和身心二元论的观点,确立了"身心一体论"观点。

(四)心理学与神经科学协同研究,完善具身认知理论

具身认知主张心智的具身属性,认为认知受到中枢神经系统的结构和身体物理特性的制约,反对一元论和身心二元论。认知科学家在具身认知的研究中,为了解神经系统和身体机制的影响,大量使用了 ERP、fMRI 技术和 MEG、EEG 神经科学手段,从而推进了神经科学与传统心理学研究的结合。认知科学家把身体、行为、认知和中枢神经机制有机结合在一起,从分子、突触、神经元等微观水平和大脑、身体、环境等宏观水平,全面阐述在感知客体、形成表象、使用语言、记忆信息、推理决策、情绪和动机过程中的心智过程及其神经机制。认知神经科学、社会神经科学、教育神经科学等学科在具身认知背景下繁荣兴盛。

在具身认知研究领域,心理学和神经科学是一对互补的学科。比如,心理学研究的行为、认知和神经三个水平,这三个水平对于意识和心智的了解都是必需的,综合三个水平的数据和发现才能构成对心智过程的完整理解。心理学提供有关能力的行为参数,供神经科学研究进行详细的分析;神经科学同样提供数据,让心理学利用这些数据去制约和支撑它们的信息加工理论等。

在具身认知观点上,神经科学和心理学是对同一问题的两种不同解释。神经科学和心理学的领域划分更多的是理论上的和逻辑上的。心智和身体是一体的,可以从不同的角度、不同的层面认识它。神经科学和心理学解释一体现象的两个不同侧面,二者相辅相成,各自给对方提供一个不同的新视角,共同完善具身认知的具身性等理论。

三 具身教育理论

具身教育基于具身认知理论,探索学生身体和环境等的相互作用对教育教学的影响及其变化规律。

(一)具身教育的发展

国内外专家研究发现,温度知觉、空间知觉、重量知觉、触觉等感知觉经验和运动等,微妙地影响了人的情绪、态度、决策、思维、记忆以及道德等高级认知活动。这些正在改变我们对人类认知和教育本质的认识,也为具身教育的出现奠定了基础。

概念形成源于感知觉经验,感知觉、运动、身体体验、情境等能够影响和促进学习活动。对具身教育的探索,有助于加深对教育科学和学习科学的本质的认识。

具身教育基于认知规律探索教育的本质,遵循心智发展规律,摒弃了离身主义教育观中灌输式、说教式教育的弊端,注重由具体经验到抽象概念的自下而上的知识、技能、情感、态度、价值观的生成过程,将对教育科学的理论与实践产生深远影响。[1]

(二)具身教育与离身教育

1.比较教师的角色(表2-1)

表2-1 具身教育与离身教育教师的角色比较

具身教育思想理论	教育教学的过程是对身体、环境、认知三者的整合与运用。教师与学生之间的主客体关系不复存在。教师、学生、教育环境,三者都成为教育教学中的重要元素。教师、学生成为教育过程中的共同参与者和相互影响者,两者互为教育教学的对象
离身教育思想理论	教师主要起知识信息输出者的作用。教师即教授者,按照预设的教育教学目标,运用既定的教育教学方法,对教育对象进行特定的知识与技能、过程与方法、情感态度与价值观的单向输出

---

[1] 王铟,张盼,岳晓东.儿童认知发展与具身教育[M].北京:清华大学出版社,2022:(序一)1.

2.比较教育的对象(表2-2)

表2-2　具身教育与离身教育的教育对象比较

具身教育 思想理论	不仅是教育对象——学生的"大脑",更是学生的"身体"。教育观更加注重"身在"与"脑在"的共同存在。知识传授不再是教学的主要目的,身体不再被忽视,身体及其感知觉和动作重新回归教学过程,并参与知识的生成过程,形成个体的身体经历与身体经验。在这一过程中,学习不仅是知识与技能生成的过程,也是过程与方法、情感态度与价值观生成的过程。学生成为知识与技能、过程与方法、情感态度与价值观的参与者、加工者、生成者,以及教育过程中情感态度与价值观的体验者
离身教育 思想理论	只对教育对象——学生的"大脑"。学生主要是知识信息的被输入者,是知识的接收者。学生依据教师设定的教育教学目标,对特定的知识与技能、过程与方法、情感态度与价值观进行单向的输入和储存。在离身教育理论中,学生的头脑被放在最为突出的位置,学生的身体被严重忽视

3.比较教学过程与方法(表2-3)

表2-3　具身教育与离身教育的教学过程与方法比较

具身教育 思想理论	教学过程与方法注重操作性、身体参与、感知觉器官调动、体验性、情境性。身体、环境成为教学过程与方法的重要环节和组成部分。教学过程与方法成为教师、学生、教育环境相互作用、相互生成的过程。树立"以学生为中心"的理念,让教育回归"身体",在实践中树立教育的系统观,为学生知识与技能、过程与方法、情感态度与价值观的生成提供生态化的环境,优化教学过程和学习过程的内、外部环境。遵循学生认知发展规律,遵循知识与技能、过程与方法、情感态度与价值观的生成规律,提高教育教学效果和学生学习效果,培养德、智、体、美、劳全面发展的人
离身教育 思想理论	教学过程是教师教授知识与技能的过程,采用灌输式的教学方法。不重视学生身体在教育环境中的感受和体验。秉持"以教师的教为中心"的理念,在实践中缺乏教育的系统观。不能遵循学生的认知发展规律,以及知识与技能、过程与方法、情感态度与价值观的生成规律,学生得不到全面发展的培养

(三)具身教育的属性

具身性、体验性、生成性和情境性是具身教育的四个认知属性。

1. 具身性

具身教育主张教育是基于身体的,是具身性的。区别于离身教育主张教育是离身的,主要通过填鸭式、说教式的方式,进行自上而下的灌输。具身教育倡导自下而上的感知觉经验、身体与其他个体、环境、社会的互动和交互作用,对于教育具有不可或缺的作用。其教育过程和学习过程,离不开身体的参与,离不开自下而上的感知觉经验,离不开身体与其他个体、环境、社会的互动和交互作用。

镜像神经元系统的发现为认知的具身性提供了生理学证据,使得个体具有模仿和学习的能力,高级认知活动成为可能,其功能是反映和理解他人的行为。

2. 体验性

认知过程中的信息表征是通过命题符号进行的,随着操作次数的增长和对命题的不同操作,使命题形成网络。命题网络可以不断地更新,其容量是无限的。命题符号系统理论认为,信息与内在表征之间的联结是任意的、语言学模式的。

具身认知理论与之相反,认为信息的表征方式是知觉符号系统的。知觉符号系统理论主张信息与内在表征是知觉性的、类似性的。在认知过程中,对信息的表征是通过知觉性的心理模拟进行的,认知过程中激活了信息的知觉属性。

具身认知理论强调经验的作用,认为概念是在身体—情绪—社会复合体的运动中产生的感知和情境建构的心理模拟和经验重演。认知的体验性是构成概念,并使概念内化的重要基础。

3. 生成性

认知是通过身体活动和身体经验生成的。身体构造、感知觉、运动、身体与环境的互动是认知产生的基础,也影响着认知的方式、内容、结果。认知不仅是大脑的产物,而且是基于嵌入身体的大脑、身体与环境互动过程中的感知觉经验、运动和环境交互作用的产物。因此,认知不仅受到大脑的影响,还受到所嵌入的身体、身体与环境互动过程中的感知觉经验、运动和环境交互作用的经验的影响。

4.情境性

认知基于身体,情境影响认知。认知通常是通过情境,被具体实例化的。因此,认知受到具体情境的影响。基于情境的认知和情绪、情感体验更加深刻持久,也更容易被提取出来。因此,情境的创设有利于形成更加稳固和持久的认知。

具身教育理论源于具身认知理论,体育是教育的组成部分,本书提出的具身体育理论源于具身教育理论。

第二节 具身认知思想体系及其在体育教学中的应用

一、具身认知思想体系的介绍

从笛卡尔提出的认知"身心二元论",到莱可夫和约翰逊提出的认知"身心一元论",同时,神经科学家借助ERP等技术,实验证明脑认知成像技术伴随心理现象而发生的脑神经生理活动,确立了认知"身心一体论",由此,形成了较为完善的具身认知思想体系,并被应用于教育的各个学科。

具身认知思想体系是建立在"身心一体论"基础上的,认为人的心智具身于整个有机体中,而有机体根植于环境中,认知活动是大脑、身体和环境之间相互作用的过程。该思想强调身体在认知过程中的决定性作用,认为身体的构造、神经的结构、感官和运动系统的活动方式决定了人应该怎样认识世界,塑造了看世界的方式。同时,具身认知也强调认知的情境性和生成性,认为心智活动是身心与特定情境发生交互作用的活动,认知主体以具身的方式处在具体的情境之中能动地生成新的认知。

具身认知思想既不主张物理(身体)一元论观点,也不赞成心物(心身)的二元论观点。它是主张"身心一体论",即心智在大脑中,大脑在身体中,身体在环境中,心智、大脑、身体和环境是一体的。具身认知并不探求与心智过程一一对应的神经机制,探讨的是活动中的身体和与环境互动中的身体对心智的整体塑造作用。

具身认知思想理论主张思维和认知在很大程度上是依赖和发端于身体的,身体的构造、神经的结构、感官和运动系统的活动方式决定了人们怎样认识世界,决定了人们的思维风格,塑造了人们认知世界的方式。[1]按照具身认知理论的观点,其基本概念的形成,从本质上是源于感知觉经验的,即概念形成根植于普遍的躯体经验,包括感知觉(温度知觉、空间知觉、触觉等)、动作经验等。因此,感知觉(温度知觉、空间知觉、触觉等)、动作经验等在人类认知中起着不可替代的核心作用。总结的基本概念来自感知觉经验,而感知觉经验主要来自对身体、情境和环境等的认识。人类不断与周围的物理环境相互作用而形成感知觉。动作经验是人类赖以生存的概念,是人类理解其他抽象概念的基础之一。

具身认知思想是一种认知科学理论,强调人类感知和行为的基础是身体的互动经验。它是指人类认知过程的基础是身体的互动经验,包括感觉、行动和情感等方面。具身认知思想认为,人类的认知不仅仅是大脑内部的信息处理,而且与身体的运动和环境的互动有着密切的关系。因此,身体在认知过程中扮演着重要的角色。具身认知的理论基础主要来自神经科学、认知心理学和哲学等领域的研究。神经科学的研究发现,大脑中的感知和运动区域紧密相连,形成了一个统一的认知系统。认知心理学的研究表明,身体动作对认知过程有着积极的影响。哲学上也有关于身体知识和经验的探讨。

因此,具身认知过程不仅仅是大脑内部的信息处理活动,而且与身体感知、运动经验以及环境互动紧密相关。这一理论挑战了传统认知科学中将心智视为抽象计算或符号表征的观点,提出认知是嵌入在具体的生理体验和环境背景中的。

具身认知思想体系包括以下几个核心观点。

(一)身体参与认知

认知功能不仅依赖于大脑,还依赖于整个身体的结构和感觉运动系统,例如,我们在理解空间概念时使用到的身体感知(如视觉、听觉、平衡感)和运动系统(如手眼协调)。人体的头部转动和身体移动直接参与到对三维空间概念的理解中。

---

[1] 王铿,张盼,岳晓东.儿童认知发展与具身教育[M].北京:清华大学出版社,2022:(自序)1.

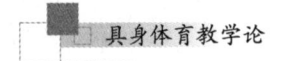

(二)认知内容的具身性

我们用以构建和理解抽象概念的基础,往往来源于具体的身体体验。比如莱可夫和约翰逊提出的隐喻理论,指出抽象思维通过具象的体验进行构造,如"读书苦中乐",这样的隐喻实际上反映了我们在读书经历中对学习的本质属性的理解。

(三)环境嵌入性

认知活动发生在特定的物理和社会环境中,这些环境不仅保障了信息输入,还影响着信息加工的方式。人类的认知适应了环境的时间压力和资源限制后,会利用环境来减轻认知负担,例如通过工具、地标或其他外部记忆辅助手段。

(四)动态交互性

认知不是静态的过程,而是一个连续的、实时与环境相互作用的过程。知觉与运动之间的相互依赖关系意味着:认知行为包括对外部世界的探测和反应,同时也受制于身体动作及其反馈。

(五)发展与体验依赖

认知能力的发展与个体在成长过程中与环境的实际互动密切相关。婴儿通过探索世界获得基本认知技能,并在此基础上逐渐形成更复杂的心智结构。

(六)情感与认知耦合

情感状态与认知过程相互影响,情绪反应可以改变认知操作,反之亦然。认知过程不仅仅是个体对外界信息的理性处理,也包含情感层面的主观体验。

(七)神经生物学基础

具身认知的理论得到认知神经科学的支持,研究发现大脑的不同区域如何协同工作以整合身体感觉输入并生成复杂的认知输出。

总之,具身认知理论主张认知过程是分布式的、情境化的,并且深深植根于身体的经验之中,而非仅仅局限于大脑皮层内的抽象操作过程中。

二 具身认知思想体系在体育教学中的应用

(一)动作模仿和镜像神经元的训练

1.利用动作模仿提高学生的技能水平

在体育教学中,动作模仿是一种常用的教学方法,也是具身认知思想体系在体育教学中的重要应用之一。通过观察和模仿他人的动作,学生可以更好地理解和掌握运动技能,提高自己的技能水平。动作模仿可以帮助学生快速学习和掌握新的体育动作。通过观察他人的示范动作,学生可以获得直观的运动信息,了解动作的要领和关键点,并通过模仿来逐步掌握正确的动作技巧。例如,在学习游泳时,学生可以通过观察教练的动作,来了解正确的划水姿势和呼吸方法,并通过模仿来逐步提高自己的游泳技能。例如,在学习跳远时,学生可以通过观察和模仿优秀选手的起跳和着地动作,来感受起跳时的爆发力和着地时的稳定感,从而更好地掌握跳远技巧。

2.镜像神经元训练对技能学习的促进作用

镜像神经元是具身认知思想体系中一个重要的概念,它被认为在动作模仿和技能学习中发挥着重要的作用。镜像神经元是一类特殊的神经元,当我们观察他人进行动作时,它们会被激活,仿佛我们自己在执行相同的动作。镜像神经元的训练可以促进学生的技能学习和运动表现。通过观察和模仿他人的动作,学生可以激活自己的镜像神经元系统,从而加强与他人的动作之间的联系,强化自己的运动表现。例如,在学习乒乓球发球时,学生可以通过观察和模仿教练的发球动作,激活自己的镜像神经元系统,从而更好地理解和掌握正确的发球技巧。

镜像神经元的训练还可以帮助学生提高运动表现(执行能力和自我调节能力)。通过观察他人的动作,感受动作的内在感觉;可以将自己置于动作执行者的身份,通过模仿来逐步改进自己的动作执行方式。这种训练可以帮助学生提高运动的准确性、协调性和流畅性,增强运动的自我调节能力。例如,在学习瑜伽时,学生可以通过观察和模仿瑜伽老师的动作,感受身体的姿势和呼吸的节奏,并通过模仿来逐步改进自己的瑜伽技巧。镜像神经元的训练还可以促进学生之间的交流和合作。通过观察和模仿他人的动作,可以相互学习和借鉴,促进彼此之间的交流和合作。这种训练可以帮助学生建立起共同的运动语言和理解,增强团队的协作能力。例如,在学习舞蹈时,学生可以通过观察和模仿其他同学的舞蹈动作,相互学习和借鉴,共同提高舞蹈技巧,并通过合作练习来提升团队的整体水平。

(二)身体表达和情感感知的培养

1.培养学生的身体表达能力

身体表达是指通过身体语言和动作来传达思想、情感和意图的能力。在体育教学中,培养学生的身体表达能力是具身认知思想体系的一个重要应用。通过体育活动,学生可以借助身体语言和动作来表达自己的思想和情感,进一步提高沟通和交流的能力。体育活动可以帮助学生发展身体语言的表达能力,学生可以通过不同的运动动作和姿势来表达自己的情感和意图。例如,在舞蹈课上,学生可以通过舞蹈动作来表达自己的喜悦、悲伤或愤怒等情感;在体育比赛中,学生可以通过姿势和动作来传达自己的意图,如示意队友传球或发起进攻。这种身体语言的表达能力可以帮助学生更好地与他人进行沟通和交流。

体育活动可以提高学生的动作表达能力。动作表达是指通过动作的形式来表达思想和情感。学生可以通过体育活动训练的各种动作来表达自己的思想和情感,如跳跃、转身、摆臂等。例如,在舞蹈表演中,学生可以通过舞蹈动作的选择和演绎来表达特定的情感和意境;在体操训练中,学生可以通过各种动作的组合和连贯性来展示自己的技巧和风采。这种动作表达能力的培养可以帮助学生更加准确地传达自己的思想和情感。体育活动还能提高学生的节奏感和音乐表达能力。节奏感是指对音乐节奏的敏感度和掌握能力。通过体育活动的训练,学生可以借助运动动作的节奏和韵律来表达自己的情感和意图。例如,在有氧健身操课上,学生可以通过身体的节奏和动作与音乐形成和谐的互动,进一步提高自己的音乐表达能力。这种节奏感和音乐表达能力的培养可以帮助学生更好地理解和感受音乐,进而将其应用于自己的身体表达中。在体育教学中,学生身体表达能力的培养是具身认知思想体系的应用之一。通过体育活动,学生可以发展身体语言的表达能力,提高动作表达的准确性和流畅性,增强节奏感和音乐表达能力。这些能力的培养可以帮助学生更好地传达自己的思想和情感,提高沟通和交流的效果。

2.通过体育活动提升学生的情感感知能力

情感感知是指通过感知和理解他人的情感来调整和表达自己的情感的能力。在体育教学中,通过体育活动的参与和观察,可以帮助学生提升情感感知能力,进一步加深对自己和他人情感的理解和表达。体育活动可以让学生更加敏感地感知他人的情感。在体育比赛或合作活动中,学生可以通过观察他人的表情、动作和声音等来感知他人的情感状态。例如,在足球比赛中,学生可以通过观察队友和对手的表情和动作来感知他们的兴奋、紧张或沮丧等情绪;在合作活动中,学生可以通过观察和交流来感知他人的需求和情感状态,从而更好地与他人合作、和谐相处。

体育活动可以帮助学生理解和表达自己的情感。通过参与体育活动,学生可以亲身体验各种情感,如喜悦、悲伤、挫折和成功等。体育活动可以激发学生的情感体验和情感表达,帮助他们更好地理解和表达自己的情感。例如,在体育比赛中,学生可以通过竞技和胜负的经历来感受到自豪、自信或失落等情感,并通过表情、姿态和动作来表达自己的情感。体育活动还可以培养学生的情感调控能力。情感调控是指根据环境和情境的需求来调整和表达自己的情感的能力。通过体育活动的训练,学生可以学会在不同的情境下调控自己的情感,如保持冷静、积极应对挑战或释放压力等。例如,在团队比赛中,学生需要学会控制自己的情绪,保持冷静,以应对比赛中的各种挑战和压力。

通过体育活动提升情感感知能力是具身认知思想体系在体育教学中的重要应用之一。体育活动让学生感知他人的情感,加深对自己和他人情感的感受和理解。同时,体育活动还可以帮助学生理解和表达自己的情感,并培养情感调控能力。这些能力的培养可以帮助学生更好地与他人建立情感联系,增强团队合作和社交能力。

三 具身认知思想体系对体育教学的意义

(一)增强学生的身体意识,提高学生的动作技能

1.培养学生对身体的感知和控制能力

具身认知思想体系在体育教学中的应用可以帮助学生增强对自身身体的感知和控制能力。通过体育活动的参与和训练,学生可以更加深入地了解自己

的身体结构、功能和潜力,进一步提高身体感知和控制能力。身体感知是指对自身身体状态、位置和动作的感知和认知能力。在体育活动实践过程中,学生可以通过观察、感受和反馈来提高对自身身体的感知能力。例如,在篮球运动中,学生可以通过观察自己的身体姿势和动作来感知自己的位置和动作是否正确;在舞蹈训练中,学生可以通过感受身体的肌肉张力和平衡状态来调整和改进自己的动作表达。这种身体感知能力的培养可以帮助学生更好地掌握和运用自己的身体,提高运动技能和表现水平。

具身认知思想体系有助于提高学生的身体控制能力。身体控制能力是指通过神经系统和肌肉协调来实现各种动作和技能的能力。在体育活动的训练过程中,学生可以通过不断重复和练习来提高身体控制能力。例如,在体操训练中,学生可以通过反复练习和精确的动作调整来提高对身体的控制能力;在游泳训练中,学生可以通过熟练的划水动作和呼吸控制来提高游泳的效果和速度。这种身体控制能力的培养可以帮助学生更加准确、流畅地完成各种动作和技能,提高运动的质量和效果。

2.提高学生在体育运动中的表现水平

具身认知思想体系在体育教学中的应用可以帮助学生提高在体育运动中的表现水平。通过培养学生的身体意识和动作技能,可以使他们在体育运动中表现得更加自信、灵活和出色。具身认知思想体系可以帮助学生建立自信心。学生可以通过体育活动的参与和训练,逐渐认识到自己的身体潜力和能力,并在实践中不断突破自我。例如,在篮球比赛中,学生可以通过不断练习和挑战来提高投篮技巧和运球能力,从而增强自己在比赛中的自信心。在舞蹈表演中,学生可以通过反复排练和展示来提高舞蹈技巧和表演能力,从而增强自己在舞台上的自信心。这种自信心的培养可以帮助学生在体育运动中更加积极主动、勇敢地面对挑战,提高表现水平。

运用具身认知思想体系可以帮助学生提高动作技能和表现能力。通过体育活动的训练,学生可以不断提高各种动作和技能的准确性、流畅性和美感。例如,在足球训练中,学生可以通过反复练习和模仿优秀球员的动作来提高传球、射门和盘带等技能;在体操训练中,学生可以通过反复练习和调整来提高各种动作的难度和表现效果。这种动作技能和表现能力的提高可以使学生在体育运动中展现更加出色的自己,增强竞技实力,提高比赛成绩。具身认知思想体系对体育教学的意义在于增强学生的身体意识和动作技能,提升学生对身体的感知和控制能力,帮助学生掌握和运用自己的身体,提高运动技能水平。同时,通过提高学生在体育运动中的表现水平,可以增强他们的自信心和竞技实力,提高比赛成绩和团队合作能力。这些能力的培养将对学生的整体发展和未来的学习、工作产生积极的影响。

(二)促进学生的认知发展和学习效果

具身认知思想体系在体育教学中的应用不仅可以增强学生的身体意识、提升学生的动作技能,还能促进他们的认知发展和强化他们的学习效果。通过利用具身认知思想培养学生的学习策略,以及提升学生在其他学科中的认知能力,可以全面提升学生的学习能力和综合素质。

1.利用具身认知思想培养学生的学习策略

具身认知思想体系强调将身体经验与认知过程相结合,通过身体的参与和实践来促进学习。在体育教学中,教师可以利用具身认知思想培养学生的学习策略,使他们更加主动、有效地参与学习。教师可以通过引导学生进行身体感知和观察,帮助他们获取信息和建构知识。例如,在学习运动技能时,教师可以引导学生通过观察和模仿优秀的动作表现,获取正确的动作技巧和动作要领;在学习战术时,教师可以创设实际比赛情境,让学生亲身体验和感知不同战术策略的运用方法。这样的学习策略可以帮助学生更好地理解和掌握学习内容,提高学习效果。

教师可以引导学生进行身体反馈和调整,帮助他们纠正错误和改进学习。在体育教学中,学生的身体反馈是非常重要的。教师可以引导学生通过观察自己的动作和感受身体的状态,来判断是否达到了学习的目标和要求。例如,在学习跳远时,学生可以通过观察自己的起跳姿势和着地动作,以及感受身体的平衡和力量状态,来调整和改进自己的动作表现;在学习游泳时,学生可以通过观察自己的划水动作和呼吸节奏,以及感受身体的水平和浮力状态,来调整和改进自己的游泳技能。这种身体反馈和调整的学习策略可以帮助学生更加准确地评估自己的学习情况,及时纠正错误和改进学习效果。

2.提升学生在其他学科中的认知能力

具身认知思想体系不仅对体育教学有益,还能提升学生在其他学科中的认知能力。通过体育活动的参与和训练,学生可以培养一系列的认知能力,如注意力、观察力、判断力、问题解决能力等,从而促进他们在其他学科中的学习效果和综合素质的提升。

体育活动可以培养学生的注意力和观察力。在体育运动中,学生需要时刻保持注意力集中,观察和判断运动的方向、速度、力量等因素。例如,在足球比赛中,学生需要观察队友和对手的位置和动作,判断最佳的传球和射门时机;在田径比赛中,学生需要观察起跑线和终点线的位置,判断自己的起跑和冲刺时机。这种注意力和观察力的培养可以帮助学生更好地理解和掌握其他学科中的知识和技能,提高学习效果。

体育活动可以培养学生的判断力和问题解决能力。在体育运动中,学生需要根据情境和规则,做出快速、准确的决策和判断。例如,在篮球比赛中,学生需要根据比赛的形势和对手的防守,做出正确的传球和投篮决策;在游泳比赛中,学生需要根据泳道的情况和竞争对手的速度,做出适时的换气和转身决策。这种判断力和问题解决能力的培养可以帮助学生在其他学科中更好地分析和解决问题,提高学习的深度和广度。

体育活动可以培养学生的团队合作和领导能力。在体育运动中,学生需要与他人合作、协调和沟通,共同完成任务和达成目标。例如,在篮球比赛中,学生需要与队友紧密配合,共同制定战术策略和执行动作,以取得胜利;在舞蹈表演中,学生需要与舞伴协调动作和情感,共同展示出完美的舞蹈形象和团队默契。这种团队合作和领导能力的培养可以帮助学生在其他学科中与他人合作、协调和沟通,提高综合素质和社交能力。具身认知思想体系对体育教学的意义不仅在于增强学生的身体意识和提升学生的动作技能,还在于促进学生的认知发展和强化学生的学习效果。

四 具身认知思想体系在体育教学中的挑战与应对

(一)教师角色的转变和教学方法的调整

1.从传统指导者转变为引导者

在具身认知思想体系下,以学生为主体,转变教师的角色,从指导者转变为引导者。传统的体育教学中,教师通常扮演着指导者的角色,他们会告诉学生应该如何进行动作和技能的练习。然而,在具身认知思想体系下,教师的角色需要发生转变,注重引导学生进行实践探索,帮助学生建构运动知识与技能。教师角色转变需更强的观察力和分析能力,才能准确地判断学生的学习情况和需求。教师需要通过观察学生的动作表现、身体反馈和交流沟通,了解学生的学习进展和困难。通过观察学生的动作表现,教师可以了解学生的技能掌握程度和动作质量,从而能够提供针对性的指导和支持。通过观察学生的身体反馈,教师可以了解学生的身体适应情况和健康状况,从而调整教学内容和方法。通过与学生的交流沟通,教师可以了解学生的学习困难和问题,从而能够提供针对性的引导和支持。

在具身认知思想体系下,教师的引导作用是非常重要的。教师不再仅仅是简单地告诉学生如何做,而是通过引导学生自主探索和实践,帮助他们建构知识与技能。教师可以提供一系列的学习任务和活动,让学生在实践中进行探索和实验,从而深入理解和掌握知识与技能。教师可以提供一些启示性的问题和提示,引导学生思考和找到解决问题的方法。同时,教师还可以提供一些案例和示范,帮助学生理解和运用知识与技能。教师的引导并不意味着完全放手,而是需要根据学生的情况提供有针对性的引导和支持。教师可以根据学生的学习进展和困难,及时调整教学内容和方法,以满足学生的学习需求。对于学习进展较快的学生,教师可以提供更高难度的学习任务和挑战,以促进他们的进一步发展。对于学习进展较慢的学生,教师可以提供更多的辅导和支持,帮助他们克服困难,提高学习效果。

在具身认知思想体系下,教师的引导作用还需要注重学生的自主性和积极性。教师可以鼓励学生提出问题、表达观点和分享经验,促进学生之间的交流和合作,还可以给予学生更多的自主选择权,让他们根据自己的兴趣和需求进行学习安排和学习实践。通过这样的引导,可以培养学生的自主学习能力和解决问题的能力,提高他们的学习动力和学习效果。教师从传统指导者转变为具身认知理论的引导者。教师并非简单地告诉学生如何做,而是通过观察和引导,帮助学生自主探索和实践,建构知识与技能。转变教师的角色应该具备更多的观察力和分析能力,以准确判断学生的学练需求。同时,教师的引导还需要注重学生的自主性和积极性,培养他们的自主学习能力和解决问题的能力。通过教师的引导,学生可以更好地参与学习,提高学习效果和学习动力。

2.采用互动性和体验性的教学方法

具身认知思想体系强调学习是通过身体的参与和实践来促进的,因此,在体育教学中,采用互动性和体验性的教学方法是非常重要的。这种教学方法可以激发学生的主动性和积极性,让他们更加深入地参与学习过程。互动性教学方法可以通过组织学生之间的合作、竞争和交流来实现。例如,教师可以组织学生进行小组活动和团队比赛,让学生在合作中相互协作、相互支持,共同完成学习任务和达成学习目标。这样的互动性教学方法可以培养学生的合作意识和沟通技巧,提高团队合作能力和集体凝聚力。体验性教学方法可以通过创设真实的情境和场景来实现。例如,在学练技能时,教师创设真实的比赛情境,让学生感知和体验不同战术方法的使用效果;在学习体育知识时,教师可以引导学生进行实地考察和实践活动,让学生亲身参与和体验,从而更好地理解和掌握知识。

具身认知思想体系强调学习是个体化的过程,每个学生都有不同的学习风格、能力水平和兴趣爱好。因此,在体育教学中,需要充分考虑学生的个体差异,实施个性化教学,以满足每个学生的学习需求和发展潜力。个性化教学需要教师具备良好的教学设计和差异化教学的能力。教师可以根据学生的学习特点和需求,制订相应的教学计划和教学策略。例如,对于学习能力较强的学生,教师可以提供更高难度的学习任务和挑战,以促进他们的进一步发展;对于学习能力薄弱的学生,教师应提升学生认知,加强方法指导,提高学习效果。个性化教学还需要注重学生的兴趣爱好和特长发展。教师可以根据学生的兴趣和特长,设计相应的学习内容和活动。例如,对于喜欢足球的学生,教师可以组织足球比赛和训练,让他们更加热衷于学习和参与;对于喜欢舞蹈的学生,教师可以组织舞蹈表演和比赛,激发他们的创造力和表达能力。

具身认知思想体系强调学习是一个动态的过程,注重学生的实际动作和实践表现。因此,在体育教学中,传统的笔试形式的评价方式已经不能满足学生的学习需求,需要改变评价方式,实施多元化的评价方法。多元化评价方法可以包括动作观察、实践表现、个案分析等多种形式。例如,教师可以通过观察学生的动作表现,评价他们的技能掌握情况和动作质量。在实践活动中,教师可以评价学生的合作能力、领导能力和创新能力等方面的表现。此外,教师还可以通过个案分析的方式,了解学生的学习历程和思考过程,评价他们的学习策略和问题解决能力。多元化评价方法的实施需要教师具备选择和运用评价工具的能力。教师可以根据学习目标和评价要求,选择合适的评价工具和方法。例如,对于技能掌握的评价,教师可以使用评分表和检查表等工具,对学生的动作表现进行客观评价;对于合作能力和领导能力的评价,教师可以使用观察记录和问卷调查等方法,了解学生在团队活动中的表现和作用。具身认知思想体系在体育教学中带来了一系列的挑战,包括教师角色的转变、教学方法的调整、学生个体差异的考虑以及评价方式的改变。然而,通过教师的努力和实践,这些挑战是可以克服的。

(二)学校和社会环境的支持和配合

1.提供适当的设施和资源支持

为了有效地实施具身认知思想体系,在体育教学中,学校需要提供适当的设施和资源支持。这是因为具身认知思想体系注重学生的实践和探索,需要有相应的场地和设备来支持学生的学习活动。学校可以建立多功能的体育馆、运动场和健身房。这些场地可以用于各种体育活动,如篮球、足球、排球等,为学生提供多样化的运动体验。体育馆可以容纳大型比赛和集会活动,为学生提供展示和交流的机会。运动场可以用于户外体育课程和训练,为学生提供更广阔的空间和更自由的活动环境。健身房可以提供各种健身器材,供学生进行个人训练和锻炼。学校可以提供各种运动器材和工具,以满足学生的学习需求,帮助他们进行实践和探索,促进他们的全面发展。例如,学校可以提供篮球、足球、排球等球类器材,供学生进行技术训练和比赛;此外,学校还可以提供跳绳、哑铃、瑜伽垫等健身器材,供学生进行身体训练。

同时,学校还可以提供相关的图书、期刊和多媒体资料,供教师和学生参考和借鉴。这些资料可以包括体育理论、运动技术、教学方法等方面的内容,为教师提供教学参考和指导,为学生提供学习素材和扩展知识的机会。学校可以建立图书馆或者专门的体育资源室,收集和整理相关资料,供教师和学生使用。此外,学校还可以引进多媒体设备,如电脑、投影仪等,用于展示和演示体育教学内容,提高教学效果。除了提供设施和资源支持,学校还可以加强与家长和社区的合作。家长和社区是学生成长过程中的重要支持者和影响者,他们对学生的教育和发展起着重要的作用。

2.加强与家长和社区的合作

家长是学生成长的监护者,社区活动环境影响着学生的成长过程。学校可以与家长和社区建立紧密的联系和合作机制,共同关注学生的体育教育。学校可以定期组织家长会议、座谈会和培训活动,向家长介绍具身认知思想体系的理念和实施方式,促进家校合作。同时,学校还可以邀请社区的体育专家和教练员来学校进行指导和培训,为学生提供更丰富的学习资源和机会。通过加强与家长和社区的合作,学校可以形成全社会共同关注和支持学生体育教育的良好氛围。

然而,实施具身认知思想体系在学校和社会环境中也面临一些挑战。第一个挑战是资源不足的问题。学校可能面临设施和器材的有限性,无法满足所有学生的学习需求。此外,学校在教师培训和教材开发方面也需要投入相应的资源。这就需要学校和政府共同努力,增加对体育教育的投入,提供更多的资源支持。第二个挑战是家长和社区对具身认知思想体系的理解和接受程度不同。由于传统的体育教学模式已经深入人心,一些家长和社区可能对具身认知思想体系持保留态度或存在误解。这就需要学校通过多种方式进行宣传和解释,提高家长和社区对具身认知思想体系的认知水平,增强他们对该体系的理解和支持。第三个挑战是教师的专业素养和能力提升问题。具身认知思想体系要求教师具备更高的观察力和分析能力,能够准确地判断学生的学习情况和需求,并给予有针对性的引导和支持。这就需要教师不断提升自己的专业素养,学习和研究具身认知思想体系的理论和实践,改进自己的教学方法和策略。学校可以通过组织专业培训、开展教学研讨和交流活动等方式,给教师提供专业发展的机会和平台。

面对这些挑战,学校和社会可以采取一系列的应对措施。首先,在资源不足的情况下,可以通过合理规划和利用现有资源,优化学校的设施和器材配置,提高资源利用效率。同时,可以积极争取政府和社会的支持和投入,争取更多的资源供给。其次,在家长和社区理解和接受程度不同的情况下,可以加强宣传和解释工作,通过举办讲座、展览和体验活动等方式,向家长和社区普及具身认知思想体系的理念和实施效果,增强他们对该体系的认同和支持。最后,在教师专业素养和能力提升问题上,学校可以建立完善的教师培训机制,定期组织教师培训和研讨活动,给教师提供专业发展的支持和指导。

总之,学校和社会环境的支持和配合对于具身认知思想体系在体育教学中的实施起着重要的作用。学校提供体育设施支持,与家长和社区加强合作。然而,实施具身认知思想体系也面临一些挑战,如资源不足、家长和社区的理解和接受程度不同,以及教师的专业素养和能力提升问题。为了应对这些挑战,学校和社会可以采取一系列的措施,如优化资源利用、加强宣传和解释工作,以及给教师提供培训和支持等。通过共同努力,可以促进具身认知思想体系在体育教学中的有效实施,提高学生的学习效果和发展水平。

五 具身认知思想体系在体育教学中的未来发展

具身认知思想体系在体育教学中的应用已经取得了显著的成果,然而,随着科技的不断进步和创新的涌现,我们可以预见具身认知思想体系在体育教学中的未来发展将会更加广阔和多样化。下面重点探讨科技与创新在具身认知思想体系体育教学中的应用,并展望其他新兴技术在未来的潜力。

(一)科技与创新的应用

1.利用虚拟现实和增强现实技术改进教学

虚拟现实(Virtual Reality,VR)和增强现实(Augmented Reality,AR)技术是近年来迅速发展的前沿科技,其在教育领域的应用也越来越受到关注。在具身认知思想体系的体育教学中,利用虚拟现实和增强现实技术可以为学生提供更加身临其境的学习体验。

VR技术是指通过计算机生成的三维图像和声音模拟出一种虚拟的环境,使用户感觉自己身处其中。与传统的电视、电影等媒介相比,VR技术可以提供更加真实的体验,让用户感觉自己置身于虚拟世界中。在体育教学中,利用VR技术可以为学生提供各种运动项目的训练和比赛场景,让他们在虚拟场地上进行技能训练和比赛,感受真实的运动体验。例如,在足球教学中,学生可以戴上VR头盔,进入虚拟场地中进行传球、射门等技术训练,并通过系统的反馈和分析获得个性化的指导。在虚拟场地中,学生可以与虚拟对手比拼,感受真实的比赛氛围和压力,提高他们的竞技能力和心理素质。此外,VR技术还可以模拟各种不同的比赛场景和情境,帮助学生更好地理解比赛规则和战术,提高他们的比赛策略和判断能力。

AR技术则是指将虚拟元素与现实环境相结合,为用户提供更加直观的学习体验。在体育教学中,AR技术可以通过AR眼镜、智能手机等设备将虚拟元素融入真实环境中,让学生在真实场地上进行技能训练和比赛,并在设备屏幕上显示出正确的动作姿势和技术要点。例如,在篮球教学中,学生可以通过AR眼镜看到自己在真实场地上进行投篮、防守等动作,和正确的动作姿势与技术要点。这种即时的反馈和指导可以帮助学生更好地理解和掌握技能,提高他们的学习效果。此外,AR技术还可以为学生提供各种不同的场景和情境,让他们在不同的环境中进行技能训练和比赛,提高他们的适应能力和竞技能力。

虚拟现实和增强现实技术的应用不仅可以提供更加真实的学习体验,还可以帮助学生更好地理解和掌握技能,提高他们的学习效果。然而,这种技术的应用也面临一些挑战和限制。首先,技术成本是一个重要的问题。虚拟现实和增强现实技术的设备和软件价格较高,学校和教育机构可能无法承担这些成本。解决这个问题的关键是加大对科技教育的投入和支持,共同降低技术成本,推动科技与创新在体育教学中的广泛应用。其次,技术的局限性和不足也需要考虑。例如,VR技术需要穿戴设备,容易引起眩晕等不适感,影响学生的学习效果和体验;AR技术可能存在误差和偏差,其精度和准确性还有待提高。因此,在应用这些技术时需要注意其局限性和不足,合理规划和设计教学内容与方法。虚拟现实和增强现实技术在体育教学中的应用具有广阔的前景和潜力。利用这些技术,可以更好地帮助学生身临其境体验学习,理解和掌握运动技战术和比赛,提高学习效果。但是,信息技术手段的运用也具有局限性和不足,为更好地发挥其辅助作用,在实施教学体育教学前应合理规划和设计运用的方法。

2.探索其他新兴技术在具身体育教学中的潜力

除了虚拟现实和增强现实技术外,其他新兴技术在体育教学中的运用也起到一定的作用。例如,人工智能(Artificial Intelligence,AI)技术可以通过分析学生的动作和表现,提供个性化的指导和训练计划。通过与学生的互动和交流,AI系统可以了解学生的学习需求和特点,并根据其个体差异提供相应的教学策略和支持。这种个性化的学习方式可以更好地满足学生的需求,促进他们的全面发展。另外,物联网(Internet of Things,IoT)技术可以将各种传感器和设备与互联网连接起来,实现对学生运动数据的实时监测和分析。通过穿戴式设备、智能球类等物联网技术,可以收集学生的运动轨迹、速度、力量等数据,并通过云端平台进行分析和反馈。这种数据驱动的教学方式可以帮助学生更加科学地进行训练和评估,提高他们的技术水平和竞技能力。

除了以上提到的技术,还有诸如机器学习、大数据分析、生物传感器等新兴技术也有望在具身认知思想体系的体育教学中发挥重要作用。这些技术的不断创新和应用将为体育教学提供更多的可能性和机遇。然而,科技与创新的应用也面临一些挑战。首先是技术成本的问题。虚拟现实和增强现实技术等前沿科技在目前仍然比较昂贵,学校和教育机构可能无法承担高昂的设备和软件费用。解决费用高问题的关键是政府加大教育投入,也可以加强校企合作,或者降低成本,以此来推动信息技术在教育特别是体育教育中的运用。其次是师资队伍的培养和发展问题。新兴技术的应用需要教师具备相应的专业知识和技能,能够灵活运用科技工具进行教学。因此,学校和教育机构应该加强对教师的培训和专业发展支持,提高他们的科技素养和创新能力。同时,也需要加强教师与科技专家之间的合作与交流,共同推动科技与教育的融合。最后,隐私保护和安全问题也是科技与创新应用面临的重要挑战。在利用虚拟现实和增强现实技术收集学生数据时,需要确保学生的个人隐私和信息安全。学校和教育机构应该制定相应的政策和规范,加强对数据的保护和管理,保障学生的权益和安全。

总之,科技与创新在具身体育教学中具有巨大的潜力。利用虚拟现实和增强现实技术可以提供更加真实的学习体验,其他新兴技术如人工智能、物联网等也有望为体育教学带来创新和突破。然而,具身体育教学的未来发展仍然面临一些挑战,如技术成本、师资队伍培养和发展以及隐私保护与安全等问题。我们可以通过加大投入和支持、加强师资培养和合作、制定相关政策和规范等措施,应对这些挑战,推动科技与创新在具身认知思想体系中的运用。

(二)跨学科研究与合作

在体育教学中,具身认知思想的未来发展离不开跨学科研究与合作。推动具身认知思想在不同学科领域的应用,将为体育教学带来更广阔的发展空间和应用场景。具身认知思想的核心理念是将身体感知和运动经验纳入认知过程,认为人类的思维和行为不仅依赖于大脑内部的信息处理,还受到身体感觉和运动行为的影响。因此,具身认知思想体系在体育教学中的应用已经取得了一定

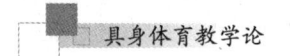

的成果。然而,要进一步推动其应用,需要与其他学科领域展开合作与研究。

1.具身体育与认知科学领域合作

与认知科学领域的合作对于推动具身认知思想体系在体育教学中的应用至关重要。由于认知科学研究人类的思维和知觉过程,因此,它的研究为具身认知思想奠定理论基础,提供研究方法。通过与认知科学家的合作,可以深入探讨具身认知思想体系对学生认知能力和技能习得的影响机制,从而优化体育教学的设计和实施。

2.具身体育与运动科学领域合作

与运动科学领域的合作也是推动具身认知思想体系在体育教学中应用的重要途径。能为具身认知思想体系提供应用场景和实验数据的是运动科学,它主要研究人类的运动行为和生理机制。通过与运动科学家的合作,可以深入了解具身认知思想体系在不同运动项目中的应用效果,优化运动技能的训练方法和策略。

3.具身体育与心理学领域合作

与心理学领域的合作对于推动具身认知思想体系在体育教学中的应用意义重大。心理学研究人类的心理过程和行为表现,可以为具身认知思想体系提供心理学理论和评估工具。通过与心理学家的合作,可以深入探讨具身认知思想体系对学生心理状态和自我调节能力的影响,提供个性化的体育教学方案。

除了以上几个领域外,推动具身认知思想体系在体育教学中的应用还需要与其他学科领域展开广泛的合作。例如,在教育学领域,可以与教育学家合作,探索具身认知思想体系在不同年龄段学生中的应用效果和教学策略;在工程学领域,可以与工程师合作,开发基于具身认知思想体系的智能体育教学设备和系统。跨学科研究与合作不仅可以拓宽具身认知思想体系在体育教学中的应用领域,还可以促进学科之间的相互借鉴和交流。通过不同学科领域的专家共同参与和贡献,可以形成更加全面、深入的研究视角,为体育教学提供更科学、有效的方法和策略。

然而,在推动具身认知思想体系在不同学科领域的应用过程中,也面临一些挑战和困难。首先,不同学科领域的专家之间存在语言和思维方式的差异,需要进行有效的沟通和理解。其次,具身认知思想体系的应用需要结合实际场景和教学需求,需要与实际教师和学生进行紧密合作。最后,由于具身认知思想体系的应用还处于探索阶段,缺乏充分的实证研究支持,需要进一步加强相关研究的深入探讨。为了克服这些困难,可以采取以下措施。首先,建立跨学科研究与合作的平台和机制,促进不同学科领域专家之间的交流与合作。例如,可以组织学术研讨会、跨学科论坛等活动,提供一个交流思想、分享研究成果的平台。其次,加强教师和学生的参与,将具身认知思想体系的应用与实际教学场景相结合。例如,可以开展实地教学观摩、教学案例分享等活动,促进理论与实践的结合。最后,还需要加强对具身认知思想体系应用效果的实证研究,提供科学依据和指导。

总之,具身认知思想在不同学科领域的应用,是推动体育教学未来发展的方向。与认知科学、运动科学、心理学等领域的合作,有助于深入探讨具身认知思想体系对学生运动认知水平和运动技能习得的影响机制,优化体育教学的设计和实施策略。同时,与其他学科领域的合作也将为具身认知思想体系的应用拓宽领域,促进学科之间的相互借鉴和交流。然而,在推动具身认知思想体系在不同学科领域的应用过程中,还需要克服一些困难和挑战,加强跨学科研究与合作的机制建设,提供科学依据和指导,为体育教学的发展做出更大贡献。

第三节 具身体育教学理论体系

具身教育作为一种新兴的教育方法,逐渐受到教育界的关注。具身体育教学理论体系作为具身教育在体育领域的应用理论基础,其研究和实践具有重要的理论和实践价值。具身体育教学理论强调学生的身体感知、动作和实际生活与课堂学习相结合,追求学生在认知、情感、意志和行为等方面的全面发展。它关注学生的主体性、情境性和实践性,倡导让学生在亲身参与体育活动的过程中,通过感知、体验、实践和反思,重新建构体育认知、知识、体能、技能及情感体系。

一、具身体育教学理论基础和建模

(一)具身体育教学理论基础

1. 理论基础前沿性

具身体育教学理论基于具身认知的"身心一体论",强调认知是身体与情境相互交互自然生成的结果,要建构具身性、体验性、交互性、情境性以及生成性的认知特征。具身认知理论的核心范畴是身体,以主体和客体在情境性交互中生成认知,因此,身体具有主体性、互动性、体验性。具身体育教学理论包括身体意识、体验学习和深度交流等方面,身体意识是指人们对自身身体的感觉、知觉和认知,它强调身体在认知过程中的重要作用;体验学习则是指学生在实际情境中通过亲身参与和体验来获得知识和技能;深度交流则强调师生之间、学生之间的有效沟通和互动,以促进知识的共享和理解。

具身体育是一种基于具身认知思想的教学理论体系,旨在将身体感知和运动经验纳入认知过程,通过身体的参与和运动的实践促进学生的认知能力和技能习得。该理论体系强调学生在体育学习中的主体地位,将学生视为积极的、有意义的参与者,通过体验和实践来构建知识与技能。具身体育教学理论体系的核心观点包括：身体感知是认知的基础，通过身体感知的参与和运动行为可以促进学生的认知发展；运动经验对认知过程有重要影响，丰富的运动经验可以提高学生的认知能力和技能水平；学习应具有情境性和情感性，创设适宜的学习情境和情感体验可以增强学生的学习效果。

2.理论基础政策前沿性

2023年，教育部颁布了《基础教育课程教学改革深化行动方案》（教材厅函〔2023〕3号），该文件的"行动目标"中提出：至2027年，教师教学行为和学生学习方式发生深刻变化，教与学方式改革创新的氛围日益浓厚，基础教育课程教学改革形成新气象。2020年10月，中共中央办公厅和国务院办公厅印发《关于全面加强和改进新时代学校体育工作的意见》（中办发〔2020〕36号），指出应不断深化教学改革；加强体育课程和教材体系建设；强化学校体育教学训练。2021年8月，教育部办公厅印发《〈体育与健康〉教学改革指导纲要（试行）》（教体艺厅函〔2021〕28号），提出实现"享受乐趣，增强体质，健全人格、锤炼意志"的改革目标，指导如何把握"教会、勤练、常赛"，促进育人目标的达成。《普通高中体育与健康课程标准（2017年版2020年修订）》和《义务教育体育与健康课程标准（2022年版）》的颁布，启动了新一轮基础教育课程改革，在此轮体育与健康课程改革中，有以学生为主体的教学理念；以素养为导向，促进学生身心全面发展为目标；以大单元（模块）为结构化的教学内容；以真实情境为活动方式；以示范与讲解、学生自主、合作及探究学习相结合为教学方式；以多元评价为教学评价方式；以"学、练、赛、评"一体化为教学模式。

"身心一体论"是具身体育所倡导的基本理论，学生在学与练的活动过程中，身体的机体和心理与外界环境相互交互，形成新的程序认知（动作技能）和陈述认知（理论知识），达到发展学生身心全面性的教学目标。具身体育"身心一体论"符合当前学校体育工作要求，同时，吻合新一轮体育课程改革的教学要求，具有较强的政策性和时代性。

3.理论基础实践需求性

基于体育教学实践的现实问题，具身体育围绕"具身性"构建新的课堂教学，倡导以"身体主体"为教学理念，以"身体思维"为教学方式，以"身体间性"为教学方法，以"身体生成"为教学情境，解决体育教学实践中的身体认知问题。

(二)具身体育教学理论建模

具身体育教学的理论建模,依据具身认知理论和体育学科核心素养的培养路径。体育是学校教育的一部分,体育学科核心素养是总体核心素养的重要组成部分,具身体育课程教学围绕培养学生的体育核心素养来设计,以发挥学科的教育功效。运动能力、健康行为和体育品德是体育核心素养的三大要素。提升学生运动认知,发展学生体能与运动技能;培育学生情感;帮助学生养成良好的运动行为与习惯是学校体育教育功效的价值体现。具身体育教学的理论建模,是以身体为体育学习主体,与心智、环境相互交互,促进学生自我高级认知,进而培养学生体育核心素养。(图2-1)

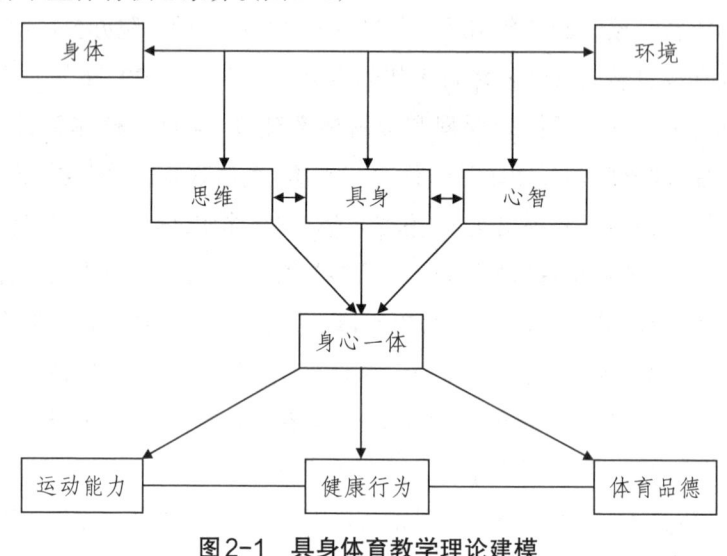

图2-1 具身体育教学理论建模

二、具身体育教学理论体系的基本原则

具身体育教学理论体系强调的是身体与心智的整合,以及通过体育活动促进学生全面发展的教育理念。

(一)以学生发展为本(学生中心原则)

具身体育教学理论将学生的身心发展放在首位。这意味着教学内容、方法和环境都应围绕促进每个学生的成长来设计。教师的角色是指导者和促进者,而不仅仅是技术的传授者。这要求教师了解学生的身体条件、心理特点、社会背景和学习需求,从而提供适应个体差异的指导和支持。

(二)注重过程与体验(实践性原则)

具身体育教学理论关注的不仅仅是规则的学习和动作的模仿,更重要的是学生在真实情境中的体验和参与。具身体育教学理论强调学生应该通过实际运动来学习,体验运动带来的乐趣和挑战,培养自我表达、自我感知和社交互动的能力。通过体验不同的运动和游戏,学生可以发现自己的身体潜能,建立积极的自我形象。

(三)全面发展(整体性原则)

这一原则认为体育教学应当促进学生身体、心理、情感、社会和道德方面的全面发展。体育活动不仅能锻炼身体,还能提高学生的注意力、记忆力、决策能力和团队合作能力。教育者应通过多样化的体育活动帮助学生养成健康的生活习惯,培养积极的生活态度和良好的人际关系。

(四)安全与健康优先(安全性原则)

具身体育课程的设计必须确保学生的安全。这意味着要对学生进行适当的体能训练,避免受伤,并教授他们安全的运动习惯和技巧。同时,体育教学还应该传递与健康相关的知识,比如营养、人体解剖学、伤害预防等,帮助学生形成终身的健康意识。

(五)循序渐进与适应性(渐进性原则)

具身体育教学要根据学生的年龄和发展水平逐步提升难度和复杂性。从简单到复杂,从易到难,让学生在成功的体验中建立信心,并在适合的水平上接受挑战。此外,教育者应考虑季节变化、环境因素以及学生的个别差异,灵活调整教学计划。

(六)社会互动与合作学习(社会性原则)

体育活动通常是集体性的,需要团队合作和社会互动。具身体育理论强调利用这一点来培养学生的社会技能,如沟通、协作、领导力和团队精神。通过小

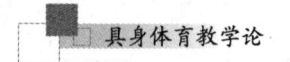

组比赛和配合任务,学生可以在真实的社会情境中练习这些技能,并理解合作的重要性。

(七)自主与创新(自主性原则)

鼓励学生在体育活动中发挥主动性和创造性。这不仅促进了学生的个人决策能力和问题解决能力的发展,也激发了他们对新运动或游戏的兴趣。自主性和创新性的培养有助于学生在未来生活中适应不断变化的环境,并能独立地发展和维护自己的身体健康。

(八)文化多样性与包容性(文化多样性原则)

具身体育教学理论提倡尊重和包容不同文化背景下的运动和游戏。这种多样性不仅丰富了体育课程,也为学生提供了了解和体验不同文化的机会。通过这种方式,学生能够增进对全球多样性的认识和尊重,同时培养跨文化的沟通能力。

三 具身体育教学理论体系的目标与任务

(一)提升身体素质(体能健康目标)

提高学生的力量、耐力、速度、柔韧性和协调性等体能素质,增强身体机能;培养学生对身体健康的认识,理解身体活动的生理效益;强化学生的自我保健能力,预防运动伤害。

(二)培养运动技能(技能发展任务)

教授并掌握基本的运动技巧和策略,形成运动技能;通过多样化的运动体验,让学生了解不同运动的规则和特点;鼓励学生参与专项运动训练,提升特定技能水平。

(三)增进心理健康(心理发展目标)

利用体育活动减轻学业压力,提供情绪发泄的健康渠道;通过团队运动和竞技活动,增强学生的抗压能力和适应变化的能力;培养学生的自信心和自尊心,激发内在动机和坚持精神。

(四)形成健康行为(生活方式任务)

传授健康饮食和良好生活习惯的相关知识,促使学生形成良好的日常行为模式;引导学生认识到定期体育锻炼的重要性,养成终身运动的习惯;教育学生理解和实践健康风险的管理,如避免吸烟、过量饮酒等不良习惯。

(五)社会适应与合作(社会发展目标)

通过集体项目和合作游戏,加强学生之间的交流和协作;培养学生的团队精神、领导力以及公平竞争的态度;教导学生解决冲突的技巧,改善人际关系和社会适应能力。

(六)体育品德(道德教育任务)

强调体育精神,包括诚信,尊重对手、裁判员和规则,以及公平竞赛的重要性;在体育活动中引入道德决策的情境,使学生了解体育伦理和个人责任;通过体育活动的社会性质,培育学生的社会责任感和公民意识。

(七)创新思维与问题解决(认知发展目标)

利用体育活动提升学生的注意力、观察力、记忆力和逻辑思维能力;鼓励学生在面对体育挑战时运用创造性思维和解决问题的策略;教授学生如何设置个人目标、评估自身表现,并进行自我调整。

(八)文化理解与多元融合(文化教育任务)

介绍不同文化背景下的体育运动,促进学生对全球多样性的理解与尊重;结合地方和传统体育项目,加深学生对本土文化的认同感;通过国际性的体育活动,提升学生的国际视野和跨文化交流能力。

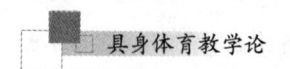

四　具身体育教学理论体系的教学方法与手段

具身体育教学理论体系采用多种方法与手段来促进学生的身心发展。

(一)示范法

教师通过准确的动作示范,使学生能够直观地理解和模仿运动技巧;使用视频、图片等多媒体工具来展示运动技能的关键点和步骤。

(二)实践法

提供充足的时间和空间让学生通过不断练习来掌握运动技能;设计分层任务,根据学生的能力水平逐步增加难度,鼓励自主练习。

(三)游戏法

利用游戏活动提高学生的参与度,使学习过程更富有趣味性和挑战性;通过小组比赛和接力等形式,增强团队合作和竞争意识。

(四)讨论与反思法

在活动后,组织学生讨论他们的表现、感受以及改进策略;引导学生进行自我反思,提升他们对运动经验和健康行为的理解。

(五)探究学习法

鼓励学生提出问题,独立探索不同的运动方式和策略;教师作为指导者,支持学生的探索过程,并提供必要的资源和引导。

(六)个性化教学

考虑学生的个性差异,为每个学生制订适宜的教学计划和目标;在教学中采用个别指导或小组分化,以满足不同学生的需求。

(七)评价与反馈法

定期对学生的技能发展、身体健康和心理状态进行评价;提供及时的、有建设性的反馈,帮助学生认识到有所进步或需要改进的地方。

(八)安全教育

教授学生正确的运动准备和恢复方法,预防运动伤害;加强安全意识教育,确保体育活动在安全的环境下进行。

(九)健康教育

结合体育课程教授与健康相关的知识,如营养学、生理健康、心理健康等;开展主题活动,比如健康跑、营养讲座、心理健康工作坊等。

(十)情景模拟

创建真实或模拟的运动情境,让学生在类似比赛的环境中学习和表现;情景模拟可以包括角色扮演、情景剧等,以增强学习的实际应用性。

(十一)科技辅助

利用各种科技工具,如智能穿戴设备、分析软件等,监测学生的运动负荷(心率)健康状况;运用在线平台和应用程序,提供互动式学习体验和额外的学习资源。

具身体育教学理论体系旨在通过这些方法和手段,创造一个积极、包容且高效的学习环境,激励学生积极参与体育活动,全面提升其"身心"能力。

五 具身体育教学理论体系的实施策略

具身体育教学理论体系的实施策略注重通过身体活动促进学生身心全面发展。教师设计多样化的教学活动和情境,引导学生积极参与、亲身体验和反思总结,从而提高学生的体育技能、身体素质和综合素养。同时,具身体育教学理论体系还强调跨学科的融合和多种教学手段的运用,以丰富教学内容和形式,提高教学效果。

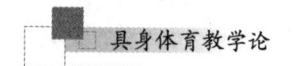

(一)制订科学的教学计划

基于学生的年龄、发展阶段和个体差异,设计适宜的体育课程;确保课程内容均衡,涵盖不同运动类型,如力量训练、有氧运动、技巧练习等。

(二)创设积极的学习环境

提供安全、包容且鼓励探索的学习空间;建立正向的师生关系和同学间的合作关系。

(三)重视学生体验与参与

鼓励学生积极参与,并提供丰富多样的体验机会;让学生在乐趣中学习,通过游戏和竞赛增强体育课的吸引力。

(四)提供个性化指导与支持

识别每个学生的独特需求,提供个性化的指导和支持;使用差异化教学,根据学生的能力水平调整任务难度和教学方法。

(五)强化健康教育和生活方式引导

教授学生关于营养、健康饮食和生活习惯的知识;引导学生理解定期进行体育锻炼对维护健康生活方式的重要性。

(六)促进学生自主学习

培养学生设置个人目标和自我评估的能力;鼓励学生在课外时间进行自我驱动的体育活动。

(七)实施有效的课堂管理

确立清晰的规则和期望,保持课堂秩序;使用积极行为支持策略,提升学生的参与度和行为表现。

(八)加强家校社区合作

与家长沟通,确保学生在家庭中也得到体育活动的支持;链接社区资源,如组织参观体育设施、邀请运动员讲座等。

(九)运用科技和创新工具

利用科技设备和应用软件来监测学生的学习进度和体能状态;整合多媒体资源和在线平台,增强学生的学习体验。

(十)持续专业发展和反思

教师应不断更新知识和技能,参与专业发展培训;定期反思教学实践,根据学生的反馈和学习成果进行调整。

具身体育教学理论体系能够较好地提供一个高质量发展的体育教学模式,以期培养出身心健康、技能全面及品德优秀的学生。

第三章

具身体育教学目标

目标是目的的具体化，可以明晰方向和说清结果，意在阐明各个阶段和最后达到什么。教学目标是指通过教学活动，期待学生得到预期的学习结果，需要通过教学活动来实现。教学目标紧扣时代需要和教育要求，教育的本质与价值体现教学目标。

教学目标分为课程目标、课堂教学目标和教育成才目标三个层次，这里我们探讨较多的是课程目标与课堂教学目标。

课程目标是指各个学科的课程标准所要求的教学目标。其随着各个学科课程标准的修订而改变。课堂教学目标是学科课程目标的细化，是落实课程目标的具体体现。随着我国课程目标的不断修订，课堂教学目标经历从二维到三维，再从三维到核心素养，最后从核心素养到育人目标的过程。二维是指基本知识和基本技能；三维是指知识与技能、过程与方法、情感态度与价值观；核心素养是指必备的品质和关键的能力，体现育人目标。

教学目标又可分为水平教学目标、学年教学目标、学期教学目标、单元(模块)教学目标及课时(课堂)教学目标。教学目标与教学内容的关系，大的方面如水平教学目标、学年教学目标、单元(模块)教学目标，是教学目标统领教学内容；小的方面如课时(课堂)教学目标，是教学内容影响教学目标。

具身体育教学目标源于具身认知理论体系的目标要求。

第一节 具身体育教学目标概述

体育教学目标是体育教学活动预期达到的结果、标准或者蓝图,是教育目的和培养程度的具体标识。[1]体育教学目标由体育老师制定,具有较强的灵活性和实用性,为具体的体育教学提供依据,是对具体的教学过程与活动的指向。[2]

新时代学校体育总目标:立德树人,发展学生体育与健康学科核心素养,培养学生德智体美劳全面发展。可见,新时代学校体育目标是"以体育人",从人的整体性入手,突出身体的认知观,注重学生身体和心理的全面发展,把学生视为教育的主体,贯穿教育的全过程。

一、传统体育与健康课程目标存在诸多弊端

(一)传统的体育教学目标存在身心分离

《普通高中教育体育与健康课程标准(实验)》把课程总目标划分为运动参与、运动技能、身体健康、心理健康和社会适应五个方面;《义务教育体育与健康课程标准(2011年版)》,把课程目标分为运动参与、运动技能、身体健康、心理健康与社会适应四个方面。"义务教育"和"普通高中"体育与健康的课程目标无论是五个方面还是四个方面,基本都将课程目标分离。

显而易见,《普通高中教育体育与健康课程标准(实验)》和《义务教育体育与健康课程标准(2011年版)》,依据理论和逻辑分类,目的是便于研究和表述,把课程教学目标分类表述,它的最大弊端是将身心分离,而在学生完整的生命中,各个领域是不可分割的。

---

[1] 毛振明.体育教学论[M].3版.北京:高等教育出版社,2017:19.
[2] 潘绍伟,于可红.学校体育学[M].3版.北京:高等教育出版社,2015:109.

(二)传统的体育教学目标是预设的

《义务教育体育与健康课程标准(2011年版)》,设置的第四个课程目标是"心理健康与社会适应",预设要求达到培养坚强的意志品质、学会调控情绪的方法、形成合作意识与能力、具有良好的体育道德四个维度。该目标预设理论上非常美好,主要体现在"育心"的目标要求上,但如不以运动为载体,参与其中,具身体验,很难实现该目标。

二、具身体育教学目标的维度

遵循身体主体性的具身认知实践原则,确立身体引领的学校体育教学目标。具身认知把学校体育教育当作是不确定性的教育活动,是一个不断变化、难以捉摸的动态生成过程,把学生身体要素的生成作为体育教育的终极目标;把对学生身体的整合教育当作实现身体生成的重要方式与手段。[1]

在体育教学活动中,整合身心教育的过程而自然生成的结果,被称为具身体育教学目标。具身体育教学目标的维度包括以下几个方面。

(一)认知目标

学生通过参与体育学习与体验,掌握相关运动知识、原理、规则等,懂得相关运动的锻炼价值与意义。

(二)体能目标

通过身体活动,提高学生的身体素质,发展体能,包括耐力、速度、力量、灵敏度和协调性等。

(三)技能目标

学生通过具身的学习和实践,掌握相关的运动技能,包括田径、游泳、球类等。

---

[1] 周生旺,程传银.新时代学校体育教育的具身认知转向及其行动逻辑研究[J].武汉体育学院学报,2021,55(12):89.

(四)情感目标

通过参与体育活动,学生能够体验到体育精神和价值观,如竞争、合作、规则意识等,从而培养他们的道德品质和价值观。

(五)心理健康目标

体育活动能够缓解学生的压力和焦虑,增强他们的自信心和自尊心,促进心理健康发展。

(六)运动习惯目标

通过具身体育教学,学生能够体验到体育运动的乐趣和价值,培养终身运动的习惯。

具身体育教学目标的维度是多方面的,旨在通过课程教学实施,完成课程教学目标,促进学生的身心全面发展。

第二节 具身体育教学目标的结构与制定依据

具身体育教学目标的结构是在传统体育教学目标的基础上发展起来的,采用分级、分层结构。它接受传统体育教学目标划分,宏观教学目标包括超学段、水平(学段);中观教学目标包括学年和学期;微观教学目标包括单元(模块)、课时。

一、具身体育教学目标结构——层次分类

第一,宏观层面教学目标:超学段、水平(学段)具身体育教学目标;
第二,中观层面教学目标:学年、学期具身体育教学目标;
第三,微观层面教学目标:单元(模块)、课时具身体育教学目标。

二、各层次具身体育教学目标制定依据

(一)具身体育超学段教学目标

依据新时代学校体育总目标和具身认知理论要求,制定具身体育超学段教学目标。体育超学段教学目标是义务教育、普通高中及高等教育体育与健康课程目标的集中体现。义务教育和普通高中体育与健康课程目标如下。

1.《义务教育体育与健康课程标准(2022年版)》课程目标
(1)掌握与运用体能和运动技能,提高运动能力;
(2)学会运用健康与安全的知识和技能,形成健康的生活方式;
(3)积极参与体育活动,养成良好的体育品德。

2.《普通高中体育与健康课程标准(2017年版2020年修订)》课程目标

(1)学生喜爱运动,积极主动地参与运动;

(2)学会体育与健康学习和锻炼,增强科学精神、创新意识和体育实践能力;

(3)树立健康观念,形成健康文明生活方式;

(4)遵守体育道德规范和行为准则,塑造良好的体育品格,发扬体育精神,增强社会责任感和规则意识。

(二)具身体育水平(学段)教学目标

依据体育与健康课程目标、学生身心发展特点、具身认知理论要求,设置各个水平(学段)教学目标。

(三)具身体育学年和学期教学目标

依据具身体育水平(学段)教学目标、课程内容和学生身心特点,制定学年和学期教学目标。每个学年教学目标合理分割为两个学期的教学目标。

(四)具身体育单元(模块)教学目标

依据具身体育学年和学期教学目标要求、课程内容、运动项目特性及学生的身心特点,制定具身体育单元(模块)教学目标。义务教育体育与健康课程以大单元教学形式呈现,称为"大单元教学目标";普通高中体育与健康课程则是以模块教学形式呈现,称为"模块教学目标"。

(五)具身体育课时教学目标

依据具身体育单元(模块)教学目标要求、教材内容和学生身心特点,制定具身体育课时教学目标。

第三节 具身体育教学目标的内容

根据具身体育教学目标的结构,其内容包括宏观教学目标、中观教学目标和微观教学目标,细分条目内容较多,这里重点系统性地归纳与整理出水平(学段)、学年和学期具身体育教学目标的内容,并提供具身体育单元(模块)与课时教学目标案例,供读者参考。

一、具身体育水平(学段)教学目标的内容

具身体育水平(学段)教学目标属于宏观层面教学目标。中小学具身体育水平(学段)教学目标包括水平一至水平五(高中学段)教学目标。各个水平教学目标主要围绕核心素养的三大课程目标维度构建。

(一)具身体育水平一教学目标(表3-1)

表3-1 具身体育水平一教学目标

课程目标维度	具身体育水平一教学目标
掌握与运用体能和运动技能,提高运动能力	具身参与体育游戏,感受体育活动的乐趣; 具身体验和学练非移动性技能、移动性技能、操控性技能等基本运动技能
学会运用健康与安全的知识和技能,形成健康的生活方式	具身参与校内外体育活动,感受体锻对身体的重要作用; 知道个人卫生保健、合理膳食、安全避险等健康知识和方法,具身体验并将其运用于日常生活中; 体验运动快乐,活泼开朗; 体验与他人愉快交往,自然环境适应良好
积极参与体育活动,养成良好的体育品德	具身参与体育游戏,并在活动中能表现出努力坚持、不怕困难的意志品质,尊重教师,爱护同学,能扮演不同的运动角色

(二)具身体育水平二教学目标(表3-2)

表3-2 具身体育水平二教学目标

课程目标维度	具身体育水平二教学目标
掌握与运用体能和运动技能,提高运动能力	具身参与体育游戏,感受体育活动的乐趣; 具身学练体能和多种运动项目技能和知识,且能进行游戏、比赛或展示; 运用具身学习的知识和规则观看体育比赛
学会运用健康与安全的知识和技能,形成健康的生活方式	具身参与校内外体育活动,了解体锻对身体的重要作用; 了解个人卫生保健、运动伤病、安全避险、营养膳食、青春期生长发育等健康知识和方法,具身体验并将其运用于日常生活中;感受自我情绪变化; 体验与他人沟通和交流,适应自然环境变化
积极参与体育活动,养成良好的体育品德	能按照体育活动要求或规则具身参与,在有一定难度的体育技能学练或游戏中能表现出克服困难、勇敢顽强的意志品质和乐于助人、文明礼貌等体育品格

(三)具身体育水平三教学目标(表3-3)

表3-3 具身体育水平三教学目标

课程目标维度	具身体育水平三教学目标
掌握与运用体能和运动技能,提高运动能力	具身参与体育项目学练,感受运动兴趣; 具身学练体能和运动技能,掌握运动项目的知识和技能,提升运动技战术水平; 体能发展,且能在游戏、比赛或展示中运用; 应用所学的规则具身参与裁判工作,观看比赛并能做简要评价
学会运用健康与安全的知识和技能,形成健康的生活方式	具身参与校内外体育活动,理解体锻对身体的重要作用; 具身体验健康与安全知识和技能,并将其运用于日常生活中; 遭受挫折或失败时,能够保持情绪稳定; 具身体验与他人交往和合作并提升自身能力,增强适应自然环境的能力
积极参与体育活动,养成良好的体育品德	能按照体育活动要求或规则具身参与,在有挑战性的体育技能学练或游戏中能表现出:自信和强抗挫力;尊重裁判、尊重对手、公平竞争等体育道德;团队精神和集体意识。同时,能接受比赛结果

(四)具身体育水平四教学目标(表3-4)

表3-4 具身体育水平四教学目标

课程目标维度	具身体育水平四教学目标
掌握与运用体能和运动技能,提高运动能力	具身参与体育项目学练,感受运动兴趣; 具身学练体能和运动技能,掌握运动项目的技术原理、起源与发展等知识和技能,全面发展体能; 掌握一两项运动技能,能运用所学的知识和技能分析和解决比赛中遇到的实际问题; 应用所学的规则具身参与比赛裁判工作,观看大型体育赛事并能做出分析与评价
学会运用健康与安全的知识和技能,形成健康的生活方式	具身参与规律性的校内外体锻; 具身体验与运用健康与安全知识和技能,增强健康管理的能力; 感受运动过程,保持良好心态,增强情绪调控能力; 体验与人良好沟通与合作,适应各种环境
积极参与体育活动,养成良好的体育品德	具身积极参与体育学练或比赛,在活动中能表现出:遇到困难顽强拼搏、吃苦耐劳的精神;遵守规则、公平公正等体育道德;责任意识和文明礼貌、正确的胜负观等体育品格

(五)具身体育水平五(高中学段)教学目标(表3-5)

表3-5 具身体育水平五(高中学段)教学目标

课程目标维度	具身体育水平五(高中学段)教学目标
掌握与运用体能和运动技能,提高运动能力	具身学练体能和所选学的运动项目技能,掌握其技术原理、起源与发展等知识和技能,提高运动认知能力; 全面发展和提高体能; 能够运用所选学的运动项目知识、技能和方法,具身参与比赛与展示,提高发现、分析和解决问题的能力; 能够具身参与制订、实施、改善体能锻炼计划并做出合理的评价; 掌握和运用所选学的运动项目规则参与裁判工作; 懂得欣赏相关体育项目重大赛事并能做出客观的评价
学会运用健康与安全的知识和技能,形成健康的生活方式	具身积极参与校内外体锻,掌握科学的锻炼方法,学会健康技能,形成良好的锻炼习惯,增强自我健康管理能力; 体验与人良好交往与合作,包容豁达,情绪稳定,增强适应自然环境的能力; 改善自我身心健康状况,珍爱生命,养成健康文明生活方式,增强生存与生活的能力
积极参与体育活动,养成良好的体育品德	具身积极参与体育学练或比赛,在活动中能表现出:积极进取、勇敢顽强及团队合作等精神;遵守规则、尊重裁判及公平竞争等体育道德;自尊自信、责任意识及正确的胜负观等体育品格

二 具身体育学年和学期教学目标的内容

具身体育学年和学期教学目标属于中观层面教学目标,根据不同水平划分各个学年和学期教学目标。每个学年教学目标分为上、下学期的教学目标。依据各自课程内容围绕核心素养的三大课程目标维度构建学年和学期教学目标。

(一)一、二年级上、下学期具身体育教学目标(表3-6)

表3-6　一、二年级上、下学期具身体育教学目标

课程内容	一年级上学期	一年级下学期	二年级上学期	二年级下学期
基本运动技能	能具身感知运动方向、水平、路径、节奏、力量和位移速度的变化;掌握正确的坐、立、行和读写姿势;体验提踵走、马步跑、垫步跳、钻越等移动性技能;体验伸展、屈体等非移动性技能;体验投、传球等操控性技能。能遵守纪律,文明礼貌,与同伴友爱互助	能在活动中具身感受与他人或环境的相对关系;体验高矮人走、追逐跑、跑跳步、躲避等移动性技能;体验悬垂、支撑等非移动性技能;体验击、踢、接球等操控性技能。能遵守纪律,文明礼貌,与同伴友爱互助	能在运动中具身感受时空、节拍和时间变化;体验攀爬和队列练习移动性技能及青蛙跳荷叶、动物爬行游戏;体验推拉、扭转等非移动性技能及高人矮人、不倒翁等游戏;体验用手或用脚运球等操控性技能和毛毛虫等游戏。能遵守纪律,文明礼貌,与同伴友爱互助,努力坚持	能具身体会在不同活动场景中的活动空间;体验攀爬等移动性技能和老鹰捉小鸡游戏;体验扭转、平衡等非移动性技能和金鸡独立、木偶人等游戏;体验用短(长)柄器械击球等操控性技能和划龙舟、托乒乓球比赛。能遵守纪律,文明礼貌,与同伴友爱互助,努力坚持,不怕困难
健康教育	懂得每天适量饮水的意义;认识常见食物类别,不挑食;保持个人卫生,不随地吐痰,文明如厕;具身参与学练并做好运动安全自我检查和保持安全距离	懂得体育锻炼的益处;学会保护视力的方法,定期检查视力;具身参与学练并做好运动安全自我检查和保持安全距离	了解生命孕育的过程;会表达情绪和与人沟通交流;能做好运动安全自我检查和保持安全距离;能简述具身参与运动前后的真实感受	了解止血的方法;了解预防溺水的知识和自救方法;能做好运动安全自我检查和保持安全距离;能简述具身参与运动前后的真实感受;具有时空认知和安全运动认知

续表

课程内容	一年级上学期	一年级下学期	二年级上学期	二年级下学期
跨学科主题学习	通过创设"钢铁战士"(小小特种兵)学习主题情境,激发学生具身参与的热情,提高走、跑、跳、越、攀、爬等基本运动技能;培养学生英勇顽强、吃苦耐劳等意志品质	通过创设"劳动最光荣"(自己的事情自己做)学习主题情境,激发学生具身参与的热情,提高基本运动技能,让学生具身感受劳动乐趣,树立正确的劳动观,培养生活自理能力	通过创设"身心共成长"(会说话的身体)学习主题情境,激发学生具身参与的热情,让学生了解自己的身体形态和生理机能,树立正确的身体意识和自我意识	通过创设"破解运动的密码"(妙用体育器材)、"人与自然和谐美"(美丽的大自然)学习主题情境,激发学生具身参与的热情,了解人与自然的关系,以及科学知识对学习运动技能的重要性,培养学生探究和运动的安全意识;提高学生欣赏大自然美的能力

(二)三、四年级上、下学期具身体育教学目标(表3-7)

表3-7 三、四年级上、下学期具身体育教学目标

课程内容	三年级上学期	三年级下学期	四年级上学期	四年级下学期
体能	了解肌肉、脂肪、骨骼等身体成分的知识;具身体验体侧屈、坐位体前屈、横/纵叉、推起成桥、握杆转肩等练习方法,发展柔韧性;具身体验燕式平衡和在狭窄路上行走等练习方法,发展平衡能力;与同伴合作体能学练,感受身体动作调整节奏;培养克服困难、乐于助人等意识和行为	了解体育活动、合理膳食等改善身体成分的方法;具身体验草地跑、跳越障碍、仰卧起坐等练习方法,发展肌肉力量;具身体验支撑、悬垂、连续双脚跳等练习方法,发展肌肉耐力;与同伴合作体能学练,感受身体动作,调整节奏;培养奋勇拼搏、克服困难等意识和行为	具身体验抓握、抛接等手眼协调练习和踢毽子、跑动中踢准等练习方法,发展协调性;具身体验十字象限跳、绕杆跑、折返跑和变向跑等练习方法,发展灵敏性;具身体验纵跳摸高和快速斜身引体等练习方法,发展爆发力;与同伴合作体能学练,感受身体动作,调整节奏;培养乐于助人、奋勇拼搏等意识和行为	具身体验正反口令练习、听口令变向跑等练习方法,发展反应能力;具身体验高抬腿跑、30/50米跑等练习方法,发展位移速度;具身体验障碍跑、跳绳、折返跑等练习方法,发展心肺耐力;与同伴合作体能学练,感受身体动作,调整节奏;培养乐于助人、相互尊重、奋勇拼搏、克服困难等意识和行为

续表

课程内容	三年级上学期	三年级下学期	四年级上学期	四年级下学期
健康教育	了解健康食品和饮料,懂得碳酸饮料对身体健康的危害;了解产生近视的原因,具身体验科学预防近视与矫正视力的方法	了解吸烟的危害性;了解青春期身体生长发育的知识;体验与异性正常交往,学会自我保护	了解体锻、合理膳食、充足睡眠对身心健康发展的益处;具身参与体锻,合理控制运动负荷量;掌握情绪调控的方法,适应体育学练环境	了解体育课内外常见的扭伤、擦伤、挫伤等运动损伤及其简单处理方法;具身体验规避运动伤害行为,树立防范危险的意识
专项运动技能	具身参与学练和掌握篮球(传球、接球、运球、投篮)、田径(30米、300米、跳远、掷垒球)的基本和简单组合技术动作,并将其运用于游戏和比赛中;具身参与班级内简化规则与要求的游戏和比赛,提高技战术水平;发展体能;讲出篮球(传球、接球、运球、投篮)、田径(30米、300米、跳远、掷垒球)动作术语;懂得欣赏校内外篮球和田径的比赛,提高欣赏与评价能力;具身体验篮球和田径游戏的乐趣,学会其技术练习的安全知识与技能,会自我保护和保护与帮助他人,能积极与同伴一起合作学习,适应体育活动环境;	具身参与学练和掌握足球(运球、传球、接球、射门)、体操(前后滚翻、仰卧推起成桥、低单杠跳上与跳下)的基本和简单组合技术动作,并将其运用于游戏和比赛中;具身参与班级内简化规则与要求的游戏和比赛,提高技战术水平;发展体能;讲出足球(运球、传球、接球、射门)、体操(前后滚翻、仰卧推起成桥、低单杠跳上与跳下)动作术语;懂得欣赏校内外足球和体操的比赛,提高欣赏与评价能力;具身体验足球和体操游戏的乐趣,学会其技术练习的安全知识	具身参与学练和掌握传统体育(长拳、排球(垫球、传球、发球)的基本和简单组合技术动作,并将其运用于游戏和比赛中;具身参与班级内简化规则与要求的游戏和比赛,提高技战术水平;发展体能;讲出传统体育(长拳)、排球(垫球、传球、发球)动作术语;懂得欣赏校内外武术和排球的比赛,提高欣赏与评价能力;具身体验武术和排球游戏的乐趣,学会其技术练习的安全知识与技能,能积极与同伴一起合作和互助学习,保持情绪稳定,适应自然环境;具身参与武术和排球的学练、游戏或比赛,培养勇敢顽强、尊重对手和自尊自信等体育品德	具身参与学练和掌握乒乓球(发球、接发球、攻球)、花样跳绳的基本和简单组合技术动作,并将其运用于游戏和比赛中;具身参与班级内简化规则与要求的游戏和比赛,提高技战术水平;发展体能;讲出乒乓球(发球、接发球、攻球)、花样跳绳动作术语;懂得欣赏校内外乒乓球和跳绳的比赛,提高欣赏与评价能力;具身体验乒乓球和跳绳游戏的乐趣,学会其技术练习的安全知识与技能,能积极与同伴一起合作和互助学习,情绪稳定,适应环境;具身参与乒乓球和跳绳的学练、游戏或比赛,培养坚持到底、公平竞争和

续表

课程内容	三年级上学期	三年级下学期	四年级上学期	四年级下学期
专项运动技能	具身参与篮球和田径的学练、游戏或比赛，培养积极进取、遵守规则和责任意识等体育品德	与技能，会自我保护和保护与帮助他人，能积极与同伴一起合作学习，保持比较稳定的情绪；具身参与足球和体操的学练、游戏或比赛，培养不怕困难、尊重裁判和文明礼貌等体育品德		正确的胜负观等体育品德
跨学科主题学习	通过创设"钢铁战士"（英雄小少年）学习主题情境，激发学生具身参与的热情；具身扮演战士、消防员等不同角色并在其中学练体能，理解体能发展的作用，促进体能发展；调控情绪和适应环境；具身承担任务角色，培养中国人民解放军的优良传统	通过创设"劳动最光荣"（争做小劳模）学习主题情境，激发学生具身参与的热情；具身参与家务劳动并在其中学练体能、发展体能，增强劳动的意识与能力；适应劳动环境与调控情绪；具体会劳动者的艰辛，培养热爱劳动的良好品质	通过创设"身心共成长"（藏在身体里的秘密）学习主题情境，激发学生具身参与的热情；具身参与学习睡眠、预防脊柱侧弯等健康教育内容，探索生命现象与成长规律；让学生关注身心健康，树立主动锻炼的意识	通过创设"破解运动的密码"（脑洞大开的运动）、"人与自然和谐美"（大自然的神奇之旅）学习主题情境，激发学生具身参与的热情；结合数学等相关知识，让学生具身参与丰富多彩的活动，探究运动的共性与特性，了解身体机能与发展体能，培养逻辑思维；结合地球结构和生命进化历程等知识，让学生在身体活动中观察自然，提升对大自然的直觉力和敏感力，培养学生发现问题的能力

说明:体能、健康教育和跨学科主题学习三者,因各自内部知识与技能不存在必然的联系,建议拆分成4个学期教学,有利于教学内容的均衡性,因此,教学目标相应地分开。而各类专项运动技能的内部知识与技能存在非常必然的联系,建议以"大单元"形式教学,有利于知识与技能的稳固形成。

(三)五、六年级上、下学期具身体育教学目标(表3-8)

表3-8 五、六年级上、下学期具身体育教学目标

课程内容	五年级上学期	五年级下学期	六年级上学期	六年级下学期
体能	了解《国家学生体质健康标准(2014年修订)》中评价体能水平的方法;了解发展爆发力的知识,具身体验并学会纵跳摸高、蛙跳、双手快速推墙等练习方法;了解发展心肺耐力的知识,具身体验并学会长跑、8×50米往返跑和游泳等练习方法;能适应体能负荷变化并调控情绪;培养勇敢顽强和积极进取的精神	了解并会运用体育锻炼、合理饮食、热量摄取和消耗等改善身体成分的知识和方法;了解发展柔韧性的知识,具身体验并学会横/纵叉、坐位体前屈、跪姿肩部拉伸等练习方法;了解发展肌肉力量的知识;具身体验并学会举哑铃、团身跳、角力等练习方法;能适应体能负荷变化并调控情绪;培养自尊自信和积极进取的精神	了解发展协调性的知识,具身体验并学会接反弹球等手眼协调练习和跳绳、接力跑等四肢协调练习方法;了解发展灵敏性的知识,具身体验并学会交叉步、跳越障碍、躲闪等方法;了解发展肌肉耐力的知识,具身体验并学会负重匍匐前进、俯卧两头起、连续做俯卧撑等方法;能适应体能负荷变化并调控情绪;培养勇敢顽强和自尊自信的精神	了解发展反应能力的知识,具身体验并学会听信号变换追逐跑和传接球等练习方法;了解发展位移速度的知识,具身体验并学会高抬腿跑、50米跑和接力跑等方法;了解发展平衡能力的知识,具身体验并学会燕式平衡等静态平衡练习和翻滚后变向等动态平衡练习;能适应体能负荷变化并调控情绪;培养自尊自信和积极进取的精神
健康教育	理解三餐的营养要求与作用,以及营养均衡和饮食多样化的益处,体验多样化饮食;具身参与运动,懂得运动有助于食物消化和	理解健康与影响健康的因素及常见疾病;理解正常体重、肥胖与健康的关系,具身参与科学且有规律的锻炼,保持正常体重,	具身感受青春期生理与心理的各种变化,并能用语言描述出来;在运动过程中掌握并运用情绪调控方法,体验同他人交流与合	理解科学锻炼的安全注意事项,知道骨折时如何固定伤处、不能强行搬运患者等方法;掌握实施心肺复苏的方

续表

课程内容	五年级上学期	五年级下学期	六年级上学期	六年级下学期
健康教育	营养吸收;理解饮酒对身体发育的影响、毒品的种类和危害,具身拒绝饮酒,远离毒品	明白体锻是健康的生活方式;理解不良视力对自身生活的影响,具身体验室外运动缓解眼疲劳,预防近视	作,同时要有预防性骚扰的意识	法;具身体验运动时保持情绪稳定,适应自然和社会环境
专项运动技能	具身参与学练并掌握篮球(传球、接球、运球、投篮)、田径(50米、4×50米往返跑、跨越式跳高、双手前掷实心球)的基本和组合技术动作,运用篮球和田径技战术具身参与班级内的教学比赛,提高技战术水平;发展体能;能描述篮球(传球、接球、运球、投篮)、田径(50米、4×50米往返跑、跨越式跳高、双手前掷实心球)动作术语;懂得欣赏校内外篮球和田径的比赛且能做简要评价,提高欣赏与评价能力;具身积极参与篮球和田径体育锻炼,掌握其技术练习的安全知识与技能,学会预防运动损伤的简单方法,能与同伴在学练和比赛中交流合作,能调	具身参与学练并掌握足球(运球、传球、接球、抢球、射门)、体操(前滚翻交叉转体180度接后滚翻起、山羊分腿腾越、肩肘倒立)的基本和组合技术动作,运用足球和体操技战术具身参与班级内的教学比赛,提高技战术水平;发展体能;能描述足球(运球、传球、接球、抢球、射门)、体操(前滚翻交叉转体180度接后滚翻起、山羊分腿腾越、肩肘倒立)动作术语;懂得欣赏校内外足球和体操的比赛且能做简要评价,提高欣赏与评价能力;具身积极参与足球和体操体育锻炼,学会其技术练习的安全知识与技能,学会预防运动损伤的简单方法,会自	具身参与学练并掌握乒乓球(发球、接发球、攻球)、传统体育(中国式摔跤)的基本和组合技术动作,运用乒乓球和中国式摔跤技战术具身参与班级内的教学比赛,提高技战术水平;发展体能;能描述乒乓球(发球、接发球、攻球)、传统体育(中国式摔跤)动作术语;懂得欣赏校内外乒乓球和中国式摔跤的比赛且能做简要评价,提高欣赏与评价能力;具身积极参与乒乓球和中国式摔跤体育锻炼,学会其练习的安全知识与技能,学会预防运动损伤的简单方法,在中国式摔跤运动中能做出合理的安全保护动作;能积极与同伴一起合作交流,保持稳定的	具身参与学练并掌握排球(垫球、传球、发球)、新兴体育(轮滑)的基本和组合技术动作,运用排球和轮滑技战术具身参与班级内的教学比赛,提高技战术水平;发展体能;能描述排球(垫球、传球、发球)、新兴体育(轮滑)动作术语;懂得欣赏校内外排球和轮滑的比赛且能做简要评价,提高欣赏与评价能力;具身积极参与排球和轮滑体育锻炼,掌握其技术练习的安全知识与技能,学会预防运动损伤的简单方法,能与同伴在学练和比赛中交流合作,能保持稳定的情绪,同时,能适应环境;

续表

课程内容	五年级上学期	五年级下学期	六年级上学期	六年级下学期
专项运动技能	控情绪；具身参与篮球和田径的学练、游戏或比赛，培养遵守规则、积极进取和责任意识等体育品德	我保护和保护与帮助他人练习，能与同伴在学练和比赛中交流合作，能调控情绪；具身参与足球和体操的学练、游戏或比赛，培养积极进取、勇敢顽强、不怕挫折等体育品德	情绪，适应环境；具身参与乒乓球和中国式摔跤的学练、游戏或比赛，培养冷静克制、果敢坚毅的品质和公平竞争等体育品德	具身参与排球和轮滑的学练、游戏或比赛，培养团队合作、努力拼搏、敢于尝试等体育品德
跨学科主题学习	通过创设"钢铁战士"（智勇双全小战士）学习主题情境，激发学生具身参与的热情；结合武装力量、国防科普与建设成就等内容学习，具身参与武术、球类等项目学练，发展体能与提高技能水平；调控情绪和适应环境；培养学生的预判能力、应变能力及战术思维能力	通过创设"劳动最光荣"（巧手小工匠）学习主题情境，激发学生具身参与的热情；具身参与各种预设劳动场域并在其中学练田径、球类等运动技能，发展体能与提高技能水平；适应劳动环境与调控情绪；增强劳动意识，培养良好的劳动习惯和品质	通过创设"身心共成长"（成长的少年）学习主题情境，激发学生具身参与的热情；具身参与体能和运动技能学练，运用信息科技相关知识，让学生关注成长过程中的身心变化及其对运动技能学练的影响，强化自我健康意识，培养观察能力	通过创设"破解运动的密码"（运动的学问）学习主题情境，激发学生具身参与的热情；结合科学等相关知识，让学生具身参与运动技能的学练，探索运动技能的形成、迁移和遗忘规律，了解运动的科学属性，培养深度学习能力

说明：体能、健康教育和跨学科主题学习三者，因各自内部知识与技能不存在必然的联系，建议拆分成4个学期教学，有利于教学内容的均衡性，因此，教学目标相应地分开。而各类专项运动技能内部知识与技能存在非常必然的联系，建议以"大单元"形式教学，有利于知识与技能的稳固形成。

(四)七、八、九年级上、下学期具身体育教学目标(表3-9)

表3-9　七、八、九年级上、下学期具身体育教学目标

课程内容	七年级上学期	七年级下学期	八年级上学期	八年级下学期	九年级上学期	九年级下学期
体能	掌握体能发展的原理和方法,掌握制订体能锻炼计划的方法,能根据《国家学生体质健康标准(2014年修订)》制订自我体能锻炼计划;理解并运用发展柔韧性的原理,具身体验压腿与压肩、坐位体前屈、体侧屈等练习方法;激发学生对体能学练的兴趣,情绪稳定,适应环境;培养积极进取的体育精神	掌握改善身体成分的原理和方法,具身体验自我锻炼项目、时间、频率和强度,具身体验控制体重与健康饮食方法;理解并运用发展反应能力的原理,具身体验变向跑、变换口令的追逐跑及模仿对方动作练习等方法;激发学生对体能学练的兴趣,情绪稳定,适应环境;培养遵守规则、公平竞争的体育品德	理解并运用发展肌肉力量的原理,具身体验前抛实心球、哑铃负重深蹲、蛙跳、角力等练习方法;理解并运用发展心肺耐力的原理,具身体验跳绳、耐力跑、游泳、有氧健身操等练习方法;激发学生对体能学练的兴趣,情绪稳定,适应环境;培养勇于挑战、坚韧不拔的体育精神	理解并运用发展协调性的原理,具身体验交叉步、接反弹球、抛接球和跳跃后变向等练习方法;理解并运用发展肌肉耐力的原理,具身体验连续多次举哑铃、仰卧举腿、引体向上等练习方法;激发学生对体能学练的兴趣,情绪稳定,适应环境;培养坚韧不拔、遵守规则的体育品德	理解并运用发展位移速度的原理,具身体验小步跑、高抬腿跑、后蹬跑、加速跑、50米跑等练习方法;理解并运用发展爆发力的原理,具身体验蛙跳、快速俯卧撑、前抛实心球等练习方法;激发学生对体能学练的兴趣,情绪稳定,适应环境;培养勇于挑战、公平竞争的体育品德	理解并运用发展灵敏性的原理,具身体验方格跳、绳梯练习、曲线运球等练习方法;理解并运用发展平衡能力的原理,具身体验燕式平衡等静态平衡练习方法,以及翻滚后起跳等动态平衡练习方法;激发学生对体能学练的兴趣,情绪稳定,适应环境;培养坚韧不拔、遵守规则的体育品德

续表

课程内容	七年级上学期	七年级下学期	八年级上学期	八年级下学期	九年级上学期	九年级下学期
健康教育	了解影响人体健康的因素,理解体育运动对情绪和环境的作用,增强合作意识和能力	具身参与改善体重和预防脊柱侧弯,理解肥胖的危害与致因,掌握科学的评价和锻炼方法	理解体育运动对调控情绪、释放压力、促进大脑健康的作用,掌握运动中心率等指标的自我测评和监控方法,具身体验与同伴合作交流的方法	理解性骚扰的危害,增强预防性骚扰的意识和能力;会分析近视对职业发展的不良影响	理解常规体检的意义,掌握各种常见疾病的预防方法,体验科学用脑、劳逸结合的健康学习方式	具身参与学习预防运动伤病、自然灾害和公共安全事件的知识与技能,掌握溺水自救和配合他救、突发事件中的自我保护和逃生的方法,提高应对突发事件的应变能力
专项运动技能	具身参与学练并掌握篮球(传球、接球、运球、投篮)、田径(短跑、接力跑、蹲踞式跳远、实心球)的基本技术、组合技术和战术配合,运用篮球和田径技战术具身参与班级内的教学比赛,提高技战术水	具身参与学练并掌握乒乓球(发球、接发球、搓球、拉球)、传统体育(健身南拳)的基本技术、组合技术和战术配合,运用乒乓球和健身南拳技战术具身参与班级内的教学比赛,提高技战术水平;发展体能;能描述乒乓球和健	具身参与学练并掌握排球(垫球、传球、扣球、发球)、体操[鱼跃前滚翻(男)、远撑前滚翻(女)、单杠(一足蹬地翻身上－支撑后摆转体90°挺身下)]的基本技术、组合技术和战术配合,运用排球和体操技战术具身参与班级内的	具身参与学练并掌握羽毛球(发球、接球、网前球、高远球、平打球、扣球)、水上或冰雪[自由泳或滑冰(雪)]项目的基本技术、组合技术和战术配合,运用羽毛球和水上或冰雪项目的技战术具身参与班级内的教学比赛,提高技	具身参与学练并掌握足球(运球、传球、接球、角球、射门)、新兴体育项目(极限飞盘)的基本技术、组合技术和战术配合,运用足球和极限飞盘技战术具身参与班级内的教学比赛,提高技战术水平;发展体能;能描述足球和极限	具身参与学练并掌握足球(运球、传球、接球、角球、射门)、田径(中长跑、跨栏跑、跨越式跳高、侧向滑步推铅球)的基本技术、组合技术和战术配合,运用足球和田径技战术具身参与班级内的教学比赛,提高技战术水平;发展

079

续表

课程内容	七年级上学期	七年级下学期	八年级上学期	八年级下学期	九年级上学期	九年级下学期
专项运动技能	平；发展体能；能描述篮球和田径相关技术的原理，学会比赛规则并承担班级内的裁判工作，提高裁判水平；懂得欣赏某场高水平篮球或田径的比赛且能对其做简要评价，提高欣赏与评价能力；具身参与篮球和田径项目的学练和比赛，掌握相关技术练习的安全知识与技能，学会简单处理伤害事故的方法，与同伴在学练和比赛中配合默契，	身南拳相关技术的原理，学会比赛规则并承担班级内的裁判工作，提高裁判水平；懂得欣赏某场高水平乒乓球或健身南拳的比赛且能对其做简要评价，提高欣赏与评价能力；具身参与乒乓球和健身南拳项目的学练和比赛，掌握相关技术练习的安全知识与技能，学会简单处理伤害事故的方法，与同伴在学练和比赛中配合默契，保持良好、稳定的情绪；制订乒乓球和健身南拳运动项目锻炼	教学比赛，提高技战术水平；发展体能；能描述排球和体操相关技术的原理，学会比赛规则并承担班级内的裁判工作，提高裁判水平；懂得欣赏某场高水平排球或体操的比赛且能对其做简要评价，提高欣赏与评价能力；具身参与排球和体操的学练和比赛，掌握相关技术练习的安全知识与技能，学会简单处理伤害事故的方法，与同伴在学练和比赛中相互保护与帮助，保持良好、稳定的情绪；	战术水平；发展体能；能描述羽毛球和水上或冰雪项目相关技术的原理，学会比赛规则并承担班级内的裁判工作，提高裁判水平；懂得欣赏某场高水平羽毛球或水上或冰雪项目的比赛且能对其做简要评价，提高欣赏与评价能力；具身参与羽毛球和水上或冰雪项目的学练和比赛，掌握相关技术练习的安全知识与技能，学会简单处理溺水等伤害事故的方法，与同伴在学练和比赛中配合默契，保持良好、	飞盘相关技术的原理，学会比赛规则并承担班级内的裁判工作，提高裁判水平；懂得欣赏某场足球或极限飞盘的比赛且能对其做简要评价，提高欣赏与评价能力；具身参与足球和极限飞盘的学练和比赛，掌握其相关技术练习的安全知识与技能，学会简单处理伤害事故的方法，与同伴在学练和比赛中配合默契，保持稳定、良好的情绪；制订足球和极限飞盘运动项目锻炼计划并会自我锻炼；	体能；能描述足球和田径相关技术的原理，学会比赛规则并承担班级内的裁判工作，提高裁判水平；懂得欣赏某场足球或田径的比赛且能对其做简要评价，提高欣赏与评价能力；具身参与足球和田径的学练和比赛，掌握其相关技术练习的安全知识与技能，学会简单处理伤害事故的方法，与同伴在学练和比赛中配合默契，保持稳定、良好的情绪；制订足球和田径运动项目锻炼计划并会自我锻炼；

续表

课程内容	七年级上学期	七年级下学期	八年级上学期	八年级下学期	九年级上学期	九年级下学期
专项运动技能	保持良好、稳定的情绪;制订篮球和田径运动项目锻炼计划并会自我锻炼;具身参与篮球和田径的学练和比赛,培养团队合作、遵守规则等体育品德	计划并会自我锻炼;具身参与乒乓球和健身南拳的学练和比赛,培养尊重裁判、果敢坚毅、克制忍耐等体育品德	制订排球和体操运动项目锻炼计划并会自我锻炼;具身参与排球和体操的学练和比赛,培养团队合作、遵守规则、勇于挑战等体育品德	稳定的情绪;制订羽毛球和水上或冰雪运动项目锻炼计划并会自我锻炼;具身参与羽毛球和水上或冰雪项目的学练和比赛,培养积极进取、诚信自律、文明礼貌等体育品德	具身参与足球和极限飞盘的学练和比赛,培养不怕困难、尊重对手、责任意识等体育品德	具身参与足球和田径的学练和比赛,培养自我挑战、遵守规则、正确的胜负观等体育品德
跨学科主题学习	通过创设"钢铁战士"(忠诚的祖国卫士)学习主题情境,激发学生具身参与的热情;结合学习革命先烈的英雄事迹,具身参与并灵活运用田径、体操等运动技能模拟军事训练,发展体能与	通过创设"劳动最光荣"(光荣劳动者)学习主题情境,激发学生具身参与的热情;结合学习劳动模范典型事迹,具身参与由简到繁的劳动情境并在其中学练体操、武术等运动技能,发展体能与提高技能水平;适应复	通过创设"身心共成长"(关注健康、爱护身体)学习主题情境,激发学生具身参与的热情;具身参与体能和运动技能学练,运用生物学相关知识,让学生在运动中了解血液循环、人体呼吸等生理知识,关	通过创设"破解运动的密码"(给运动插上智慧的翅膀)学习主题情境,激发学生具身参与的热情;结合信息科技、物理学科等相关知识,让学生具身参与虚拟现实(VR)或移动设备技术模拟真实运动情境,探索现	通过创设"人与自然和谐美"(人与自然和谐共生)学习主题情境,激发学生具身参与的热情;结合地理、信息技术等相关知识,运用虚拟现实(VR)技术模拟自然情境,让学生具身参与定向越野等户外运动的学练,促	通过创设"运动中的科学"(运动背后的科学原理与健康)学习主题情境,激发学生具身参与的热情;通过案例分析、实验探究、小组讨论等形式,分析不同运动项目中的物理学、生物学以及心理学原理,探讨

续表

课程内容	七年级上学期	七年级下学期	八年级上学期	八年级下学期	九年级上学期	九年级下学期
跨学科主题学习	提高技能水平;调控情绪和适应环境;培养学生挑战自我、不怕受伤、迎难而上的钢铁意志	杂的劳动环境与调控情绪;学会苦练、巧练、勤练,培养学生刻苦钻研的工匠精神,提升实践能力和创新能力	注自己的身体,树立自我保护的意识,掌握相应的方法	代科学技术对运动技能学习提高的辅助作用,提高学生发现、分析和解决问题的能力	进运动技能的掌握,正确认识人与自然的关系,具身感受科技力量,提升保护环境的责任意识	规律性体育锻炼对身心健康的益处;探究运动蕴含的科学原理和健康知识,培养学生的批判性思维、问题解决能力和跨学科学习能力

说明:体能、健康教育和跨学科主题学习三者,因各自内部知识与技能不存在必然的联系,建议拆分成6个学期教学,有利于教学内容的均衡性,因此,教学目标相应地分开。而各类专项运动技能内部知识与技能存在非常必然的联系,建议以"大单元"形式教学,有利于知识与技能的稳固形成。

(五)高一、二、三年级上、下学期具身体育教学目标(表3-10)

表3-10 高一、二、三年级上、下学期具身体育教学目标

课程内容	高一年上学期	高一年下学期	高二年上学期	高二年下学期	高三年上学期	高三年下学期
体能(集中安排在高一上学期)	了解体能发展的原理和方法;掌握制订体能锻炼计划的方法,学会制订自我锻炼项目、频率、强度和持续时间等,并能用《国家学生体质健康标准(2014年修订)》评价方法自我评价体能发展状况,改善体能锻炼计划;掌握改善身体成分的原理和具身体验其练习方法;掌握发展心肺耐力的原理和具身体验其练习方法;掌握发展上肢、下肢、肩部、腰腹和躯干柔韧性的原理和具身体验其练习方法;掌握发展肌肉力量和肌肉耐力的原理和具身体验其练习方法;掌握发展灵敏性的原理和具身体验其练习方法;掌握发展平衡能力的原理和具身体验其练习方法;掌握发展协调性的原理和具身体验其练习方法;掌握发展爆发力的原理和具身体验其练习方法;掌握发展速度的原理和具身体验其练习方法;掌握发展反应速度的原理和具身体验其练习方法。激发学生体能学练的兴趣,适应承受运动负荷与保持稳定的情绪;培养学生不怕困难、诚信自律及自尊自信等体育品德					

续表

课程内容	高一年上学期	高一年下学期	高二年上学期	高二年下学期	高三年上学期	高三年下学期
健康教育	具身学习自我管理健康的技能，掌握健康的知识和增进健康的方法，形成良好的运动习惯和健康的生活方式；了解食物的营养价值与合理的膳食搭配，具身体验选购和辨识食物的知识与方法，养成科学、合理的饮食习惯，掌握健康饮食和营养知识	具身体验运动负荷大小对营养的不同需求，了解偏食等不良饮食习惯对身体的危害，掌握食品安全的知识与方法；具身养成良好的卫生习惯，增强疾病防控的意识与能力；掌握传染性疾病与非传染性疾病如癌症等的病因和预防措施	具身运用环境与健康的相关知识，避免在雾霾等有害身体健康的环境中运动，掌握在有害环境中自我保护的方法等	具身学习心肺复苏、溺水救护、运动骨折、扭伤、肌肉拉伤、运动性晕厥、运动性哮喘、运动性腹痛等知识与技能，掌握并运用安全运动、预防常见运动伤病和突发事故、消除运动疲劳的知识与方法	具身学习紧急情况下的避险和急救常识，掌握并运用安全避险的知识与方法；了解网络交友的风险性和在与异性交往中避免遭受性侵等，增强社交中的防范意识和自我保护能力	具身体验情绪变化和运动对消除心理障碍的作用，了解不良情绪产生的原因和调节方法，掌握调控情绪的方法，增强提升心理健康的意识和能力；体验合作与竞争的关系，提高人际交往技能，增强社会适应能力
专项运动技能（以篮球运动为例）	了解篮球运动的起源、发展、特点及文化；具身参与并基本掌握篮球步伐移动、持球交叉步突破与防守等攻防基本技术与原理、运球-传球与防守等攻防组合	了解篮球动作技术、组合动作技术、个人战术及局部战术的基本原理和特点；具身参与并基本掌握篮球步伐移动、背后运球突破与防守等攻防基本技术、接	了解篮球动作技术、组合动作技术、战术的基本原理和特点；具身参与并掌握篮球步伐移动、接球跳起单手肩上投篮与防守等攻防基本技术、运球推拨传接球	了解篮球动作技术、组合动作技术、战术的基本原理和特点；具身参与并掌握篮球步伐移动、攻防基本技术、攻防组合技术；掌握攻防转换技战术；掌握人	了解篮球运动进攻和防守的各种技战术的原理和方法；具身参与并熟练掌握篮球步伐移动、攻防基本技术、攻防组合技术；熟练掌握攻防	具身参与篮球运动，熟练应用进攻、防守及攻防转换的各种技战术；根据对手熟练运用人盯人或区域联防攻防战术于全场比赛中，提高技

083

续表

课程内容	高一年上学期	高一年下学期	高二年上学期	高二年下学期	高三年上学期	高三年下学期
专项运动技能（以篮球运动为例）	技术与原理、半场三攻三战术且运用于比赛，提高技战术水平；发展体能；基本掌握规则且具身参与执裁；懂得欣赏较高水平的篮球比赛且能对其做简要评价，提高欣赏与评价能力；基本掌握篮球相关技术动作的安全知识与技能，学会简单处理伤害事故的方法；与同伴在学练和比赛中配合默契，保持稳定的情绪；基本掌握制订篮球运动锻炼计划的方法并会自我锻炼，懂得篮球运动	球-背后运球-行进间单手低手投篮等攻防组合技术；基本掌握"快攻"攻防战术且运用于比赛，提高技战术水平；发展体能；基本掌握规则且具身参与执裁；懂得欣赏较高水平的篮球比赛，用专业术语与同伴简单交流双方技战术的应用，提高欣赏与评析能力；具身参与并基本掌握篮球相关技术动作的安全知识与技能，学会处理伤害事故的方法；与同伴在学练和比赛中配合默契，保持良好的情	-运球后转身-跳起单手肩上投篮等攻防组合技术；基本掌握攻防转换技战术；基本掌握半场人盯人攻防战术且运用于全场五对五比赛，提高技战术水平；发展体能；掌握规则且具身参与执裁；懂得欣赏高水平的篮球比赛且能对其做出评价，提高欣赏与评析能力；具身参与并掌握篮球相关技术动作的安全知识与技能；掌握篮球运动疲劳与恢复的知识与方法，与同伴在学练和比赛中配合默契，保持稳	盯人和区域联防攻防战术且运用于全场五对五比赛，提高技战术水平；发展体能；掌握规则且具身参与执裁；懂得欣赏国内外较高水平的篮球比赛且能对其做出客观评价，提高欣赏与评析能力；具身参与并掌握篮球相关技术动作的安全知识与技能；掌握篮球运动对人体心血管、呼吸及消化系统等人体机能的促进作用，与同伴在学练和比赛中配合默契，保持稳定、良好的情绪；掌握制订篮球运动	转换技战术；熟练掌握人盯人和区域联防攻防战术且运用于全场五对五比赛，提高技战术水平；发展体能；熟练掌握规则且具身参与执裁；懂得欣赏并用数据评析篮球比赛双方的水平，提高欣赏与评析能力；具身参与并熟练掌握篮球相关技术动作的安全知识与技能，熟练掌握伤害事故的处理方法，与同伴在学练和比赛中配合默契，保持稳定、良好的情	战术整体水平；发展综合体能；熟练运用规则且具身参与执裁；欣赏高水平篮球比赛并用科学的统计方法，评析双方比赛胜负的原因，提高欣赏与评析能力；具身参与并熟练运用篮球相关技术动作的安全知识与技能，并在遇到篮球运动突发伤害事故时能熟练运用，与同伴在学练和比赛中配合默契，保持稳定、良好的情绪；科学制订篮球运动锻炼计划

084

续表

课程内容	高一年上学期	高一年下学期	高二年上学期	高二年下学期	高三年上学期	高三年下学期
专项运动技能（以篮球选项为例）	对养成良好的锻炼、饮食、作息和卫生习惯的作用；具身参与篮球运动的学练和比赛，培养不怕困难、尊重对手、正确的胜负观等优秀体育品德	绪；基本掌握制订篮球运动锻炼计划的方法并会自我锻炼；具身参与篮球运动的学练和比赛，培养勇敢顽强、诚信自律、文明礼貌等优秀体育品德	定、良好的情绪；掌握制订篮球运动锻炼计划的方法并会自我锻炼；具身参与篮球运动的学练和比赛，培养积极进取、遵守规则、责任意识等优秀体育品德	锻炼计划的方法并会自我锻炼；具身参与篮球运动的学练和比赛，培养自尊自信、公平正义、团队合作等优秀体育品德	绪；熟练掌握制订篮球运动锻炼计划的方法并会自我锻炼；具身参与篮球运动的学练和比赛，培养超越自我、诚信自律、社会责任感等优秀体育品德	并将其熟练运用于自我锻炼；具身参与篮球运动的学练和比赛，培养优秀的体育精神、体育道德和体育品格

说明：健康教育因各自内部知识不存在必然的联系，建议拆分成6个学期教学，有利于教学内容的均衡性，因此，教学目标相应地分开。高中阶段体能和各类专项运动技能要求以模块形式教学，且运动技能内部知识与技能存在非常必然的联系，所以应以"模块"形式教学。一般来说，体能模块最好集中安排在高一上学期完成教学。

三、具身体育单元（模块）与课时教学目标的内容

具身体育单元（模块）与课时教学目标属于微观层面教学目标，体育与健康课程内容众多，具身体育单元（模块）与课时教学目标也众多，下面以一个小单元（5课时）为例——水平四（初二年）篮球运球急停急起单元与课时教学计划（表3-11），呈现具身体育单元（模块）与课时教学目标，供读者参考。

表3-11 水平四(初二年)篮球运球急停急起单元教学计划

授课教师:李加前　　年级:初二年(八年级)　　班级:(　)　　人数:40

教学目标	1.认知目标:通过学习体验,懂得运球急停急起在篮球运动中的应用及其技术原理;了解其锻炼价值 2.技能目标:通过具身学练赛,掌握篮球运球急停急起技术及应用,发展学生运球突破及判断能力 3.体能目标:通过具身学练,发展学生速度、灵敏及下肢力量等身体素质 4.情感目标:通过学习体验,培养学生勇于拼搏的作风和遵守纪律的品格	课时数	5
教学内容	1.篮球运球急停急起技战术 2.篮球三对三比赛 3.体能	重点难点	重点:急停、急起时身体重心高低的掌控 难点:手触球的部位,上、下肢协调配合

课时	教学内容	教学目标	重点 难点	教学策略
1	1.学习篮球运球急停急起技术 2.学习篮球球性和步法跨步急停等 3.学习急停急起突破接投篮比赛 4.体能组合练习	1.具身学习体验篮球运动的价值与意义 2.具身学练,初步学习急停急起技术,发展突破能力 3.体能学练,发展学生灵敏、速度、力量及耐力等身体综合素质 4.在活动中培养学生积极进取的精神和团队意识	重点:急停、急起时身体重心高低的掌控 难点:手触球的部位,上、下肢协调配合	1.采用挂图和多媒体配合示范与讲解,建立概念 2.集体模拟练习,体会动作 3.分组练习,自主与合作学习,情境体验 4.急停急起突破结合投篮比赛,实践应用 5.体能学练
2	1.复习篮球运球急停急起技术 2.复习篮球球性和步法跨步急停等 3.学习急停急起突破接传接球投篮比赛 4.体能组合练习	1.具身学习体验运球急停急起在篮球运动中的作用及相关知识 2.具身学练,改进提高急停急起技术,发展突破能力 3.体能学练,发展学生灵敏、速度、力量及耐力等身体综合素质 4.在活动中培养学生遵守纪律的品格	重点:急停、急起时身体重心高低的掌控 难点:手触球的部位,上、下肢协调配合	1.讲解易犯错误与纠正方法 2.急停急起运球突破标志物,改进技术 3.分组练习,自主、合作与探究,情境体验 4.急停急起结合传球投篮比赛,体验突破组合 5.体能学练

续表

课时	教学内容	教学目标	重点 难点	教学策略
3	1.复习篮球运球急停急起技术 2.复习篮球球性和步法跨步急停和前后转身动作 3.学习半场三打三,应用运球突破接传球或者投篮 4.体能组合练习	1.具身学习体验运球急停急起对篮球运动的价值及相关知识 2.具身学练,巩固提高急停急起技术,发展应用实战能力 3.体能学练,发展学生灵敏、速度、力量及耐力等身体综合素质 4.在活动中培养学生积极进取的精神和团队意识	重点:急停、急起时身体重心高低的掌控 难点:手触球的部位,上、下肢协调配合;突破与传接球(投篮)时机配合	1.讲解易犯错误与纠正方法 2.分组一防一练习,情境体验 3.急停急起突破结合传球或者投篮,体验实战攻防组合 4.半场三对三比赛,应用技战术 5.体能学练
4	1.复习运球篮球急停急起技术 2.复习篮球球性和步法跨步急停和前后转身动作 3.复习半场三打三,应用运球突破接传球或者投篮 4.体能组合练习	1.具身学习体验篮球运动规则 2.具身学练,掌握急停急起技术,发展应用实战能力 3.体能学练,发展学生灵敏、速度、力量及耐力等身体综合素质 4.在活动中培养学生顽强拼搏的作风和团队精神	重点:急停、急起时身体重心高低的掌控 难点:手触球的部位,上、下肢协调配合;突破与传接球(投篮)时机配合	1.讲解实战中的易犯错误与纠正方法 2.分组一防一练习,情境体验 3.急停急起突破结合传球或者投篮,体验实战攻防组合 4.半场三对三比赛,应用技战术 5.体能学练
5	测试:急停急起技术及评价 1.内容: (1)运球连续突破标志物 (2)三打三,评价突破应用 2.评价方式:师评、组评、自评	1.具身学习体验篮球运动文化 2.具身学练,掌握急停急起技术及其应用 3.体能学练,发展学生身体综合素质 4.在活动中培养学生的体育道德和公平公正的评价能力	重点:急停、急起时身体重心高低的掌控 难点:手触球的部位,上、下肢协调配合;突破与传接球(投篮)时机配合	1.介绍考试内容方法及评价标准 2.分组考试与评价 3.汇总考试结果 4.反馈考试结果

说明:一个大单元(模块)18及以上课时,一般以3个小单元组成,每个小单元在6课时左右。具身体育单元(模块)与课时教学目标均围绕学科核心素养和具身认知理论构建。具身体育大单元(模块)教学目标可根据核心素养的运动能力、健康行为及体育品德三个维度,结合具身认知理论设置教学目标;具身体育小单元(模块)和课时教学目标应根据三(四)维目标,围绕学科核心素养与具身认知理论设置,要求目标具体,学生欲达成。

第四章

具身体育
教学内容

教学内容是教学的载体,体育教学（……）识、体能及运动技能等。具身体育强调"身心（……）其教学内容总体设置要求全面性,既要有利（……）面的运动能力发展,又要有利于学生"心理"（……）养成和体育品德培养。

第一节 具身体育教学内容概述

具身体育教学是一种全新的教学思想,对于发展学生的身体素质、提高学生的运动技能和促进学生的身心健康具有重要意义。

一、具身体育教学内容概念

具身体育教学注重身心发展、体验和感受,它主要通过让学生参与各种各样的运动和游戏活动,使学生在实践中掌握各种运动技能,提高自身的身体素质和认知水平。

体育教学内容经常被称为教材,是根据体育教学目标选择出来的;依据学生发展需要和教学条件进行编制的,在体育教学环境下传授给学生的体能练习内容、运动技术内容、健康知识内容等。[1]

具身体育的教学内容是根据具身体育教学目标、学生发展需要及学科核心素养编制出来的,包括在体育教学环境下传授给学生的健康知识、体能、基本运动技能、专项运动技能及跨学科主题学习五个方面。

具身认知理论倡导全面的"身心一体",要求在教学内容上应保持全面性、整体性及系统性。"身心一体"的具身理论的全面要求,不仅要关注知识与技能,还要关注情感、态度和价值观。具身体育遵从具身教育的"碎片化"教学主张,采用打破原认知,重组自然生成的"零碎"新认知,使其系统化、整体化。基于具身体育的程序认知和陈述认知建构原理,具身体育能够较快地完成运动技能的初始"泛化"和运动知识的内化过程,从而形成运动技能。

---

[1] 毛振明.体育教学论[M].3版.北京:高等教育出版社,2017:19.

二、具身体育教学内容的特性和功能

具身体育教学内容的特性和功能是根据具身体育教学的具身性、体验性、生成性及情境性等特征而定。

（一）具身体育教学内容的特性

1. 具身性

教育基于身体具有具身性。区别于离身教育观主张教育是离身的，具身体育教育倡导感知觉经验、身体与其他个体、环境、社会的互动和交互作用。

2. 体验性

概念的构成和内化来源于认知的体验。具身体育教学内容是让学生具身体验，在体验中感受运动，形成技能，发展体能，以及升华情感。

3. 生成性

身体活动和经验生成具身认知。产生认知的基础是身体构造、感知觉以及身体与环境的互动，同时，也产生认知的方式、内容及结果。因此，具身体育教学内容要嵌入身体，使身体与环境互动，积累运动经验，再生成新的具身的内容。

4. 情境性

认知基于身体，具体情境影响认知。基于情境的体验认知深刻持久，容易被提取。因此，具身体育教学内容应该是情境化的，真实情境的创设有利于学生形成稳固的运动技能和解决真实的问题。

具身体育属于教育的范畴，离不开教育的属性，因此，具身体育的教学内容具有教育性、科学性和系统性。教育性体现在教育学生会做人与做事，教会学生会生活与生存技能；科学性体现在指导学生身体锻炼和保健身体的方法与原理，以及科学锻炼身体的方法与原理；系统性体现在教学内容整体安排，采用模块或者大单元的教学内容，同时，技术上遵循运动技能形成规律的整体系统设置。

(二)具身体育教学内容的功能

教学内容是教学活动的载体,具身体育教学内容最大的功能就是在学科育人中起到重要的载体作用。

根据学科核心素养的要求和具身体育教育功能,以具身体育内容为载体的体育教学,旨在使学生通过具身体育内容的学习而逐步形成正确的价值观、必备品格与关键能力。

1.以具身体育教学内容为载体,发展运动能力

运动能力是人们进行各种活动的能力。运动能力的形成是以具身体育教学内容为载体,学生具身参与动作练习,与外部情境交互,促进体能、技能、心理等要素生成并得到发展与提升。

2.以具身体育教学内容为载体,养成良好的健康行为

健康行为是增强身心健康和适应外部环境的综合表现。个体具身感受是产生健康行为的动力源泉。以具身体育教学内容为载体,在具身体育教学情景中,学生具身感受环境作用产生出新的身体认知,从而建构并生成良好的锻炼行为与习惯、情绪调控等健康行为。

3.以具身体育教学内容为载体,培育优秀体育品德

体育品德是体育活动中应遵循的行为规范,以及追求的价值和精神风貌。以具身体育教学内容为载体,在具身体育教学活动中,心智、身体、环境三者共同作用自然生成体育品德,心智是品德生成的基础,丰富多样的动作产生具身感受,形成体育品德。

具身体育教学内容遵循教学目标,在教学实践中应精选具身体育教学内容,以之为载体,建设高效课堂,更好地培育学科核心素养和促进学生身心全面发展。

第二节 具身体育教学内容

一、具身体育教学内容分类

基于具身性、体验性、互动性、情境性和生成性等具身体育的特点,依据体育与健康课程目标,围绕学科核心素养,构建具身体育教学内容。教学内容可分为:基本活动和基本技能类、体能类、专项运动技能类、跨学科主题学习类和健康教育知识类五类。(表4-1)

表4-1 具身体育教学内容分类

序号	分类	内容	特点
1	基本活动和基本技能类	基本活动:跑、跳、投、攀、爬、游泳等;基本运动技能:移动性技能、非移动性技能、操控性技能	有利于提高身体素质,但呈现单一性
2	体能类	身体成分、心肺耐力、肌肉力量、肌肉耐力、反应能力、位移速度、协调性、爆发力、平衡能力、灵敏性、柔韧性	有利于发展学生基本能力,但运动项目脱节
3	专项运动技能类	田径类、体操类、球类、传统体育类、水上或冰雪类、新兴体育类	有利于系统掌握运动技能,但不利于项目的改造创新
4	跨学科主题学习类	钢铁战士、劳动最光荣、身心共成长、破解运动的密码、人与自然和谐美等	有助于实现体育与其他四育及国防教育的结合,但可能会深陷情境忘记学科要求
5	健康教育知识类	健康行为与生活方式、生长发育与青春期保健、心理健康、疾病预防与突发公共卫生事件应对、安全应急与避险	系统掌握体育知识,但缺少实践活动

二 具身体育各水平教学内容

具身体育教学内容主要是基于具身性、体验性、互动性、情境性、生成性等特点,根据具身体育课程教学目标,精选出有利于培养学生学科核心素养的教材内容。

具身体育教学参照体育与健康课标水平划分为水平一(小学一、二年级)、水平二(小学三、四年级)、水平三(小学五、六年级)、水平四(初中学段)、水平五(高中学段)五个水平。具身体育教学内容遵循新课标要求,各水平设置相应的具身体育教学内容,包括健康教育知识、基本运动技能、专项运动技能、体能及跨学科主题学习五个类别,每个类别又包含不同的课程内容和具体的教学内容。下文系统整理了具身体育各个水平的教学内容。

(一)具身体育水平一(小学一、二年级)教学内容(表4-2)

表4-2 具身体育水平一(小学一、二年级)教学内容

类别	课程内容	教学内容
健康教育知识	保健知识	学习感知:适量饮水、卫生与平衡饮食;保持个人和公共卫生;接种疫苗的注意事项和请病假的程序 学习感知:保护视力的常用方法;佩戴眼镜的正确方法 学习感知:生命孕育的过程、人体主要器官的名称及功能、男女生的生理差异 学习感知:积极情绪有益健康 学习感知:预防溺水的知识和基本的自救方法;遇到意外伤病时拨打急救电话;被常见动物咬伤或抓伤后的简单处理方法;受伤外出血时及时止血的方法
	健身知识	学习体验:参与户外运动或游戏;运动安全知识和方法;学习时保持坐姿端正;行走时身姿挺拔
基本运动技能	身体姿态	体验坐、立、行姿态
	移动性技能	具身体验活动:走:提踵走、高矮人走;跑:马步跑、追逐跑;跳:垫步跳、跑跳步;攀爬、钻越、躲避及队列练习等 游戏体验活动:老鹰捉小鸡、青蛙跳荷叶、动物爬行等
	非移动性技能	具身体验活动:扭转、悬垂、伸展、屈体、平衡、支撑与推拉等 游戏体验活动:金鸡独立、高人矮人、不倒翁、木偶人等
	操控性技能	具身体验活动:各种传、投、踢、击、接球,用手或用脚运球,用短(长)柄器械击球等 游戏体验活动:托乒乓球比赛、毛毛虫划龙舟等

续表

类别	课程内容	教学内容
基本运动技能	空间感受	具身体验:空间方向、水平、路径、节奏、力量和位移速度的变化,感受与他人或物体的相对关系
	时间感受	具身体验:时空变化,在个人和集体练习中根据指定节拍感受时间变化,在不同活动场景中学会区分自我空间和公共空间
跨学科主题学习	钢铁战士	小小特种兵:创设走、跑、攀、爬等情境。要求结合中国人民解放军的发展壮大历程等开展国防启蒙教育,让学生感受在学练基本运动技能时勇敢顽强的意志品质
	劳动最光荣	自己的事情自己做:创设生活化的劳动情境。要求结合日常劳动行为,感受劳动乐趣,自己的事情自己做
	身心共成长	会说话的身体:感受自己的身体形态和生理机能。要求结合道德与法治中"我与他人"等相关知识,关注和了解自己的身体形态和生理机能
	破解运动的密码	妙用体育器材:体验运动器材和运动装备。要求结合科学相关知识,在运动技能学练中帮助学生体验运动器材和运动装备的基本特征以及重要性
	人与自然和谐美	美丽的大自然:创设在大自然情境中的体育游戏。要求结合科学、艺术的相关知识,在体育游戏中学练基本运动技能,感受人与自然的密切关系

(二)具身体育水平二(小学三、四年级)教学内容(表4-3)

表4-3 具身体育水平二(小学三、四年级)教学内容

类别	课程内容	教学内容
健康教育知识	保健知识	学习感知:健康食品和饮料的种类及成分,碳酸饮料对身体健康可能造成的危害;吸烟与被动吸烟的危害
		学习感知:体育锻炼、充足睡眠、合理膳食对生长发育和身心健康的益处;感受自身身体状况
		学习感知:近视的成因和科学矫正视力的方法;户外运动对预防近视的作用
		学习感知:生长突增、第一性征、第二性征的概念和意义,以及青春期身体的各种变化;运动和日常交往中的身体边界,保护自己的身体不受侵犯
		学习感知:情绪调控方法
		学习感知:常见的运动伤病及简单处理方法,如割伤、刺伤、擦伤、挫伤、扭伤、冻伤和中暑的预防及简单处理方法
	健身知识	学习体验:参加适合的体育锻炼,选择合理的运动负荷

续表

类别	课程内容	教学内容
体能	改善身体成分	具身感知:身体成分的基础知识和改善方法。身体肌肉、脂肪、骨骼及其他机体组成成分的相对百分比;体育活动、合理膳食等改善身体成分的方法
	心肺耐力	具身体验:发展心肺耐力的多种练习方法。长距离的游泳或滑冰、1分钟跳绳、折返跑、校园定向运动及障碍跑等
	肌肉力量	具身体验:发展肌肉力量的多种练习方法。仰卧起坐、沙地跑、上坡跑、跳越障碍、攀登等
	肌肉耐力	具身体验:发展肌肉耐力的多种练习方法。连续单脚跳、连续双脚跳、匍匐前进、支撑、悬垂、举轻哑铃等
	柔韧性	具身体验:发展柔韧性的多种练习方法。坐位体前屈、体侧屈、握杆转肩、横/纵叉、仰卧推起成桥等
	反应能力	具身体验:发展反应能力的多种练习方法。听口令变向跑、起动与制动、正反口令练习等
	位移速度	具身体验:发展位移速度的多种练习方法。5秒快速高抬腿跑和变速跑、30米跑等
	协调性	具身体验:发展协调性的多种练习方法。跑动中踢准和射门、踢毽子等眼脚协调练习;抛接、抓握、投掷等简单的手眼协调练习
	灵敏性	具身体验:发展灵敏性的多种练习方法。十字象限跳、翻越、折返跑、绕杆跑、追逐跑、变向跑等
	爆发力	具身体验:发展爆发力的多种练习方法。纵跳摸高、斜身引体、立卧撑等
	平衡能力	具身体验:发展平衡能力的多种练习方法。燕式平衡等静态平衡练习,在狭窄路径上行走、跳上或跳下低矮物体和双足脚尖走等动态平衡练习
专项运动技能	球类运动（篮球、足球、乒乓球）	具身体验篮球:篮球基础知识和基本规则;传接球、运球、投篮等游戏;手控球动作、一手运球一手与同伴手拉手拔河、运球突破投篮等基本动作与简单组合动作;运球、传球和投篮动作展示与篮球比赛;观看篮球比赛;一般体能与运球折返跑等专项体能
		具身体验足球:足球基础知识和基本规则;传球、接球、运球、射门等游戏;脚控球动作、两人或三人传球过障碍、运球摆脱防守者等基本动作与简单组合动作;运球、传球和射门动作展示与足球比赛;观看足球比赛;一般体能与单脚站立两人互传球等专项体能
		具身体验乒乓球:乒乓球基础知识和基本规则;发球、接发球、攻球、移动步伐等游戏;持拍控球动作、发球抢攻、接发球抢攻等基本动作与简单组合动作;发球、接发球、攻球和移动步伐动作展示与乒乓球比赛;观看乒乓球比赛;一般体能与左右滑步等专项体能

续表

类别	课程内容	教学内容
专项运动技能	田径类运动（短跑、跳远、掷实心球）	具身体验100米跑；100米跑基础知识和基本规则；起跑、加速跑、途中跑、冲刺跑等游戏；听信号的起跑、30米迎面接力赛、50米追逐跑等游戏和比赛；100米跑展示并参与接力比赛；观看田径短跑比赛；一般体能与各种跑的专项体能
		具身体验跳远：跳远基础知识和基本规则；助跑、起跳、腾空、落地等游戏；单脚跳、双脚跳等游戏和比赛；各种跳的展示并参与跳远比赛；观看田径跳远比赛；一般体能与跳台阶等专项体能
		具身体验掷实心球：掷实心球基础知识和基本规则；投、推、抛等游戏；抛地滚球、递实心球、前抛实心球等游戏和比赛；各种抛投的展示与掷实心球比赛；观看田径投掷比赛；一般体能与引体向上/斜身引体等专项体能
	体操类运动（技巧、低单杠、韵律操）	具身体验技巧运动：技巧运动安全防护知识和基本规则；前滚翻、后滚翻、仰卧推起成桥等基本动作及游戏；前滚翻交叉转体起立、后滚翻交叉转体接挺身跳等简单组合动作及多个动作小组组合练习；各种滚动、滚翻展示与技巧比赛；观看体操比赛；一般体能与横/纵叉等专项体能
		具身体验低单杠运动：低单杠运动安全防护知识和基本规则；低单杠跳上、跳下、跳上成支撑、单腿摆越上、前翻下、斜身引体等基本动作及游戏；低单杠跳上、跳下、前翻下等动作衔接及多个动作小组组合练习；跳上、跳下、跳上成支撑、单腿摆越上、前翻下展示与低单杠比赛；观看体操比赛；一般体能与单杠斜身引体等专项体能
		具身体验韵律操：韵律操基本知识和基本规则；韵律操步法、上肢动作等基本动作和组合成的4个八拍的韵律操；韵律操步法和肢体动作衔接练习，4个八拍的韵律操小组组合练习；4个八拍的韵律操小组组合动作展示与韵律操比赛；观看韵律操比赛；一般体能与纵跳、下蹲起等专项体能
	水上或冰雪类运动（蛙泳、滑冰、滑雪）	具身体验蛙泳：水上运动安全知识和蛙泳规则；水中行走、呼吸、展体浮体、蹬壁滑行，以及蛙泳腿收、翻、蹬、夹等基本动作和水中打球游戏；各种蛙泳技能展示与比赛；观看游泳比赛；一般体能与蹬壁滑行练习平衡等专项体能
		具身体验速度滑冰：冰上运动安全知识和速度滑冰规则；冰上站立、行走、滑行、停止等基本动作；速度滑冰基本动作及竞速游戏等；各种速度滑冰技能展示与滑冰追逐比赛；观看速度滑冰比赛；一般体能与冰上疾走、跑等专项体能

续表

类别	课程内容	教学内容
专项运动技能	水上或冰雪类运动（蛙泳、滑冰、滑雪）	具身体验高山滑雪：雪上运动安全知识和高山滑雪规则；雪上站立、平地走滑、原地转向、滑行、犁式停止、摔倒后站立等基本动作；高山滑雪基本动作及竞速接力游戏等；各种高山滑雪运动技能展示与滑雪追逐比赛；观看高山滑雪比赛；一般体能与下蹲起、立卧撑等专项体能
	中华传统体育类运动（长拳、中国式摔跤、舞龙）	具身体验长拳：长拳运动知识和武术规则；压肩、压腿伸展性动作、段前一级、二级或三级拳操基本动作，以及基本手型、手法、步型、步法等；长拳简单组合动作及双人定位弓步牵拉角力游戏等；勾手弹踢、抢背滚翻等动作展示与段前一级、二级或三级拳操比赛；观看武术比赛；一般体能与正踢、侧踢、弹踢等专项体能
		具身体验中国式摔跤：中国式摔跤基本知识和规则；伸展性专项动作、倒地防护动作、把位及抓把手法、基本步法、专项基本功与基本动作等；简单组合动作及个人竞技性踢腿比高游戏等；冲抱双腿、全蹲后倒、跪地前扑、挺身后倒等动作展示与中国式摔跤各式各样比赛；观看中国式摔跤比赛；一般体能与盘腿、蹲踢等专项体能
		具身体验舞龙：舞龙知识和规则；基本握法、基本步型、基本步法、基本动作龙、多人配合舞等；简单组合舞龙动作及竞速性8字舞龙、抓龙尾游戏等；穿龙尾、单侧起伏小圆场等舞龙类动作展示与各种舞龙比赛；观看舞龙比赛；一般体能与滑把、举重物变向跑等专项体能
	新兴体育类运动（花样跳绳、轮滑、定向运动）	具身体验花样跳绳：花样跳绳基本知识和规则；单人单绳的左右甩绳跳、并脚跳、双脚交换跳、开合跳、弓步跳、正摇编花跳，两人一绳的一带一跳、两人同步跳，多人"8"字跳长绳等基本动作；1分钟双脚交换跳、4人跳绳计时/计数接龙、10—20秒4人不同跳法接力、1分钟8字跳长绳等；各种音乐伴奏下花样跳绳展示与比赛；观看花样跳绳比赛；一般体能与并脚跳、开合跳、弓步跳等专项体能
		具身体验轮滑：轮滑基本知识和规则；直道滑行、弯道滑行、滑停技术、波浪绕标滑行等基本动作；多人迎面接力游戏、滑行通过2种及以上障碍等；迎面接力、波浪绕标滑行、30—150米竞速滑行展示与比赛；观看轮滑比赛；一般体能与原地侧蹬、双腿支撑滑行等专项体能
		具身体验定向运动：定向运动基本知识和规则；认识地图元素如颜色、比例尺、地物地貌、图例、等高线、检查点说明表等；初级组合动作技术如地图制图、路线选择等；百米定向赛、星形定向赛展示与小型定向运动比赛；观看定向运动比赛；一般体能与攀爬游戏等专项体能

续表

类别	课程内容	教学内容
跨学科主题学习	钢铁战士	英雄小少年:扮演战士、消防员等角色。要求结合中国人民解放军的优良传统教育,感受在学练运动技能时承担角色任务
	劳动最光荣	争做小劳模:创设家务劳动情境。要求结合重复性、模仿性较强的体力劳动,感受劳动的光荣,增强劳动的意识与能力
	身心共成长	藏在身体里的秘密:探索生命现象与成长规律。要求结合科学中遗传、生理与健康等相关知识,关注预防脊柱侧弯和保持健康睡眠等
	破解运动的密码	脑洞大开的运动:体验机体的功能。要求结合数学等相关知识,在体能学练中帮助学生体验机体的功能和运动的共性与特性
	人与自然和谐美	大自然的神奇之旅:创设在大自然情境中的体育活动。要求结合科学中生命进化历程和地球结构等相关知识,在多种身体活动中主动观察自然,感受自然的神奇,提升对大自然的敏感力和直觉力

(三)具身体育水平三(小学五、六年级)教学内容(表4-4)

表4-4 具身体育水平三(小学五、六年级)教学内容

类别	课程内容	教学内容
健康教育知识	保健知识	学习感知:三餐的营养要求与作用、合理膳食的意义;适当运动有利于食物的消化和营养的吸收 学习感知:饮酒对健康和生长发育的影响、毒品的常见种类和危害 学习感知:健康和常见疾病的概念、影响健康的因素及定期体检的必要性;体重概念、体重与健康的关系,以及保持正常体重的方法 学习感知:视力不良对自身生活质量等方面的影响 学习感知:青春期生理与心理的特点,预防运动过程中遭遇性骚扰的意识和行为
	健身知识	学习体验:情绪调控的方法运用 学习体验:骨折的正确处理方法和心肺复苏的正确操作方法
体能	体能发展的知识和方法	学习感知:体能发展的知识和方法,以及体能测评方法。单脚闭眼站立时长测量静态平衡能力等,用《国家学生体质健康标准(2014年修订)》评价体能水平等
	改善身体成分	具身感知:身体成分的基础知识和改善方法。体育锻炼、能量摄取与消耗、合理饮食等
	心肺耐力	具身体验:发展心肺耐力的多种练习方法。长距离跑、8×50米往返跑、游泳、负重校园定向运动等
	肌肉力量	具身体验:发展肌肉力量的多种练习方法。举哑铃、角力、跳台阶、团身跳等

续表

类别	课程内容	教学内容
体能	肌肉耐力	具身体验:发展肌肉耐力的多种练习方法。俯卧两头起、连续做俯卧撑、仰卧卷腹和负重匍匐前进等
	柔韧性	具身体验:发展柔韧性的多种练习方法。横/纵叉、体侧屈、坐位体前屈、站姿小腿肌群拉伸和跪姿肩部拉伸等
	反应能力	具身体验:发展反应能力的多种练习方法。变向跑、传接球练习和听不同信号进行追逐跑等
	位移速度	具身体验:发展位移速度的多种练习方法。50米跑、追逐跑、快速高抬腿跑和接力跑等
	协调性	具身体验:发展协调性的多种练习方法。健美操、跳绳、接力跑等四肢协调练习,击球、抛球、接反弹球等手眼协调练习
	灵敏性	具身体验:发展灵敏性的多种练习方法。抢夺、躲闪、原地空中换腿跳、交叉步、跳越障碍、跳跃接冲刺跑和往返跑等
	爆发力	具身体验:发展爆发力的多种练习方法。纵跳摸高、蛙跳、双手快速推墙和抗阻跑等
	平衡能力	具身体验:发展平衡能力的多种练习方法。悬吊、翻滚后变向和跳越障碍后变向等动态平衡练习;燕式平衡和多点支撑平衡等静态平衡练习
专项运动技能	球类运动(篮球、足球、乒乓球)	具身体验篮球:篮球基础知识、文化、规则及常见运动损伤的处理方法;双手胸前、击地、头上传接球;高低、快慢运球;双手胸前、单手肩上投篮等基本技术;运球投篮、接球投篮等组合动作技术;侧掩护、传切配合、"关门"等简单战术配合;班级内三对三、五对五篮球教学比赛及执裁;观看篮球比赛;一般体能与交换手运球发展灵敏性等专项体能
		具身体验足球:足球基础知识、文化、规则及常见运动损伤的处理方法;掷界外球、行进间脚背正面推射、脚背内与外侧推拨球、移动中脚内侧传、接地面球、脚背正面与外侧传球、正面抢球、捕挡防守等基本动作;运球射门、接球射门等组合技术;两人间的传接配合、补防等简单战术配合;班级内四对四、五对五足球教学比赛及执裁;观看足球比赛;一般体能与运球过障碍发展灵敏性等专项体能
		具身体验乒乓球:乒乓球基础知识、文化、规则及常见运动损伤的处理方法;发球、接发球、推挡球、攻球等基本技术;左推右攻等组合技术;发球抢攻、接发球抢攻等战术;班级内单打、双打乒乓球教学比赛及执裁;观看乒乓球比赛;一般体能与摸台角练习发展灵敏性和协调性等专项体能

续表

类别	课程内容	教学内容
专项运动技能	田径类运动（短跑、跳远、掷实心球）	具身体验短跑：100米跑基础知识、文化、规则及常见运动损伤的处理方法；小步跑、大步跑、起跑等基本技术；高抬腿跑后加速跑、加速跑后途中跑等组合动作；加速跑、途中跑与冲刺跑组合技术及100米跑完整技术；100米跑比赛及执裁；观看田径短跑比赛；一般体能与各种短距离跑发展位移速度等专项体能
		具身体验跳远：跳远基础知识、文化、规则及常见运动损伤的处理方法；短、中距离助跑起跳板起跳等基本技术；助跑与起跳、起跳与腾空等组合动作技术；中距离助跑距离、步数与节奏及完整蹲踞式跳远技术；蹲踞式跳远比赛及执裁；观看田径跳远比赛；一般体能与各种跳跃发展下肢爆发力等专项体能
		具身体验掷实心球：掷实心球基础知识、文化、规则及常见运动损伤的处理方法；坐蹲与站立、背向与正向掷实心球等基本技术；蹬地与满弓、挥臂与拨指等组合动作技术；站位—持球—转体—引球—出手的连贯组合技术及完整掷实心球技术；掷实心球比赛及执裁；观看田径投掷比赛；一般体能与掷高、远练习发展上肢和腰腹肌肉力量等专项体能
	体操类运动（技巧、低单杠、韵律操）	具身体验技巧运动：技巧基础知识、文化、规则及常见运动损伤的处理方法；侧手翻、滚翻成直腿坐、肩肘倒立等基本技术；侧手翻—直立转体—燕式平衡—挺身跳、前滚翻成直腿坐—后倒—仰卧推起成桥等组合动作技术；侧手翻、滚翻成直腿坐、肩肘倒立比赛及执裁；观看体操技巧比赛；一般体能与横/纵叉、仰卧推起成桥发展柔韧性等专项体能
		具身体验低单杠运动：低单杠基础知识、文化、规则及常见运动损伤的处理方法；低单杠跳上成支撑—前翻下、低单杠跳上成支撑—支撑后摆下等基本技术和组合动作技术；低单杠比赛及执裁；观看体操单杠比赛；一般体能与斜身引体、仰卧起坐练习发展上肢和腰腹肌肉力量等专项体能
		具身体验韵律操：韵律操基础知识、文化、规则及常见运动损伤的处理方法；3—4个上肢动作、5—6个韵律操步法组成的8个八拍韵律操的基本技术和组合技术；小组创编韵律操比赛及执裁；观看韵律操比赛；一般体能与各式各样跳的练习发展灵敏性、协调性等专项体能
	水上或冰雪类运动（蛙泳、速度滑冰、高山滑雪）	具身体验蛙泳：水上运动基础知识、文化、规则及常见运动损伤的处理方法；蛙泳的水中呼吸，腿部收、翻、蹬、夹，手臂划水等基本技术；手臂划水、腿部蹬、手臂与腿部配合的组合技术；班级内25米蛙泳比赛及执裁；观看游泳比赛；一般体能与踩水等专项体能

第四章 具身体育教学内容

续表

类别	课程内容	教学内容
专项运动技能	水上或冰雪类运动（蛙泳、速度滑冰、高山滑雪）	具身体验速度滑冰：速度滑冰运动基础知识、文化、规则及常见运动损伤的处理方法；直道滑跑、弯道滑跑等基本技术和组合技术；个人竞速赛、小组接力赛及执裁；观看速度滑冰比赛；一般体能与冰上滑行等专项体能
		具身体验高山滑雪：高山滑雪基础知识、文化、规则及常见运动损伤的处理方法；各种滑行、滑降、蹬坡、转向、停止等基本技术；各种滑行、滑降、转弯、停止等组合技术；班级内双人30米滑行追逐赛、缓坡滑降竞速赛及执裁；观看高山滑雪比赛；一般体能与雪上滑降和转弯练习发展协调性和平衡能力等专项体能
	中华传统体育类运动（长拳、中国式摔跤、舞龙）	具身体验长拳：长拳运动基础知识、文化、规则及常见运动损伤的处理方法；大跃步前穿、外摆腿、翻身跳基本功；马步格挡、弓步劈掌、提膝勾手基本动作；以及基本手型、步型、手法、步法等；单练套路和对打套路技战术；长拳一段对打套路比赛及执裁；观看武术套路比赛；一般体能与正踢腿、外摆腿等练习发展协调性和下肢肌肉力量等专项体能
		具身体验中国式摔跤：中国式摔跤基础知识、文化、规则及常见运动损伤的处理方法；蹉绊功、踢绊功、起桥、蹁子基本功；抓把、把位、拆把手法、抢把手法；滑步、垫步、撤步、背步、挑勾子基本步法；揣、披、夹颈背、大得合、长腰勾、支别基本动作；入、跪、借力技战术；指定动作半实战对抗赛及执裁；观看中国式摔跤比赛；一般体能与踢绊功、蹉绊功等专项体能
		具身体验舞龙：舞龙基础知识、文化、规则及常见运动损伤的处理方法；换把握法、基本步型、8字舞龙、游龙、穿龙、曲线造型等组合造型类动作；靠背舞龙接龙穿身、舞龙矮步跑圆场接快速曲线起伏行进等；舞龙比赛及执裁；观看舞龙比赛；一般体能与上下肢与躯干的左右旋转等练习发展协调性和灵敏性等专项体能
	新兴体育类运动（花样跳绳、轮滑、定向运动）	具身体验花样跳绳：花样跳绳基础知识、文化、规则及常见运动损伤的处理方法；单人单绳的勾脚点地跳、后摇跳、侧甩直摇跳，两人车轮跳、两人一绳的依次跳与行进跳，多人穿梭的8字跳长绳等基本技术；30秒双摇计时跳、1分钟反摇跳、3人交互跳绳、2分钟穿梭8字跳长绳等组合技术；音乐节奏的花样跳绳计时/计数赛及执裁；观看花样跳绳比赛；一般体能与抬腿跳、并脚左右跳、勾脚侧点跳练习等专项体能

103

续表

类别	课程内容	教学内容
专项运动技能	新兴体育类运动（花样跳绳、轮滑、定向运动）	具身体验轮滑：轮滑基础知识、文化、规则及常见运动损伤的处理方法；单腿蹬接双脚滑行、双脚滑行左右移动重心、交叉步接后蹬滑行、交叉步后接双脚滑行、单脚蛇形绕标滑行、丁字步滑行等基本技术；滑行通过3种及以上障碍等；单脚蛇形绕标滑行接力赛、150米竞速滑行比赛及执裁；观看轮滑比赛；一般体能与旋转分离跳练习发展平衡能力、协调性等专项体能
		具身体验定向运动：定向运动基础知识、文化、规则及常见运动损伤的处理方法；中级技术超前读图、拇指辅行、三步法、扶手法、参照点与攻击点、偏向瞄准、直线穿越等；中级技术地图拼图、计算线路距离与奔跑时间等；迷宫定向赛、九宫格定向赛及执裁；观看定向运动比赛；一般体能与变速跑、追逐跑发展位移速度等专项体能
跨学科主题学习	钢铁战士	智勇双全小战士：扮演智勇双全小战士。要求结合国防科普和武装力量等资料学习，创设武术、球类等对抗性运动项目的学练情境，培养学生的战术思维和应变能力等
	劳动最光荣	巧手小工匠：创设劳动情境。结合各种劳动知识，创设劳动场景学练田径、球类等运动技能，形成良好的劳动习惯和品质，加深对劳动的认识
	身心共成长	成长的少年：自我成长过程中的身心变化。要求结合信息科技相关知识，建立成长观察、成长记录的电子档案，关注自我身心变化和运动技能学练的影响，强化学生的健康意识，培养学生的观察力
	破解运动的"密码"	运动的学问：运动技能形成规律。要求结合科学等相关知识，引导学生在运动技能学练中了解运动技能的形成、迁移和遗忘规律，了解运动认知的具身性，培养学生深度学习和具身学习的能力
	人与自然和谐美	做自己身体的雕刻家：欣赏自己身体美。要求结合科学、生理和美学等相关知识，引导学生了解自己的身体，学会自我欣赏美、展示美、表现美，培养学生美的欣赏力

(四)具身体育水平四(初中学段)教学内容(表4-5)

表4-5　具身体育水平四(初中学段)教学内容

类别	课程内容	教学内容
健康教育知识	保健知识	学习感知:影响健康的因素;控烟、限酒、反兴奋剂、禁毒的法律法规 学习感知:肥胖的概念、危害、致因;科学评价、管理体重及预防脊柱侧弯的方法 学习感知:视力对职业发展的影响 学习感知:性骚扰的危害和预防方法 学习感知:体检的意义、项目、指标和常见疾病的症状;预防常见疾病的方法
	健身知识	学习体验:监控和自我测评运动中体温、脉搏的方法,及与同伴交流合作的方法;运动对调控情绪和促进身体健康的作用 学习体验:预防运动伤病的知识与技能、溺水自救和他救的方法;地震、火灾、踩踏事故等的逃生技能和自我保护;重污染天气中的防护方法
体能	体能发展的原理和方法	学习感知:体能发展的原理和方法、体能锻炼计划制订的程序和方法。根据《国家学生体质健康标准(2014年修订)》测评结果制订自身的体能锻炼计划
	改善身体成分	具身感知:改善身体成分的基本原理和方法。改善体形、控制体重、健康饮食,安排适度的练习内容、时间、频率和强度等
	心肺耐力	具身体验:发展心肺耐力的原理和方法。耐力跑、有氧健身操、长距离骑行、跳绳、游泳、登山和定向运动等
	肌肉力量	具身体验:发展肌肉力量的原理和方法。角力、攀登、蛙跳、哑铃负重深蹲、前抛实心球等
	肌肉耐力	具身体验:发展肌肉耐力的原理和方法。举哑铃、连续做引体向上/斜身引体、仰卧举腿等
	柔韧性	具身体验:发展柔韧性的原理和方法。压肩、体侧屈、坐位体前屈和压腿等
	反应能力	具身体验:发展反应能力的原理和方法。定向跑、变换口令的追逐跑,双人模仿对方动作练习等
	位移速度	具身体验:发展位移速度的原理和方法。小步跑、高抬腿跑、后蹬跑、加速跑、牵引跑、50米跑等
	协调性	具身体验:发展协调性的原理和方法。接反弹球、抛接球、跳跃后变向和交叉步等
	灵敏性	具身体验:发展灵敏性的原理和方法。绳梯练习、十字象限跳、方格跳、T形跑、跳越障碍、曲线运球和躲闪等

续表

类别	课程内容	教学内容
体能	爆发力	具身体验:发展爆发力的原理和方法。蛙跳、负重跑、前抛实心球和快速俯卧撑等
	平衡能力	具身体验:发展平衡能力的原理和方法。靠墙倒立、平衡站立、燕式平衡等静态平衡练习;跳越障碍后变向跑、翻滚后跳起等动态平衡练习
专项运动技能	球类运动(篮球、足球、乒乓球)	具身学练篮球:篮球技术原理、文化、规则、锻炼计划及预防损伤的方法;传接球、变向(变速)运球、发球、跳投、防守、抢篮板球等基本技术;运球上篮、接球上篮、突破上篮等组合技战术;传切配合、快攻、协防、掩护等攻防战术;校内三对三、五对五篮球比赛及执裁;观看篮球比赛与评价;一般体能与"打"篮板接力提高下肢爆发力等专项体能
		具身学练足球:足球技术原理、文化、规则、锻炼计划及预防损伤的方法;掷界外球、脚背内侧传空中球与接空中球和反弹球、推拨球与拉球、正面和侧面抢球与捅球等基本技术;结合射门等组合技术配合;接应、盯人、协防与保护、任意球和角球等攻防战术;班级内五对五、七对七足球比赛及执裁;观看足球比赛与评价;一般体能与运球折返跑发展心肺耐力等专项体能
		具身学练乒乓球:乒乓球技术原理、文化、规则、锻炼计划及预防损伤的方法;搓球、弧圈球、挡弧圈球等基本技术;推挡侧身攻球、双打组合技术;发球抢攻、搓攻、前三板、相持球等攻防战术;班级内单打、双打、团体乒乓球比赛及执裁;观看乒乓球比赛及评价;一般体能与连续攻球练习提高心肺耐力等专项体能
	田径类运动(短跑、跳远、掷实心球)	具身学练短跑:100米跑技术原理、文化、规则、锻炼计划及预防损伤的方法;蹲踞式起跑、加速跑、后蹬跑、间歇跑、匀速跑等100米跑的基本技术;100米跑的起跑、起跑后加速度跑、途中跑、冲刺跑技术组合及完整技战术;100米跑比赛及执裁;观看田径短跑比赛与评价;一般体能与不同距离计时跑和追逐跑比赛提高位移速度等专项体能
		具身学练跳远:跳远技术原理、文化、规则、锻炼计划及预防损伤的方法;快速有节奏助跑、准确且充分踏板起跳、平衡的空中姿态等基本技术;助跑与起跳、起跳与腾空等组合动作技术;全程(半程)助跑—起跳板(区)起跳—腾空—落地的跳远完整技术;蹲踞式跳远比赛及执裁;观看田径跳远比赛与评价;一般体能与跨步跳等练习提高下肢爆发力等专项体能

续表

类别	课程内容	教学内容
专项运动技能	田径类运动（短跑、跳远、掷实心球）	具身学练掷实心球：掷实心球技术原理、文化、规则、锻炼计划及预防损伤的方法；胸前推掷、体前胯下斜前上掷、自头后弧形向前掷等基本技术；蹬地—送髋—出手等组合技术；满弓—蹬地—挥臂—拨指投掷的完整技术；掷实心球比赛及执裁；观看田径投掷比赛与评价；一般体能与站立（坐跪）正抛（背抛）实心球练习提高肌肉力量等专项体能
	体操类运动（技巧、低单杠、韵律操）	具身学练技巧运动：技巧技术原理、文化、规则、锻炼计划及预防损伤的方法；侧手翻、肩肘倒立等基本技术；女：前滚翻成直腿坐—后倒成肩肘倒立—跪跳起；男：前滚翻成直腿坐—后倒成肩肘倒立—前倒—直立—俯平衡—挺身跳等组合技术；技巧成套动作比赛及执裁；观看体操技巧比赛与评价；一般体能与体前（后）屈、腰绕环练习提高柔韧性等专项体能
		具身学练低单杠运动：低单杠技术原理、文化、规则、锻炼计划及预防损伤的方法；跳上成支撑—单腿摆越成骑撑—后摆下组合技术；创编低单杠成套动作；低单杠比赛及执裁；观看体操单杠比赛与评价；一般体能与支撑后摆下练习提高上肢肌肉力量、腰腹肌肉力量、平衡能力和协调性等专项体能
		具身学练韵律操：韵律操技术原理、文化、规则、锻炼计划及预防损伤的方法；3—4个上肢动作、5—7个健美操步法的基本技术；由胸、腰和腿部屈伸动作组成的16个八拍的健美操组合技术；小组创编韵律操比赛及执裁；观看韵律操比赛与评价；一般体能与成套动作练习提高心肺耐力等专项体能
	水上或冰雪类运动（蛙泳、滑冰、滑雪）	具身学练蛙泳：水上运动技术原理、文化、价值、规则、锻炼计划及预防损伤的方法；蛙泳的手臂、呼吸和腿部等基本技术；蛙泳的完整动作技术；班级内100米蛙泳比赛及执裁；观看游泳比赛与评价；一般体能与长距离的蛙泳练习提高心肺耐力与肌肉耐力等专项体能
		具身学练速度滑冰：速度滑冰技术原理、文化、价值、规则、锻炼计划及预防损伤的方法；直道与弯道滑冰等基本技术；起跑、直道滑跑和弯道滑跑的完整滑冰技术；班级内长距离滑冰比赛及执裁；观看速度滑冰比赛与评价；一般体能与转弯练习提高协调性等专项体能
		具身学练高山滑雪：高山滑雪技术原理、文化、价值、规则、锻炼计划及预防损伤的方法；各种滑行、滑降、转弯等基本技术；高山滑雪完整技术；班内滑雪滑降和回转比赛及执裁；观看高山滑雪比赛与评价；一般体能与转弯练习提高协调性等专项体能

续表

类别	课程内容	教学内容
专项运动技能	中华传统体育类运动（长拳、中国式摔跤、舞龙）	具身学练长拳：长拳技术原理、文化、价值、规则、锻炼计划及预防损伤的方法；弓步冲拳、上步穿掌组合动作；长拳二段的手法、步型、步法、腿法、跳跃动作；单练套路和对打套路技战术；长拳二段拆招展示和小组套路比赛及执裁；观看武术套路比赛与评价；一般体能与腾空飞腿练习提高下肢平衡能力等专项体能
		具身学练中国式摔跤：中国式摔跤技术原理、文化、价值、规则、锻炼计划及预防损伤的方法；抽腿、逃腿、过腿、四步蹦子及侧手翻基本功；迎手、黏手及相手防守手法；拧手、撼手、扒肩及立肘出肘拆把手法；卧步、车轮步、偷步及撤步基本步法；手别、牵别、扒腰别、里刀勾、小得合及穿腿基本动作；跪披、跪蹁、勾踢及踢别组合动作；入、跪及借力等技战术；中国式摔跤比赛及执裁；观看中国式摔跤比赛与评价；一般体能与抽腿、过腿及逃腿等练习提高下肢灵敏性等专项体能
		具身学练舞龙：舞龙技术原理、文化、价值、规则、锻炼计划及预防损伤的方法；提膝、半马步及双碾步步型步法；快速矮步跑圆场越障碍、绕身舞龙、穿尾跃龙身、龙脱衣、大立圆螺旋行进、快速逆向跳龙行进动作技术；龙出宫造型、龙舟造型组合动作；组合技术展示和舞龙比赛及执裁；观看舞龙比赛与评价；一般体能与躯干旋腰转脊、上肢旋腕转膀练习提高协调性等专项体能
	新兴体育类运动（花样跳绳、轮滑、定向运动）	具身学练花样跳绳：花样跳绳技术原理、文化、规则、锻炼计划及预防损伤的方法；单人单绳的弹踢腿跳、吸腿跳、后屈腿跳、踏步跳、钟摆跳、手臂缠绕跳、双摇编花跳、前后转换跳、后摇编花跳及左右侧甩直摇跳等基本动作技术；两人车轮编花跳、多人交互绳跳及长短绳组合跳等组合技术；设定4个花样跳绳动作计时/计数赛及执裁；观看花样跳绳比赛与评价；一般体能与勾脚点地跳提高灵敏性和协调性等专项体能
		具身学练轮滑：轮滑技术原理、文化、价值、规则、锻炼计划及预防损伤的方法；单脚支撑滑行与利用重心移动的直道滑行技术、交叉步后接双脚滑行与交叉步接后蹬的弯道滑行技术、双脚蛇形绕标花式滑行技术等基本技术和组合技术；防守、变速滑行、突破、抢位滑行和保护同伴等技战术；通过4种及以上障碍的滑行方法；不同距离竞速滑行赛、双脚蛇形绕标滑行赛或接力赛及执裁；观看轮滑比赛与评价；一般体能与专项体能

续表

类别	课程内容	教学内容
专项运动技能	新兴体育类运动（花样跳绳、轮滑、定向运动）	具身学练定向运动：定向运动技术原理、文化、价值、规则、锻炼计划及预防损伤的方法；红绿灯原则、三点法、跑速与读图速度、终点定律等高级技术；定向运动的跑法、回站定点和提高平跑速度进阶技术；积分战术和接力赛的排兵布阵战术；公园或校园的定向赛、定向技能挑战赛及执裁；观看定向运动比赛与评价；一般体能与专项读图跑提高位移速度等专项体能
跨学科主题学习	钢铁战士	忠诚的祖国卫士：争当祖国的忠诚卫士。要求结合革命先烈的英雄事迹，以田径、体操等项目创设模拟军事训练场景，培养学生迎难而上、挑战自我的钢铁意志
	劳动最光荣	光荣劳动者：争当光荣的劳动者。结合劳动模范典型事迹，在体操、武术等运动项目学练中，创设多样的劳动情境，促进学生勤练与巧练，培养学生不怕苦与累、专心钻研的工匠精神，提升学生的实践与创新能力
	身心共成长	关注健康、爱护身体：学生身体。要求结合科学或生物学等相关知识，创设健康教育、体能、运动技能学习和练习的情境，学习健康知识和了解自己的身体，树立自我保护的意识
	破解运动的"密码"	给运动插上智慧的翅膀：信息技术助推体育学习。要求结合信息科技等相关学科的知识，运用移动设备或虚拟现实（VR）技术模拟真实运动情境，帮助学生理解现代科学技术对运动技能学习等的影响，提高学生发现、分析和解决问题的能力
	人与自然和谐美	人与自然和谐共生：人与自然的关系，科技在其中的作用。要求结合科学等相关学科知识，在定向运动等项目的学习中，利用虚拟现实（VR）技术模拟自然情境，促进学生掌握运动技能，同时，认识人与自然的关系及科技的作用，提升保护环境的责任意识

(五)具身体育水平五(高中学段)教学内容(表4-6)

表4-6 具身体育水平五(高中学段)教学内容

类别	课程内容	教学内容
健康教育知识	保健知识	学习感知:健康知识和增进健康的原则与方法 学习感知:健康饮食和营养知识。食物的营养价值与合理的膳食结构,健康、科学的饮食习惯;食品选购知识与方法 学习感知:良好卫生习惯的方法与意义;艾滋病等传染性疾病和癌症等非传染性疾病的起因和预防措施的相关知识 学习感知:安全避险的知识与方法。暴恐事件、拥挤等避险和急救常识;网络交友的风险性、避免与异性交往遭受性侵等 学习感知:心理健康的内容、特征和水平方法;情绪变化特征与方法,不良情绪对健康的危害;心理障碍抑郁、焦虑等产生的原因和调节方法,体育活动对预防和消除心理障碍的作用等 学习感知:和谐人际交往技能;关心和尊重他人;合作与竞争的关系;社会责任感等
	健身知识	学习感知:不同运动强度对营养的差异需求;碳酸饮料、偏食等不良饮食习惯对身体的危害;食品安全知识 学习体验:环境与健康知识。选择恰当的时间和环境进行体育锻炼;在有害环境中降低危害程度和自我保护的方法等 学习体验:预防运动伤病和突发事故、消除运动疲劳的知识与方法。溺水救护和心肺复苏的知识与技能;预防和简单处理扭伤、肌肉拉伤、骨折、运动性腹痛、运动性晕厥等知识与方法
体能	发展体能的原理和方法	学习感知:发展体能的原理和方法;科学测试与评价体能水平的方法;制订体能锻炼计划的程序和方法;科学评价体能锻炼效果及改进体能锻炼计划等
	改善身体成分	具身感知:改善身体成分的原理和方法,科学锻炼、合理饮食等
	心肺耐力	具身体验:发展心肺耐力的原理和方法。有氧健身操、耐力跑、长距离骑行、跳绳、游泳、登山和定向运动等
	肌肉力量	具身体验:发展肌肉力量的原理和方法。俯卧撑、仰卧起坐、举重物、拉力器弯举、双杠臂屈伸和单杠引体向上/斜身引体等
	肌肉耐力	具身体验:发展肌肉耐力的原理和方法。连续多次举哑铃、连续多次引体向上/斜身引体、连续多次仰卧举腿等
	柔韧性	具身体验:发展柔韧性的原理和方法。压腿、压肩、体侧屈、坐位体前屈、动态拉伸和静态拉伸等
	反应能力	具身体验:发展反应能力的原理和方法。各类信号刺激练习法、变换口令的追逐跑、双人模仿对方动作练习、采用足球或篮球两人一组的攻防练习等

续表

类别	课程内容	教学内容
体能	位移速度	具身体验:发展位移速度的原理和方法。小步跑、高抬腿跑、后蹬跑、加速跑、牵引跑、上坡跑和下坡跑等
	协调性	具身体验:发展协调性的原理和方法。踢毽子、单足跳、跨步跳、跳绳、钻栏架、跳栏架、交叉步跑和后退跑等
	灵敏性	具身体验:发展灵敏性的原理和方法。移动躲闪、绳梯练习、十字象限跳、方格跳、六边形跳、Z字形跑、8字绕环跑、折返跑和变向跑等
	爆发力	具身体验:发展爆发力的原理和方法。快速抓举重、跳高跳低、推铅球和足球踢长传球等
	平衡能力	具身体验:发展平衡能力的原理和方法。静态平衡练习法:燕式平衡、单腿站立和平衡站立等;动态平衡练习法:弓步侧转体(向后旋转)、双腿提踵下蹲、双足脚跟(尖)走、悬吊练习、单腿(双腿)下蹲和原地跳单脚落地等
专项运动技能	球类运动	具身学练三大球(篮球、排球、足球)和三小球(乒乓球、羽毛球、网球)的内容:各球类基本知识、技术原理、特点、价值、文化;各球类步伐移动、攻防基本技术、攻防技术组合、攻防技战术与运用、一般体能与专项体能、展示与比赛、规则与裁判方法、观赏与评价;制订各球类运动锻炼计划;各项目对健康行为的促进和对体育品德的培养 模块内容要求:各球类内容共10个模块,根据具身体育学习目标要求,在具身体育教学内容安排上,模块1至10呈递进式:第1—3模块为"基本"内容,第4—7模块为"提升"内容,第8—10模块为"运用"内容
	田径类运动	具身学练田径(短跑、中长跑、跨栏跑、背越式跳高、挺身式跳远、三级跳远和背向滑步推铅球)的内容:各项目的基本知识、技术原理、特点、价值、文化;各项目的辅助练习、基本技术、技术组合、技战术与运用、一般体能与专项体能、展示与比赛、规则与裁判方法、观赏与评价;制订各项目锻炼计划;各项目对健康行为的促进和对体育品德的培养 模块内容要求:模块组成可由短跑、中长跑、跨栏跑、背越式跳高、挺身式跳远、三级跳远和背向滑步推铅球等7个运动项目组成10个学习模块;也可选择其中2个或者3个具体运动项目组成10个学习模块。根据具身体育教学整体性和系统性要求,以及田径由多个运动项目组成的特点,围绕学科核心素养构建,在具身体育教学10个模块内容的安排上,每一个运动项目教学内容集中安排在1至2个模块内,模块与模块之间难度要求不存在递进关系,如模块1为短跑,模块2为中长跑,它们之间不存在递进关系而是平行关系。但是模块内部的课时存在递进关系,如模块1的第1—6课时安排"基本"内容教学,第7—12课时安排"提升"内容教学,第13—18课时安排"运用"内容教学

111

续表

类别	课程内容	教学内容
专项运动技能	体操类运动（健身健美操、技巧与器械）	具身学练健身健美操的内容：健身健美操的基本知识、技术原理、特点、价值、文化；体操基本技能、技战术运用、创编与改编、专项体能与一般体能、展示与比赛、规则与裁判方法、观赏与评价；锻炼计划的制订；对健康行为的促进和对体育品德的培养 模块内容要求：健身健美操教学内容共10个模块，围绕学科核心素养构建具身体育教学内容，模块1至10呈递进式，即模块1—3为"基础"内容，模块4—7为"提升"内容，模块8—9为"发展"内容，模块10为"创编"内容 具身学练体操技巧与器械的内容：体操技巧与器械的基本知识、技术原理、特点、价值、文化；基本技能、保护与帮助方法、创编组合动作与运用、一般体能与专项体能、展示与比赛、规则与裁判方法、观赏与评价；锻炼计划的制订；对健康行为的促进和对体育品德的培养 模块内容要求：体操内容设计为5个模块，其中技巧2个模块、器械3个模块。根据具身体育教学要求和体操运动特点，围绕学科核心素养构建，在具身体育体操教学5个模块内容的安排上，技巧模块与器械模块之间是平行关系。但是同一项目模块之间存在递进关系，如技巧模块1安排"基本技能"内容教学，技巧模块2安排"创编组合与运用"内容教学，模块2是在模块1的基础上运用创编组合
	水上或冰雪类运动（蛙泳、自由泳、仰泳、滑冰、滑雪）	具身学练水上运动——游泳（蛙泳、自由泳、仰泳）的内容：游泳的基本知识、技术原理、特点、价值、文化；游泳的基本运动技能、一般体能与专项体能、展示与比赛、规则与裁判方法、观赏与评价；锻炼计划的制订；对健康行为的促进和对体育品德的培养 模块内容要求：教学内容设计为7个模块，其中蛙泳3个模块、自由泳3个模块、仰泳1个模块。根据具身体育教学目标要求和游泳运动特点，围绕学科核心素养构建，在具身体育游泳教学7个模块内容的安排上，蛙泳模块、自由泳模块和仰泳模块之间不是严格的递进关系，而是平行关系，由于蛙泳相对容易学，因此常常把蛙泳3个模块排在游泳模块学习前面。但是同一项目模块之间存在递进关系，如蛙泳模块1安排"基本动作"内容教学，蛙泳模块2安排"完整组合"内容教学，蛙泳模块3安排"运用技术"内容教学，模块3是在模块1和模块2的基础上运用的

续表

类别	课程内容	教学内容
专项运动技能	水上或冰雪类运动（蛙泳、自由泳、仰泳、滑冰、滑雪）	具身学练冰雪运动(滑冰、滑雪)的内容：冰雪运动的技术原理、文化、价值、锻炼计划及预防损伤的方法；滑冰和滑雪的基本技术、一般体能与专项体能、展示与比赛、规则与裁判方法、观赏与评价；锻炼计划的制订；对健康行为的促进和对体育品德的培养 模块内容要求：滑冰与滑雪可各设10个模块，根据具身体育教学目标要求，围绕学科核心素养构建，在具身体育滑冰与滑雪教学内容的安排上，模块1至10呈递进式，"基础"的内容为模块1—3，模块4—7为"提升"的内容，"运用"内容为模块8—10
	武术与民族民间传统体育类运动（形神拳、太极拳、八段锦、防身术、五禽戏和刀术）	具身学练武术与民族民间传统体育类运动(形神拳、太极拳、八段锦、防身术、五禽戏和刀术)的内容：武术与民族民间传统体育各项目的基本知识、技术原理、特点、价值、文化；基本技能、一般体能与专项体能、展示与比赛、规则与裁判方法、观赏与评价；锻炼计划的制订；对健康行为的促进和对体育品德的培养 模块内容要求：教学内容设计为10个模块，其中形神拳和八段锦为模块1—2、太极拳为模块3—5、防身术为模块6—8、五禽戏和刀术为模块9—10。根据具身体育教学目标要求和武术与民族民间传统体育类运动的特点，围绕学科核心素养构建，在具身体育武术与民族民间传统体育教学10个模块内容的安排上，有形神拳和八段锦模块、太极拳模块、防身术模块、五禽戏和刀术模块，各个模块自成体系，模块之间贯彻循序渐进原则。由于形神拳和八段锦模块相对容易，因此把它们排在武术模块前面。模块内部的课时安排，遵照学生的认知水平和运动技能的形成规律，递进式内容设计，如形神拳模块1的教学内容安排，第1—6课时为"基础"内容，第7—12课时为"提升"内容，"运用"教学内容安排在第13—18课时
	新兴体育类运动（花样跳绳、体育舞蹈、定向运动、攀岩运动）	具身学练花样跳绳的内容：花样跳绳的基本知识、技术原理、特点、价值、文化；基本运动技能、一般体能与专项体能、展示与比赛、规则与裁判方法、观赏与评价；锻炼计划的制订；对健康行为的促进和对体育品德的培养 模块内容要求：教学内容设计3个模块，根据具身体育教学目标要求和花样跳绳特点，围绕学科核心素养构建，在具身体育花样跳绳3个教学模块内容的安排上，模块之间呈现递进的关系，如模块1安排"基本动作"内容、模块2安排"组合动作"内容、模块3安排"比赛运用"内容，模块3是在模块1和模块2的基础上发展而来的。学习内容顺序安排为个人花样、双人花样、集体组合动作。项目有1分钟单摇跳、30秒双摇跳、双人单摇跳、集体单长绳8字跳组合动作，比赛有计时计数个人、双人、混合、团体比赛等

续表

类别	课程内容	教学内容
专项运动技能	新兴体育类运动（花样跳绳、体育舞蹈、定向运动、攀岩运动）	具身学练体育舞蹈的内容：体育舞蹈的基本知识、技术原理、特点、价值、文化；基本运动技能、改编与创编、一般体能与专项体能、展示与比赛、规则与裁判方法、观赏与评价；锻炼计划的制订；对健康行为的促进和对体育品德的培养 模块内容要求：根据具身体育教学目标要求和体育舞蹈特点，围绕学科核心素养构建10个模块的体育舞蹈教学内容，模块之间呈现递进的关系，同时，各个模块之间有机联系，上一个模块是下一个模块的基础；下一个模块是上一模块的巩固和发展，遵循循序渐进、逐步提高的原则。选择流行的拉丁舞系列，设置单人与双人两种舞蹈，教学内容顺序安排为伦巴→恰恰→牛仔→桑巴→斗牛，系统全面，逐级递难，有利于学会、学精，形成专长
		具身学练定向运动的内容：定向运动的地图和指北针运用的基本知识、技术原理、特点、价值、文化；基本技能、技战术应用、一般体能与专项体能、展示与比赛、规则与裁判方法、观赏与评价、安全问题处理；锻炼计划的制订；对健康行为的促进和对体育品德的培养 模块内容要求：根据具身体育教学目标要求和定向运动特点，围绕学科核心素养构建3个模块的定向运动教学内容，模块与模块之间呈现递进的关系，"基本知识和技能"内容安排在模块1、"提升能力"内容安排在模块2、"比赛运用"内容安排在模块3，由此可见，模块3是在模块1和模块2的基础上运用的
		具身学练攀岩运动的内容：攀岩运动的基本知识、技术原理、特点、价值、文化；基本运动技能、技战术应用、一般体能与专项体能、展示与比赛、规则与裁判方法、观赏与评价、安全防护；锻炼计划的制订；对健康行为的促进和对体育品德的培养。攀岩运动具体内容为概述、装备及使用方法；攀岩绳结、人工岩壁安全保护与攀登技术等 模块内容要求：教学内容设计3个模块，根据具身体育教学目标要求和攀岩运动特点，围绕学科核心素养构建，在具身体育攀岩运动教学3个模块内容的安排上，各个模块间有机联系，贯彻循序渐进的原则，下一个模块建立在上一个模块的基础上，是上一个模块的巩固和发展。模块之间呈现递进的关系，如模块1安排"基本知识和技能"内容、模块2安排"提升能力"内容、模块3安排"比赛运用"内容，模块3是在模块1和模块2的基础上发展而来的

第三节 具身体育教学内容的开发

一、我国学校体育教学内容的演变过程

我国学校体育教学内容的演变过程可以大致分为以下几个阶段。

（一）初创阶段（1949至1965）：这一时期全面学习苏联，以竞技运动项目为主要教学内容，如田径类、球类、游泳等。

（二）调整阶段（1966至1976）：这一时期受外部因素的影响，体育教学内容被迫进行调整，主要是一些简便易行、对场地器材要求不高的项目，如广播体操、武术等。

（三）改革发展阶段（1977至20世纪末）：随着社会的发展和人们对体育认识的加深，体育教学内容逐渐向多元化、综合化方向发展。除了传统的竞技运动项目外，一些民间传统体育项目、健身娱乐项目等也开始进入体育课堂。同时，体育教学方法和手段也得到了不断的改进和创新。

（四）全面改革阶段（21世纪初至今）：这一时期处在全面改革发展阶段，体育教学内容进一步向多元化、综合化方向发展，同时注重学生的兴趣和个体差异，注重培养学生的体育意识和体育能力。此外，体育教学内容也更加注重与健康生活方式的联系，注重培养学生的体育核心素养。

总体来说，我国学校体育教学内容的演变过程是一个不断改革、创新和完善的过程，随着时代的发展和社会的进步，体育教学内容也在不断丰富和优化。

二、当前我国学校体育教学内容存在的问题

受传统落后教学理念、体育中考压力、体质健康指标要求、教材偏难、学校条件不足等因素的影响，当前体育与健康学科教学内容设计方面存在以下诸多问题。

(一)受体育中考和高中体育会考应试因素的影响,教学内容单一应试化的问题

当今,由于受到体育中考和高中体育会考等应试要求的影响,体育教学追求体育中考高升学率,高中体育会考要全员通过等,迫使学校、社会要求体育教师在教学内容上,围绕应试内容展开教学。应试意识浓,长期如此,导致学生对体育教学不感兴趣,老师没有选择教学内容的权利,教学内容长期不变、单一化。

(二)片面追求《国家学生体质健康标准(2014年修订)》指标成绩,教学内容单一素质化的问题

《国家学生体质健康标准(2014年修订)》是监测学生身体形态、身体机能及身体素质的标准。近年来,由于各教育主管部门非常重视学生的体质健康状况,评选学校先进单位、示范学校等时,会将学生的体质标准列入评选指标中,学校、体质标准老师没有正确认识,为了片面追求体质标准优秀率等成绩,将体质标准项目作为体育与健康课程教学内容,导致学生非常不感兴趣。

(三)体育教学内容枯燥、无味,学生无兴趣学习体育的问题

一方面是教材本身的特点,如体操类、田径类比较单调、枯燥,较难激发学生的学习兴趣;另一方面是教学内容设计上,未能做到一体化,许多教材内容16年(义务教育9年、高中3年、大学4年)不变,均是设计和实施同样的教学内容,如排球正面双手垫球,从小学、初中、高中、大学都是同样的教学内容,加上教师没有改变教学方法,导致学生觉得枯燥、无趣味。对于学生感兴趣的新兴体育项目未能做好开发,不能激发学生的学习兴趣。

(四)体育教学内容的技术难度较大,学生"学不会"的问题

运动技能难度差异性较大,某些项目的技术难度大学生很难掌握,如体操的单杠与双杠、排球的扣球等。特别是身体素质较薄弱的学生及多数女生,很难通过每周几课时的体育学习掌握运动技能,学生"学不会"导致失去信心。

(五)体育教学内容使学生产生生理反应,出现"痛苦"的问题

某些运动项目锻炼时会使学生产生较大的生理反应,如田径类长跑运动过程产生较多的乳酸,引起学生呼吸困难、肌肉酸痛等强烈不适;再如引体向上/仰卧起坐等肌肉耐力项目,运动过程会产生大量的乳酸使肌肉酸痛。如此,导致学生反感某些体育的学习内容。

(六)体育教学内容使学生产生心理反应,出现感受恐惧的问题

某些运动项目锻炼时会使学生的心生恐惧,如体操类跳跃与器械项目,学生怕摔,产生心理恐惧,不敢做动作;再如田径类跳高,在一定的高度压力下,学生产生心理恐惧,不敢跳。

(七)受学校条件不足影响,教学内容开展受到限制的问题

学校条件主要指师资和场地器材因素。师资方面,部分经济落后的地区,学校师资配备不足,无法开齐开足体育与健康课程,或者让其他文化课老师兼任体育老师;场地器材方面,部分学校体育场地小(少),无场馆,器材配备不完善。师资和场地器材不足的因素均影响着体育教学内容的全面开设,尤其是高中,主要采用选项教学,师资、场馆等因素受限,无法执行高中选项教学,极大影响到教学内容的开设。

(八)受教师理念落后因素的影响,教学内容不更新的问题

受到落后的教学理论影响,没有全面发展学生运动技能和满足全体学生需求的理念。教师注重传统体育运动项目的教学,如体能与常规的运动技能项目(田径类与球类),较为简单且不存在安全问题。而对于学生喜欢的新兴体育运动项目如轮滑、攀岩等常常遇到"教不了"的窘状;对于传统中华民族体育项目如武术等,教师重视不足,影响了教学内容的开发与发展。

(九)受到教材安全隐患因素的影响,教学内容开设缺乏全面性的问题

教材安全因素主要指体操、游泳、攀岩等具有较高危险性的教学内容。在当前学校"安全第一"思想的指导下,教师多数从教材的安全角度出发,考虑安全性较强的项目教学,而不从如何进行课堂安全教学角度考虑。因此,存在较

大安全隐患的体操、游泳、攀岩等运动项目很少出现在课堂中，影响教学内容开设的全面性。

(十)教材众多繁杂,教师较难选择教学内容的问题

当前教材版本众多,有人教版、北师大版、粤版等,无论哪个版本都是内容繁杂,大部分均把运动技能所有内容编入,未能根据各个年级的水平特点作选择性编写,缺乏教材的"一体化"。同时,由于体育与健康课时有限,加上教师未能很好地选择教材,导致出现"重复学习"或者"没学习到"等现象,也影响教学内容的全面性。

(十一)过分强调体育理论内容,缺少体育实践教学内容的问题

部分教师对理论与实践的关系认识存在偏差,往往过于注重体育理论教学内容,而忽略了实践教学的重要性。体育是以身体活动为主要手段,实践活动要占据教学内容大部分权重,理论课仅占很少(5%左右)的课时,出现本末倒置的现象,学生仅学到空泛的体育知识,而未能学习运动技能与体能。

(十二)评价不完善,出现教学内容单一性的问题

教什么考什么；考什么教什么。当前体育教学评价体系不完善,缺乏科学性和客观性,未能树立"增值性"评价意识,未能采用多元的评价,影响了教学内容的全面性。目前大多数学校仍采用传统的成绩"定量"评定方式,即以学生的体能和技能水平为主要指标,这种评估方式所选内容过于单一,无法全面反映学生的情感、态度和价值观,缺乏对学生学习过程和进步的关注,未能采用学科核心素养所要求的"学业质量评价体系"。

三 开发具身体育教学内容

具身体育教学内容的开发,是应用具身认知理论,适应性改造原有的体育教学内容,以及创造符合具身认知要求的体育教学内容的过程。

(一)依据具身的"身心一体"理念，开发"全面性"的具身体育教学内容

具身体育以全面发展学生为原则，倡导"育体育人"的目标，注重培养学生的学科核心素养，因此，教学内容上应做到开发"全面性"，以符合"身心一体"具身认知理念。

从具身发展学生育体育人能力的价值出发，教学内容必须设计全面，满足全面培养人的需要。传统体育教学仅从育体的角度出发，将教材的知识与技能直接传递给学生，让学生简单学练技术以提高所谓的效率，没有结合学生实际和育人目标，未能对教学内容进行选择、处理和加工，照搬各式各类版本的体育与健康教材内容，单方面强调教学内容表层知识与运动技能。导致：一方面，学生的主体感受性被剥夺，单纯模仿技术动作，主动性和创造性得不到发挥；另一方面，缺乏体育教学育人的德育目标，没有发挥教学内容所应有的德育功能，无法对学生进行育德教育。

根据具身体育"育体育人"的教学目标，开发有利于培养学生核心素养的教材内容，满足学生全面发展的多元需要。

1. 开发教材中教学内容"自身"内部全面特性。依据各自教材中教学内容所蕴含的育德价值和育体功能，全面分析和把握，明确其育德目标，如中华传统武术项目，全面设计：通过"学练赛"来发展运动技能与体能，体现育体；融入礼仪教育培养爱国主义精神，锤炼学生积极进取精神，以及团队合作、公平竞赛的意识等，提升学生的品德修养认知，体现育人。

2. 开发教材种类教学内容的全面性。教学内容来自教材，现行教材内容包括健康教育、体能、基本运动技能、专项运动技能及跨学科主题学习五部分，教学内容应从这五部分内容全面精选。义务教育阶段科学合理、全面选择教学内容，以发挥各自教材的"育体育人"功能；高中阶段全面提供选修课程内容，以满足学生喜好。

3. 开发大单元(模块)教学内容的全面性。围绕发展学科核心素养要求，全面构建单元(模块)教学内容，一般来说，包括某一运动项目的基本知识、文化、技术原理、基本技术、组合技术、战术、比赛与展示、体能、健康行为及体育品德等。全面开发其各部分教学内容，以更好地培养学生的学科核心素养。

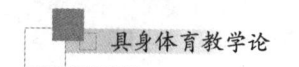

（二）依据具身"体验性"内涵，注重积极的身体体验，从差异性与层次性角度开发具身体育教学内容

以学生为中心，根据学生实际，在学生原有认知水平的基础上，构建新认知，以促进新旧知识与技能之间的有效融合，使学生获得最佳的发展。根据积极的"身体体验"具身理论，教学内容难度设置适度为宜，才能更好地促进学生积极的身体和情感体验，让学生建立并形成自信心和进取精神。

教师应根据具身体育教学内容的难度晋级标准，开发难度逐级递进的任务链，客观审视学生身体和认知间的差异，为不同层次的学生安排与之实际可能性相协调的分层递进学习任务，实现学生身体练习的全员参与，并使处于不同水平的学生以此任务等级开始，逐步过渡到最高等级，以激发学生的进取欲望，不断生成良好的身体和情感体验，获得自信心和成就感。[①]

（三）依据具身"生成性"内涵，注重开发"形象、具体"的具身体育教学内容

具身认知理论注重认知的生成性，即主体对客观世界的认识并非抽象的，而是具体化与形象化的。体育教师在进行运动技能教学时，应注意教学内容的直观化和具体化，更利于学生运动技能的掌握与发展。具身认知教学注重主体在体育教学过程中的身体参与性，运动技能学习则能够通过视、听、触等觉察认知来理解和学习体育技能。同时，具身认知教学还强调教师将体育教学内容通过多种途径与方式表达出来，帮助学生全方位、多方面了解与掌握课上所授内容，利于学生更好地理解和习练专项运动技能。

（四）依据具身"情境性"内涵，注重开发"真实情境"的具身体育教学内容

身体与情境互动产生新认知。认知受到情境的影响，是被实例化的。基于情境的认知和情绪、情感体验长久存在，且容易提取。因此，开发与创设真实的教学情境内容，才有利于形成更加稳固和持久的新认知。如篮球教学传接球教学，在学生了解传接球的基本动作后，尽快创设以下真实情境的教学内容：两人

---

① 赵洪波,王祖冬,都晓娟.具身德育视域下的体育课堂教学设计研究[J].教学与管理,2022(18):98.

传接球一人防守;三人传接球两人防守;防守下传接球游戏与比赛等。

(五)开发具身体育教学内容案例

具身体育教学内容的开发,基于体育与健康课程学科核心素养理念和具身认知理论。本案例为"高中篮球选修十个教学模块",内容全面、科学、合理,符合学科核心素养要求和具身认知原理。模块与模块之间的教学内容难度呈"梯次"上升,所开发的内容便于创设教学情境,有利于学生具身学练。(表4-7)

表4-7　具身高中篮球选修十个教学模块[①]

模块	高中篮球模块教学内容
1	1.1 篮球运动的特点、起源与发展 1.2 篮球"走步、回后场"等违例和罚则 1.3 篮球"滑步、变向跑"等基本攻防步法 1.4 篮球"各种传接球、行进间单手肩上投篮及抢断球"等攻防技术 1.5 篮球"接—运—传球、抢断—传球"等攻防技术组合 1.6 篮球"传切配合、挤/绕过配合"等攻防战术;二对二比赛 1.7 一般体能"耐久跑"等和专项体能"全场往返传接球"等 1.8 观看国内较高水平的篮球比赛,并做简要评价
2	2.1 篮球运动锻炼价值和相关基本原理 2.2 "脚踢球、时间"等篮球违例和罚则 2.3 "跨步、攻击步"等篮球攻防步法 2.4 "体前变向换手运球、防运球突破"等篮球攻防技术 2.5 "接球—突破运球—投篮、抢断球—传(运)球"等篮球攻防技术组合 2.6 "策应配合、夹击配合"等篮球攻防战术;三对三比赛 2.7 "跳绳"等一般体能和"左右、前后步伐移动"等专项体能 2.8 观看国内重大篮球赛事比赛,并做简要评价
3	3.1 篮球运动实践应用意义与锻炼方法 3.2 篮球"球出界、掷界外球"等违例和罚则 3.3 篮球"前与后转身动作、绕前与绕后步"等基本攻防步法 3.4 篮球"背后传接球、运球急停急起及防守传球"等攻防技术 3.5 篮球"接球—运球急停急起—投篮、防有球的前锋"等攻防技术组合 3.6 篮球"长传快攻、防长传快攻"等攻防战术;三对三或五对五比赛 3.7 一般体能"4×28米折返跑"等和专项体能"半场往返运球投篮"等 3.8 观看国内高水平的篮球比赛,用专业术语做简要评价

---

① 福建省普通教育教学研究室.福建省普通高中新课程学科教学建议(试行) 体育与健康[M].福州:福建教育出版社,2020:20-72

续表

模块	高中篮球模块教学内容
4	4.1 篮球运动安全知识和相关技术原理 4.2 "阻挡、撞人"等篮球犯规和罚则 4.3 "急停及转身、撤步"等篮球攻防步法 4.4 "运球转身及胯下运球、防守纵切和横切"等篮球攻防技术 4.5 "转身运球—跳投、防无球后卫技术组合"等篮球攻防技术组合 4.6 "半场人盯人进攻、破半场人盯人"等篮球攻防战术;半场五对五比赛 4.7 "快速跑"等一般体能和"四方跑动传球"等专项体能 4.8 观赏国内外篮球比赛,并评析技战术的运用
5	5.1 篮球运动的文化、安全知识与方法 5.2 篮球"非法掩护、非法用手"等犯规和罚则 5.3 篮球"各种跑跳、绕步"等基本攻防步法 5.4 篮球"运球交叉步突破、防守运球突破与投篮"等攻防技术 5.5 篮球"传接球—运球交叉步突破—投篮、防无球中锋组合"等攻防技术组合 5.6 篮球"全场紧逼和破全场紧逼"等攻防战术;全场五对五人盯人比赛 5.7 一般体能"引体向上/斜身引体(女)"等和专项体能"连续抢篮板球打板接力"等 5.8 观赏班级内的教学比赛,并对胜负作分析
6	6.1 篮球运动对人体心血管等人体机能的促进;与本模块相关的篮球技术原理; 6.2 "推人、技术犯规和违体"等篮球犯规和罚则 6.3 "各种滑步、急停及转身"等篮球攻防步法 6.4 "急停跳投、防无球队员"等篮球攻防技术 6.5 "胯下运球突破—急停跳投、防守抢篮板"等篮球攻防技术组合 6.6 "区域联防、破守区域联防"等篮球攻防战术;全场五对五区域联防比赛 6.7 "平板支撑"等一般体能和"1分钟连续纵跳"等专项体能 6.8 观赏奥运会、世界杯等高水平篮球比赛,并作客观评价
7	7.1 篮球运动对人体呼吸与消化系统等人体机能的作用;与之相关的技术原理 7.2 篮球各种违例和犯规及罚则 7.3 篮球各种攻防步法 7.4 篮球"运、传接、投、抢、断"等攻防技术 7.5 篮球"传接球—假投—运球突破—投篮、进攻方抢篮板"等攻防技术组合 7.6 篮球"全场人盯人和破全场人盯人"等攻防战术;全场五人制比赛 7.7 一般体能"12分钟耐久跑计距"等和专项体能"全场传接球与投篮"等 7.8 用数据分析班级内篮球比赛的胜负原因

续表

模块	高中篮球模块教学内容
8	8.1 制订篮球运动自我锻炼计划 8.2 篮球记录台各项裁判工作 8.3 各种篮球进攻和防守的步法 8.4 各种篮球进攻和防守的基本技术 8.5 各种篮球进攻和防守的技术组合 8.6 "盯人和联防、破盯人和联防"等篮球攻防战术；全场五对五比赛 8.7 "1分钟仰卧起坐"等一般体能和"全场往返运球上篮"等专项体能 8.8 观赏篮球比赛，分析双方的战术运用
9	9.1 篮球运动进攻和防守的各种技战术的原理和方法 9.2 篮球各种犯规与违例，以及相关的罚则 9.3 篮球各种攻防的步法 9.4 篮球各种攻防基本技术 9.5 篮球各种攻防组合技术 9.6 篮球攻防战术的运用；五人制比赛 9.7 一般体能"立卧撑"等和专项体能"半场往返行进间投篮"等 9.8 用数据分析我国国家篮球男队或者女队某一场比赛胜负的原因
10	10.1 自我修订篮球锻炼计划 10.2 担任篮球场上裁判工作 10.3 篮球各种攻防步法与移动动作 10.4 篮球各种攻防基本技术 10.5 篮球各种攻防组合技术 10.6 篮球攻防战术体系；各种全场或者半场比赛 10.7 "2000米/1200米（女）跑"等一般体能和"两人全场传接球接投篮"等专项体能 10.8 欣赏高水平的篮球比赛，用科学的方法统计和分析双方篮球比赛胜负的原因

第五章

具身体育教学模式和教学方法

体育教学模式是在某种体育教学思想和理论指导下建立起来的体育教学的程序,它包括相对稳定的教学过程结构和相应的教学方法体系,主要体现在体育教学单元和教学课的设计和实施上。体育教学模式具有理论性、稳定性、对应性、整体优化性、直观性及评价性等属性。

体育教学模式是依据某一教学思想或者理论提出的;体育教学模式的主体是教学过程和相应的教学方法;体育教学模式反映了教学过程的结构设计;教学模式的空间定位是教学单元和课时。

当前,学校体育比较流行的教学模式有技能掌握式教学模式、合作学习教学模式、快乐体育教学模式、运动教育教学模式、个人与社会责任教学模式、战术游戏教学模式等。各种体育教学模式各有其优点和缺点,在运用时应择其优点避其缺点,以达到教学目标。

作者经过长期的教学实践和理论认识,提出"具身体育教学模式",该模式符合人体认知规律,体现了体育"以身体活动为主要练习手段"的本质属性。

具身体育教学模式是基于具身认知理论,遵照具身性、体验性、互动性、情境性和生成性等特点,为了实现具身教学目标在教学过程中所采用的结构和方法。

第一节 具身体育教学模式结构

具身体育教学模式是依据具身理论提出的,在体育教学过程中注重创设情境,让学生具身参与体育运动,身体、心理与情境互动,重构运动认知与能力。具身体育教学模式的结构包含以下几方面:具身体育教学模式的界定、理论依据、架构、操作程序、实现条件及评价的内容与标准等。

一、具身体育教学模式的界定

体育教学是以身体活动为媒介,以谋求个人身心全面发展为直接目的的教育活动。体育独有的特点是通过人体运动感知觉与本体感觉获得认知,发展体能,形成运动技能,同时,培养情感。体育教学过程是以身体认知为主体,在真实而又复杂的情境中交互进而生成学习目标。具身体育教学是学生在复杂的环境下,身心全面参与活动与体验,并在运动过程中与同伴深入交流获得新认知,掌握体育知识与运动技能,发展体能,升华情感。

教学模式则是在一定理论基础之上,为达成教学目标而构建的较为稳定的教学结构和程序[1],在实施教学的组织过程中主要体现所采用的方法与策略。体育教学的组织与实施具有鲜明的学科特点,体育教学模式则是为达成体育教学目标,基于现有科学理论和实践,构建的相对稳定的体育课堂的教学结构和程序的典型教学模型。[2]体育教学模式的研究与探讨强调的是在宏观教学指导思想下架构的教学过程。

综上所述,"具身体育课程教学模式"是指以"身心一体"的具身认知理论为指导,为培养学生体育与健康学科核心素养,促进学生身心健康,提升学生参与

---

[1] 钟志贤.大学教学模式革新:教学设计视域[M].北京:教育科学出版社,2008:90.
[2] 付成君,张典英.体能导向的大学体育教学模式研究[J].绵阳师范学院学报,2021,40(11):130.

科学锻炼的能力、体育运动能力和社会适应能力,将具身认知理论与体育课程理论有机融合,以学生全面发展作为主导目标,基于单元和课时教学设计体育与健康课程教学程序和结构,从而构建的稳定的体育课程教学模式。该教学模式有别于其他体育课程教学模式,教学实施中通过具身参与体验,身体、心理与情境互动,提高运动能力;养成良好的健康行为;形成优秀的体育品德。

二、具身体育教学模式的理论依据

教学模式是根据某一理论或者某一教学思想提出来的。基于学生的生理和心理、教育学理论及具身理论等,构建完整的具身体育教学模式的理论基础。

(一)具身认知心理学依据

心理学主要对认知的具身性和嵌入环境特征进行深入研究。

1.具身认知理论的心理学依据主要包括概念隐喻理论、知觉符号理论和感知运动模拟隐喻理论。这些理论为具身认知的相关研究提供了基础,具身认知主张认知是具身的,正视了认知与身体的关系,并强调身体在认知过程中发挥基础性作用。换句话说,身体体验会影响个体对客观世界的感知判断、思维方式和认知方式,个体的认知依赖于身体体验。

2.具身认知还认为生理体验与心理状态之间有着强烈的联系。情感和认知既彼此独立,又相互关联、相互影响。大脑作为身体的中枢系统,控制着身体的所有行动。身体各部位通过各种微小的传感器接收外部信息,然后反馈给大脑,大脑再根据这些信息做出反应。因此,身体体验对心理状态有着非常重要和明显的影响,甚至可以说有决定性作用。

心理学依据支持了具身认知理论的主张,即身体在认知过程中起着关键的作用,而不仅仅是大脑的功能。大脑置于身体,身体嵌入环境。通过改变环境因素来刺激身体,可以激发身体的潜能,从而影响个体的认知和行为。

对于具身认知的研究,心理学借助神经科学、神经生理学和脑科学的方法和技术,采用脑磁图成像技术,观察到脑认知成像伴随心理现象的脑神经生理活动。

(二)具身认知生理学依据

具身认知理论的生理学依据主要来自神经科学和生物学的相关研究。

1.镜像神经元。镜像神经元是一种特殊的神经元,当个体观察到其他个体的行为时,这些神经元会被激活,就好像个体自己正在执行那个行为一样。这提供了一种生理机制,解释了为什么身体体验可以影响我们的心理状态,以及为什么我们可以通过观察他人的行为来理解或预测他们的心理状态。

2.身体感觉输入。我们的身体不断地接收来自外部环境的感觉输入,如触觉、视觉、听觉等。这些感觉输入会影响我们的心理状态,例如,当我们感到寒冷时,我们可能会感到不快乐或焦虑。身体感觉输入与心理状态之间的联系是具身认知理论的生理学依据。

3.内分泌系统。我们的内分泌系统通过分泌各种激素来影响我们的心理状态。例如,当我们感到紧张或焦虑时,我们的身体可能会释放应激激素,如皮质醇。这些激素会影响我们的大脑功能,从而影响我们的认知和行为。心理状态与生理状态之间的联系,也是具身认知理论的重要生理学依据。

具身认知强调身体构造和神经系统等生物和生理因素对认知的影响,把认知置于身体和环境中,身体在认知过程中起着关键性的作用。

(三)具身认知教育学依据

具身认知教育学依据以下三方面。

1.具身认知教育教学的过程是整合与运用认知、身体、环境三者的过程。师生之间不存在主客体关系。学生、教师、环境是教育三要素,三者在教育过程中互相融合,师生互为教育对象。

2.对教育对象——学生的"大脑"和"身体"同等重视。"身在"与"脑在"的共同被关注。教学过程重视身体动作和感知觉,使身体回归,教学目的不再只是传授知识。知识的生成过程需要身体及其感知觉和动作的参与,从而产生身体经验和经历。此过程不仅是知识与技能生成的过程,也是情感态度与价值观生成的过程。真正以学生为主体,学生参与、加工及生成知识与技能、过程与方法、情感态度与价值观,体验教育过程中的情感态度与价值观。

3.教育过程与方法注重情境性的身体参与体验。教师、学生及环境三者相互作用是具身教育的过程与方法。课堂教学应树立"身心一体"的认知教育理念,优化学练的环境,促进知识与技能、过程与方法、情感态度与价值观的自然生成。

三 具身体育教学模式的架构

具身体育教学模式是依据具身教育的特点进行架构,包括主体性的教学理念、生成性的教学目标、全面性的教学内容、参与性的教学过程、情境性的教学组织、交互性的教学方式及多元性的教学评价,旨在达成发展学科核心素养,培养"全面人"的教育教学目标。

(一)主体性的教学理念

具身体育教学理念是以学生身体为主体,而学生存在性别、机能、体能及技能基础等方面具有差异性,在体育活动中的本体感知觉、运动体验和心理体验也存在差异。因此,具身体育教学要求设计差异性的教学方式,使不同层次的学生得到相应的发展。

(二)生成性的教学目标

具身体育教学目标是自然生成的,而非预设的。学生借助在运动情境中的感受与体验,重组碎片化的知识与技能,生成新的陈述认知、程序认知和情绪认知,这些认知均为动态的、自然生成的。因此,具身体育教学目标设计要求"具体化",通过具身体验活动,自然生成符合学科核心素养要求的教学目标。

(三)全面性的教学内容

"身心一体"是全面性的具身理论。具身体育教学内容的全面,包括体育知识、身体机能与运动技能,以及行为习惯与行为规范等方面。学生的认知过程是不断地打破原有认知,再重组碎片化的知识与技能,使其系统化、整体化。因此,具身体育教学内容设计要求全面性,通过具身、全面的活动内容体验,达到身体方面的体能与技能和心理方面的情感等认知水平的全面发展。

(四)参与性的教学过程

根据具身认知理论的"具身性"特点,具身体育教学过程全方位参与性体验,具体体现为:一方面,个体身与心全面参与体验教学过程,即身体(机体、心理)与环境的循环和交互;另一方面,主体多元参与教学过程,即学生、教师共同参与,师生交互、生生交互的活动过程,而非学生单独地学练。因此,具身体育教学过程设计要求全面参与,通过全面参与的教学过程,达到主体全面参与和身心全面发展的目的。

(五)情境性的教学组织

"情境性"具身认知特点主要体现在教学组织上,具体表现为:开放的情境性教学,即具身体育教学是以实践教学为主,实践教学一般是在学校开放的运动场所进行,有信息技术运用、学习资源开放的情境性教学组织;复杂的情境性教学,即具身体育教学内容的全面性和学生心理变化的复杂性;适应的情境性教学,即适应学生的课堂环境和身体承受运动负荷练习情境。因此,具身体育教学组织设计应创设复杂多样的学习情境,以达到学生适应复杂课堂环境的要求,以及身体与环境交互的需要。

(六)交互性的教学方式

具身认知理论认为知识与技能的习得是通过身体与环境的交互作用,打破旧认知,重新建构新认知,产生"动态、自然生成"的教学目标。因此,具身体育教学倡导合作与探究的学习方式,体现交互性,让学生具身与他人、环境交互,以达成全面的具身体育教学目标。

(七)多元性的教学评价

真实性、即时性、生成性及交互性的多元性教学评价是具身体育教学评价的范式。在评价内容上,对体育知识、运动技能、体能及情感等方面进行真实性、生成性的多维评价;在评价方式上,采用定量与定性相结合、过程性与终结性相结合的交互多样化评价;在评价主体上,采用学生自评、教师评价及学生互评相结合的交互式多元评价。因此,具身体育教学评价设计多元的评价方式,以更好地激励和促进学生的学习与发展,达到增值性评价。

四 具身体育教学模式的操作程序

教学模式的空间定位主要是教学单元,其次是教学课时。义务教育阶段的体育与健康课程采用大单元教学,而高中体育与健康课程采用模块教学,一个模块类似于一个18课时的大单元。无论是大单元教学还是模块教学，其目的都是便于学生对所选模块进行较系统化、整体化的学习。

单元教学是根据学期计划，把某年级某项主要教材内容确定课次，安排教学的目标、内容、重点与难点、主要策略等。单元有大单元和小单元，大单元一般是18课时；小单元一般是6课时，根据《义务教育体育与健康课程标准（2022年版）》要求，采用大单元和大单元下的小单元教学。教学单元内容可以是由同一项目教材组成，如篮球项目单独成为一个单元；也可以是由同一项目的不同小项组成，如田径项目由跑、跳、投组成一个单元。模块是一种整体的教学视野，即主题单元，将共同主题的内容组成一个整体。高中体育与健康每个运动系列包括若干模块，由球类系列如篮球、排球、足球等模块组成。每个模块由某一运动项目中相对完整的若干内容组成，每一项运动项目由1—10个模块组成，每一模块一般为18课时，与教学单元课时类似。

课时教学计划是根据单元教学计划的逻辑分割而成的一节课的教学文件，是教师对一节课实施教学的具体方案。它包含课程的设计和教案。

本书基于具身认知理论的具身性、体验性、互动性、生成性及情境性等特点，发展学科核心素养，培养学生全面发展，探索具身体育教学模式的操作程序。

（一）具身体育教学模式的建构

具身体育教学模式的建构基础是学科核心素养和具身认知理论。（图5-1）

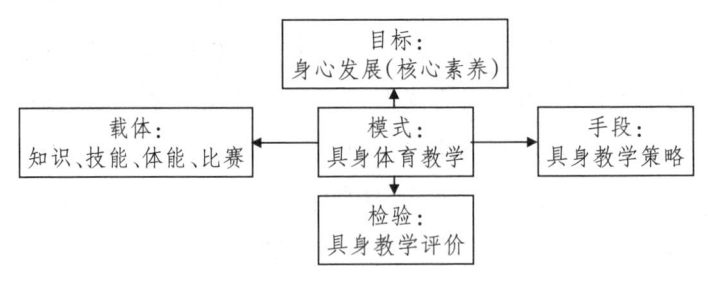

图5-1 具身体育教学模式

（二）具身体育单元（模块）教学模式操作程序

根据具身体育教学模式的理论建模，提炼出具身体育单元（模块）教学模式操作程序。（图5-2）

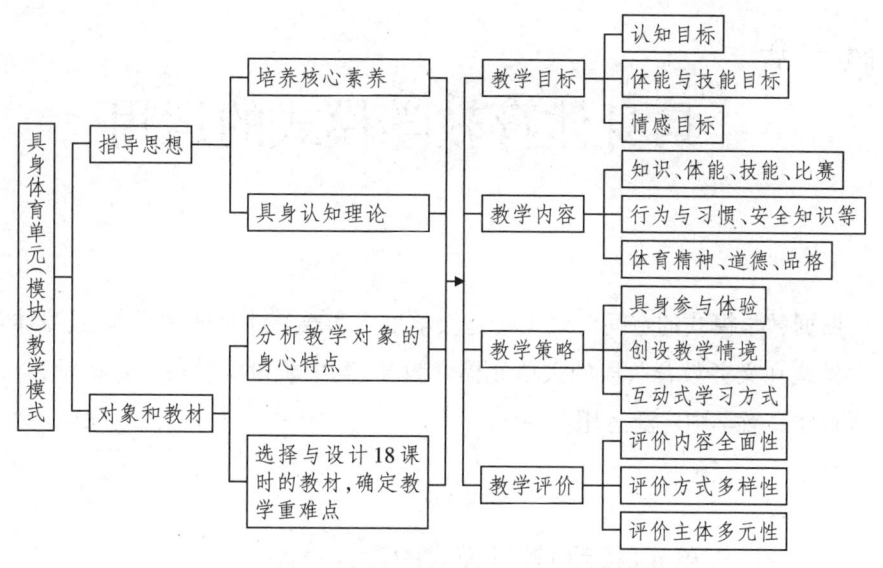

图5-2 具身体育单元(模块)教学模式操作程序

(三)具身体育课时教学模式操作程序

根据具身体育单元(模块)教学模式操作程序,形成具身体育课时教学模式操作程序。(图5-3)

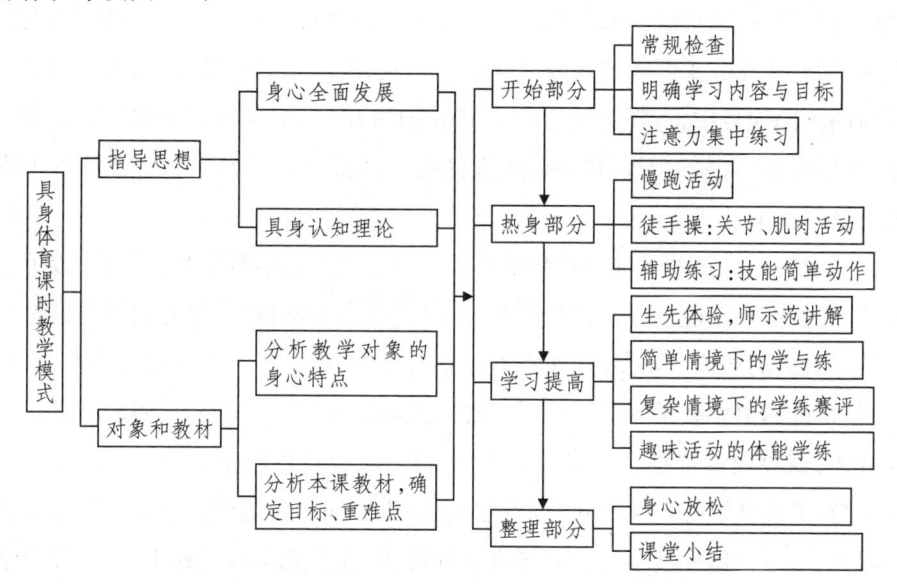

图5-3 具身体育课时教学模式操作程序

具身体育教学论

第二节 具身体育教学模式的运用

根据教学模式的空间定位主要是教学单元和教学课时这一要求,具身体育教学模式在义务教育阶段的大单元体育教学、高中阶段的模块体育教学,以及其课时体育教学中广泛运用。

一、具身体育单元(模块)教学模式的设计思路

具身体育单元(模块)教学模式的设计是依据以下要求:首先,要有明确的指导思想,具身认知理论倡导"身心一体",以促进学生全面发展、培养学生的学科核心素养为指导思想。其次,充分了解教学对象和教材,具身认知理论倡导"具身性",只有了解教学对象的身心特点才能针对性设计符合"具身性"特点的教学;同时要充分了解教材内部结构,小学和初中以单元的形式,从同类项目或者同类不同项目中,选择并组合一个18课时的单元,确定各个课时的重点与难点,高中阶段根据各个教材特点,先设计某一教材的1—10模块,再设计各个模块的具体教学。

确定具身体育单元(模块)教学模式指导思想和教学对象与教材后,接下来就是构建认知、技能、体能及情感的四维具身体育教学目标;单元教学内容是实现教学目标的载体,为更好地实现教学目标,围绕核心素养构建的全面性、系统性、整体性的单元教学内容,符合具身的"身心"全面参与的要求;明确教学目标和载体,需要设置符合具身体育的教学策略,具身体育教学策略采用让学生具身参与、情境教学等教学方式,创设生生、师生之间以及师生与环境之间互动式学习方式;具身体育教学评价倡导真实性评价,在单元学习过程中,全面评价学生的知识、技能与体能等进步幅度,评价学生的情感态度和价值观表现情况,评价学生的运动行为习惯,评价学生掌握与运用相关运动损伤知识的情况等。

二 具身体育单元(模块)教学模式设计运用案例

(一)具身体育初中单元教学模式设计运用案例

运用案例:具身体育水平四排球大单元教学模式设计

1.指导思想

以"健康第一"为指导思想,落实立德树人的根本任务,以《义务教育体育与健康课程标准(2022年版)》为理论依据;发展学生核心素养,培养学生身心全面发展,落实"教会、勤练、常赛"要求,注重"学、练、赛、评"一体化教学。根据排球项目的运动规律及学生的身心发展特点,循序渐进,由易到难,让学生逐步掌握技术。注重具身参与体验,引导学生带着思考进行学练,加深对技术动作的运用认知,将德育渗透排球课程,挖掘排球课程的育人价值。

本单元采用具身体育教学方法,构建具身体育教学模式,如具身体验方法、创设情境法、游戏或比赛法等。创设从简单到复杂的情境,让学生身心沉浸到各种情境中,建构新的认知和运动技能,同时,在情境中自然生成"真实"非预设的情感、态度和价值观,更好地形成核心素养的"体育品德"要素。

2.单元内容解析

(1)排球大单元学习内容与课时安排(表5-1)

表5-1 排球大单元学习内容与课时安排

内容类别	具体学习内容	课时预计
基本知识与技能	基本知识:排球运动基本知识、技术原理及文化等 基本技能:垫球、传球、上手发球、扣球及步法等	6
技战术运用	组合技术:垫传组合技术、发垫球组合技术、扣垫球组合技术 战术运用:中一二进攻战术	4
比赛与展示	展示内容:垫球、传球、发球、扣球单个技术、垫传组合技术、发垫球组合技术、扣垫球组合技术等 比赛:全场六对六比赛、自垫球积分赛、垫传球挑战赛、发垫球接力赛、发球位置准确度积分赛等	2
体能	一般体能:立定跳远、立卧撑、6×50米折返跑、跳绳、负重练习等 专项体能:3米移动、十字移动、纵跳摸高、专项力量练习等	3
规则与裁判方法	规则:出界、位置轮换、发球等规则 裁判方法:位置轮换错误、打手出界、发球踩线等	1

续表

内容类别	具体学习内容	课时预计
观看与评价	观看:观看中国女排重要的国际比赛视频;班级或者年级课内外比赛 评价:分析中国女排在重要国际比赛中获胜的主要因素;根据班级或者年级课内外比赛数据,分析比赛胜负的原因	2

(2)教材分析

本单元是人民教育出版社水平四《体育与健康》教科书必修内容之一排球单元。排球大单元主要包含正面双手垫球、正面上手传球、正面上手发球及正面屈体扣球等基本技术、技术组合、技战术运用及比赛与展示等,预设18课时。垫球、传球及发球是排球运动的基本动作,其中垫球是用于接发球、接扣球、接吊球、接拦回球和处理各种难球的主要方法;传球主要用于二传,在比赛中多数是将同伴垫来的球传起组织进攻,是保证本方进攻的基础;发球是比赛的第一环节,攻击性和准确性强的发球能够直接得分或创造很好的得分机会,但攻击性强往往会带来不稳定性而失分,所以稳定的发球可以保证不失误。传垫组合技术、发垫组合技术等也是排球技战术的基础。教学中可通过创设多种比赛情境,激发学生学习兴趣,使学生具身体验排球知识、技能及技战术运用,提高学生的排球战术运用能力,培养学生的学科核心素养。

3.学情分析

本单元教学对象为初二学生,以下从身心特点、认知水平及能力水平三方面进行分析。

(1)身心特点:初二年级学生正处于青春期发育阶段,身体协调性较好,合作意识强,模仿能力强,好胜心强,有一定的自主学习能力,对于新知识和新技能的渴求强烈,学习积极性高,希望获得老师肯定。但是在体育课中易兴奋,注意力不易集中,心理较不稳定。

(2)认知水平:虽然多数同学在小学阶段学习过简单的排球基本技术,但缺乏对排球运动的整体体验和理解、对排球基本知识的理解,不懂得在比赛时运用战术,团队合作意识也比较薄弱。

(3)能力水平:在小学阶段学生已初步掌握排球的基本技术动作,但多数学生球感较差,身体素质存在较大的差异性,男女生对技术的理解和掌握程度有差别,动作不协调,总体水平参差不齐。

4.排球大单元教学各课时设计模式(表5-2)

表5-2 排球大单元教学各课时设计模式

授课教师： 年级:八年级 班级： 课时数:18

单元教学目标	1.运动能力:学生能够熟练掌握垫、传、发、扣球等基本技术及组合技术,在各种学练和比赛情境中能够正确运用技战术解决问题,全面发展体能,懂得观看排球比赛 2.健康行为:通过排球单元的学习,学生能够养成良好的锻炼意识;调控情绪,适应环境;掌握排球运动的安全知识与技能措施,能保护自己;课后运用排球运动自主锻炼 3.体育品德:通过学习,培养学生积极进取、团结合作的精神,让学生体验排球的乐趣;认识身、心发展的关系,以及与他人合作共同完成体育活动的协作意识;正确看待比赛胜负,养成公平公正的规则意识、责任担当
教学重难点	重点:垫球与传球的正确手型、触球部位与击球点,以及用力顺序;发球抛球、引臂、蹬地、转体、收腹、挥臂击球中后部;扣球空中引臂、转体、收腹、挥臂击球后上部 难点:基本动作的连贯协调;在学、练、赛情境中,合理运用技战术

课时	教学内容	教学目标	重点、难点	主要教学方法与手段
1	学习排球理论知识素养:排球的起源、发展及文化	1.懂得排球的锻炼价值,使学生具有积极参与体育运动的态度和行为 2.通过具身学习,培养学生积极主动、团结合作、顽强拼搏的精神;具有规则意识、责任意识;有效调控情绪,能较快适应各种比赛环境	重点:排球锻炼价值与文化 难点:排球运动对养成学生良好行为习惯的影响	1.室内理论课,多媒体讲解式教学,介绍排球运动及其锻炼价值与文化 2.创设小组间的相互交流,利用比较、讲解、示范的教学方式,加强具身感性认识,强调学生间的交流 3.巡视指导,适时提示 4.提示:本课可以利用雨天上
2	学习排球理论知识素养:观看排球比赛、学习裁判规则	1.通过观赛,讲出排球的基本知识和专用术语、裁判规则 2.明确排球学习的内容、目标及考评方法	重点:排球的基本知识和裁判规则 难点:运用规则	1.教师提问,介绍排球特点,观看比赛,解读竞赛规则 2.播放视频,引导学生思考 3.提示:排球规则教学结合实践课实施;本课可以在雨天上

137

续表

课时	教学内容	教学目标	重点、难点	主要教学方法与手段
3	学习排球垫球技术及发展体能	1.基本掌握垫球的基本技术,在各种形式的比赛中明确垫球技术的价值与作用 2.发展体能,调控情绪,适应课堂环境 3.在垫球学练和体能锻炼中培养刻苦耐劳的精神	重点:垫球手型和击球点与部位 难点:垫球部位准确和上下肢协调配合	1.讲解示范,启发诱导,概括归纳,提出要点,展开教学 2.采取个人练习与分组练习相结合的形式,进行多种方法的练习:(1)垫固定球练习;(2)自抛球后垫出;(3)一抛一垫球练习 3.鼓励展示、合作交流,适时指导学生进行学练素质练习 4.体能学练
4	复习排球垫球技术及发展体能	1.体验垫球的乐趣,激发学练兴趣 2.进一步改进垫球不均力量调控等问题,发展体能 3.在小组学练中,培养团结共进、遵守规则的意识和较强的凝聚力	重点:垫球力量调控均匀 难点:动作协调配合	1.播放上节课的练习视频,结合已学知识发现不足,引导学生根据不足进行有针对性的学练 2.根据不同水平设置不同学习任务:优秀者可对垫或隔网对垫;一般者可对墙垫球;薄弱者可自垫或抛垫 3.垫球积分比赛 4.体能学练
5	巩固排球垫球技术及发展体能	1.进一步认知排球垫球的方法要点,在抛垫球时能够有意识地通过移动寻找正确的落点接球 2.在隔网模拟比赛情境下能灵活移动脚步并运用垫球技术接球、垫球,发展体能 3.在小组合作探究中激活旧知、融合新知,培养良好的团队精神,提高责任心和凝聚力	重点:脚步移动与击球时机 难点:移动垫球时全身协调用力	1.通过播放上节课的比赛视频,总结经验,发现不足,分组自主学练,互帮互纠 2.利用标识贴辅助教学,进一步明确触球部位 3.游戏练习巩固步法与垫球技术的紧密结合,提高学练兴趣 4.在隔网比赛情境下体会步法与垫球技术的密切联系 5.在学练过程中具身学习排球规则 6.体能学练

续表

课时	教学内容	教学目标	重点、难点	主要教学方法与手段
6	学习排球传球技术及发展体能	1.能够在各种形式的传球比赛中体验排球运动的乐趣,遵守规则,团结队友,互帮互助,在各种形式的比赛中明确传球的重要性 2.基本掌握传球基本技术,发展体能 3.在传球学练及体能锻炼中培养刻苦耐劳的精神	重点:传球的手型和击球点 难点:主动迎击球,上下肢协调配合	1.通过观看中国女排比赛视频,明确步法、传球技术的动作结构和重要性 2.在多种形式的比赛中体会传球的正确手型和手法,找准传球时的击球点,形成正确的动作方法 3.利用信息技术,剖析动作结构,在积极体验与展示中交流指正、改进动作 4.体能学练
7	改进和提高排球传球技术和体能	1.进一步掌握移动中传球的要点,发展体能 2.在分层模拟比赛情境下将球传到指定区域 3.在小组的合作探究中发现、分析并解决问题	重点:正确的传球手法和用力顺序 难点:步法和手法协调配合	1.通过播放上节课的比赛视频,总结经验,依据不足探究解决方法,自主学练,互帮互纠 2.利用地标或是标志物辅助教学,明确传球位置,并通过"传准"比赛促进步法与传球技术的紧密结合,提高学练兴趣 3.在比赛情境下体会协作与配合,并学习规则 4.体能学练
8	学习垫、传配合技术及发展体能	1.进一步认知排球垫、传技术的运用方式,在隔网模拟比赛情境下能够有意识地通过移动寻找正确的落点,灵活选择和运用垫球或传球技术完成攻守 2.调控课堂情绪,适应环境,掌握垫、传配合技术安全知识 3.运用已学的知识和技能解决问题,培养团队合作精神,面对挫折时不气馁、坚持到底	重点:垫球的准确性和传球的稳定性 难点:比赛中合理选择垫球、传球技术	1.通过分组自主学练,互帮互纠,思考及探究垫、传技术的选用时机 2.设计不同形式的比赛,提高垫球和传球技术的稳定性,以积分制培养学生的凝聚力和责任心 3.设计不同水平层次的比赛情境,体会垫、传配合技术,并能合理地选择和运用其技术展开攻防 4.发展体能

139

续表

课时	教学内容	教学目标	重点、难点	主要教学方法与手段
9	学习正面上手发球技术:身体姿势、抛球、挥臂;发展体能	1.认知技术动作要领,建立正确的技术动作概念,发展体能 2.初步掌握正面上手发球技术的抛球与挥臂动作要点,在学练中基本做到抛球高度适中方向正;挥臂路线正确方向正,抛、引、挥动作协调 3.培养学生积极思考、主动参与学习的行为	重点:抛球高度与方法,挥臂路线与方向 难点:抛球稳、准;挥臂快速方向正	1.介绍发球在排球比赛中的作用,观看挂图,获取直观表象 2.利用讲解与示范的教学方式,建立动作概念 3.徒手模仿练习,抛球练习,击固定球练习;加强小组间的交流,体会动作用力顺序,体验抛、击球练习,适时提示注意动作的规范性,感知动作要点,体会正确的协调用力方法 4.抛球击物小游戏 5.素质练习
10	复习排球正面上手发球技术及发展体能	1.进一步改进正面上手发球技术动作的要点,明确发球在比赛中的重要作用 2.发展学生的身体协调性、有效提高身体素质,同时学会练习中的自我安全防范 3.培养自觉遵守纪律、主动参与学习的意识	重点:挥臂速度与击球力度 难点:协调用力击准球	1.启发诱导学生进入学习:近距离对墙(网)发球;两人一组短距离对发球;短距离隔网对发;端线后发球练习 2.发球比准小游戏。引导学生进行分析讨论,正确评价自己,关注学习过程中的个体差异 3.素质练习
11	学习正面屈体扣球技术及发展体能	1.了解技术动作要领,建立正确的技术动作概念 2.初步掌握正面屈体扣球技术的挥臂动作要点,发展体能 3.让学生乐于学习,主动参与体验排球运动的乐趣	重点:击球点与击球部位 难点:准确判断,正确取位	1.介绍扣球在排球比赛中的作用,观看挂图,获取直观表象 2.讲解与示范,加强感性认识 3.具身学练:徒手模仿练习,击固定球练习,体验原地抛击球练习;小组间相互交流,体会动作用力顺序;感知动作要点,体会正确的协调用力方法 4.体能练习

续表

课时	教学内容	教学目标	重点、难点	主要教学方法与手段
12	改进正面屈体扣球技术及发展体能	1.进一步巩固扣球正确击球手型和挥臂的动作要领:引身—屈体—挥臂—击球全过程 2.发展全面体能 3.培养学生勇于挑战的意志品质,培养学生的运动兴趣	重点:击球用力与手型 难点:扣球时全身协调用力及对球的控制	1.复习原地扣固定球 2.原地单手屈体扣球 3.原地屈体扣地面反弹球 4.原地屈体扣自抛球 5.体能练习
13	提高正面屈体扣球技术及发展体能	1.基本掌握两步助跑扣固定球技术 2.提高学生的弹跳能力、速度和力量等身体素质 3.在扣球和体能练习中,培养学生形成顽强果断的品质,让学生敢于面对困难,勇于挑战自我	重点:挥臂路线与方向,击球点与击球部位 难点:助跑与起跳的衔接,腰腹用力	1.启发引导进入学习,提出问题,鼓励思考 2.采用自主练习和合作交流的形式,强调互帮互学 3.具身分组练习:原地屈体扣地面反弹球;原地屈体扣自抛球;原地屈体扣传球 4.素质练习
14	学习发传垫扣配合技术及发展体能	1.初步学习发传垫扣配合技术,感知技术动作组合 2.发展体能 3.培养良好的团队精神和合作意识,面对挫折时不气馁、坚持到底	重点:发球的准确性和扣球的稳定性 难点:比赛中合理运用发传垫扣配合技术	1.分组自主学练,思考及探究垫、传技术的选用时机 2.利用不同形式的比赛,提高发传垫扣配合技术的稳定性 3.设置不同层次水平的比赛情境,体会发传垫扣配合技术,并学会合理地选择和运用 4.素质练习
15	学习排球中一二进攻战术及发展体能	1.认知排球中一二进攻战术的价值 2.初步学习排球中一二进攻战术 3.发展体能	重点:中一二进攻战术的配合 难点:在比赛中运用中一二进攻战术	1.复习排球传扣组合技术 2.感知排球中一二进攻战术 3.中一二进攻无球跑位与位置轮转练习 4.体能练习

续表

课时	教学内容	教学目标	重点、难点	主要教学方法与手段
16	复习中一二进攻战术及发展体能	1.改进排球中一二进攻战术 2.提高排球比赛的技战术运用能力 3.发展体能	重点:中一二进攻战术的配合 难点:比赛时中一二进攻战术的合理运用	1.发球、垫球及传球组合技术练习 2.排球中一二进攻战术阵型练习 3.设置排球比赛,学习规则与裁判法 4.体能练习
17	实践考核:比赛情境下裁判法与基础知识考核	1.掌握排球基础知识和裁判法 2.提升比赛情境下排球基本技术的运用能力	重点:基础知识和裁判法考核 难点:比赛情境下排球基本技术的运用能力	1.介绍考核的流程,安排比赛和裁判工作等 2.设置真实排球比赛 3.基础知识和裁判法考核
18	实践考核:比赛情境下排球基本技术的运用能力	1.在排球比赛情境下,提升基本技术的运用能力 2.承担不同的比赛角色,培养社会责任意识	重点:技战术运用能力 难点:客观与公正评价	1.介绍比赛流程,安排裁判员、记录员、宣传员等 2.设置真实情境下六对六排球比赛 3.技战术运用能力的考核

5.水平四八年级排球具身教学大单元流程图(图5-4)

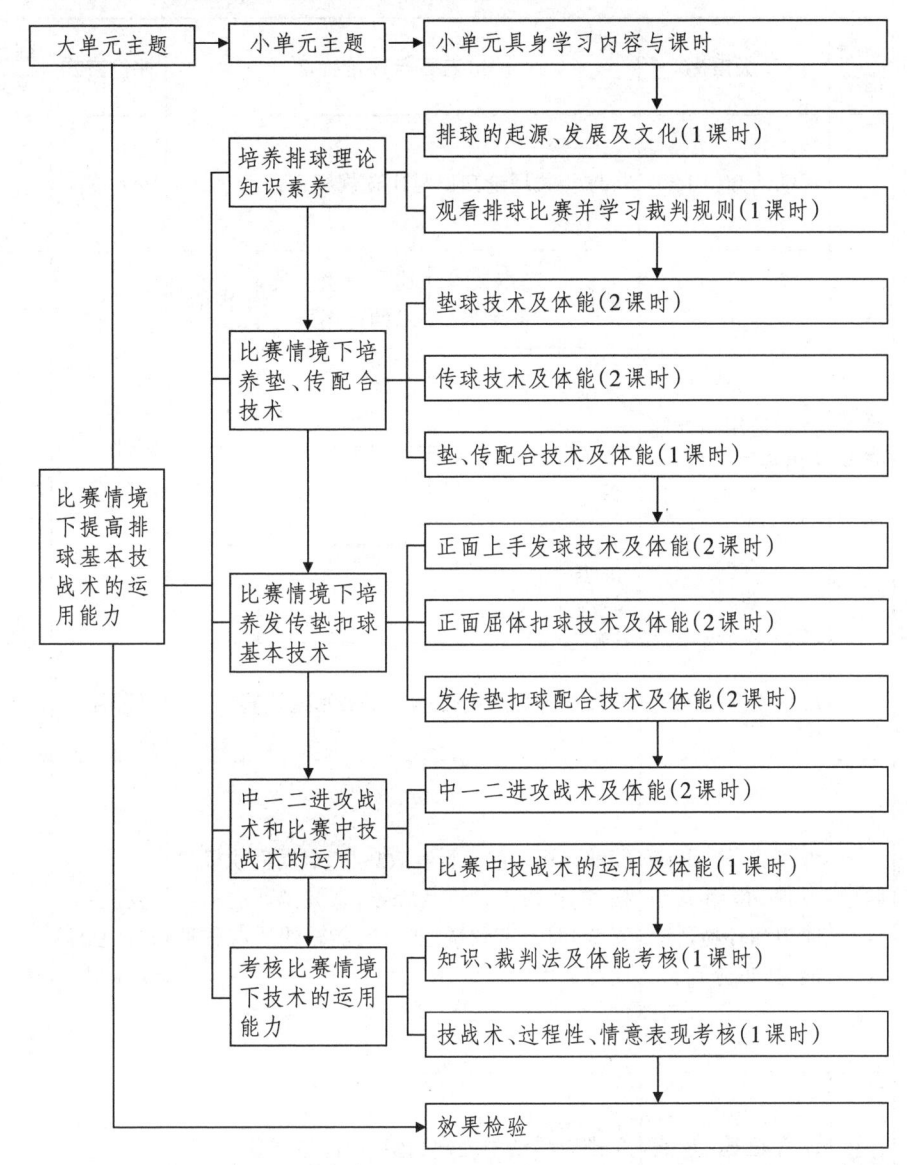

```
大单元主题 → 小单元主题 → 小单元具身学习内容与课时

培养排球理论知识素养
  ├─ 排球的起源、发展及文化(1课时)
  └─ 观看排球比赛并学习裁判规则(1课时)

比赛情境下培养垫、传配合技术
  ├─ 垫球技术及体能(2课时)
  ├─ 传球技术及体能(2课时)
  └─ 垫、传配合技术及体能(1课时)

比赛情境下提高排球基本技战术的运用能力

比赛情境下培养发传垫扣球基本技术
  ├─ 正面上手发球技术及体能(2课时)
  ├─ 正面屈体扣球技术及体能(2课时)
  └─ 发传垫扣球配合技术及体能(2课时)

中一二进攻战术和比赛中技战术的运用
  ├─ 中一二进攻战术及体能(2课时)
  └─ 比赛中技战术的运用及体能(1课时)

考核比赛情境下技术的运用能力
  ├─ 知识、裁判法及体能考核(1课时)
  └─ 技战术、过程性、情意表现考核(1课时)

效果检验
```

图5-4 水平四八年级排球具身教学大单元流程图

6.水平四八年级排球具身教学单元评价方案

排球大单元整体教学评价以《义务教育体育与健康课程标准(2022年版)》为依据,以具身体育理论为指导思想,围绕学科核心素养构建单元教学的评价。(表5-3)

表5-3 水平四八年级排球具身教学单元评价方案

一级指标	二级指标	评价内容与评价标准				评价方式	综合评分
运动能力	运动认知(10分)	排球相关理论知识与比赛规则				纸笔测试	
	技术运用与体能(40分)	项目	基本技术的掌握	比赛情境下技术的运用能力	体能	定量定性终结性	
		学中					
		学完					
		进步幅度					
	展示比赛(10分)	积极参加班级内排球小组展示或比赛				过程性	
健康行为	锻炼意识、锻炼习惯、情绪调控能力和环境适应能力(20分)	能够在运动前进行有效热身,运动后积极放松,能积极主动进行练习,掌握排球运动的安全知识,有效调控情绪,能较快适应各种比赛环境				过程性自评互评	
体育品德	体育道德、体育品格、体育精神(20分)	在排球活动中表现出负责任、敢于担当、积极进取、顽强拼搏的良好品质;比赛中诚实守信,具有公平竞争的意识和行为				过程性自评互评	
总分						等级	

(二)具身体育高中模块教学模式设计运用案例

运用案例:篮球模块1—3教学内容要求、学习要求、教学建议及评价要求。(表5-4)

表5-4　篮球模块1—3教学内容要求、学习要求、教学建议及评价要求

模块	内容要求	学习要求	教学建议	评价要求
1	1.1 了解篮球运动的起源、特点、发展;掌握篮球动作技术、组合动作技术、个人战术和局部技术的基本原理;认识篮球运动对养成良好的锻炼、饮食、作息和卫生习惯的作用 1.2 了解篮球规则:运球、持球移动和球回后场的违例及罚则 1.3 基本掌握篮球进攻移动:变向跑、变速跑及侧身跑;防守步法:前、后及侧滑步 1.4 基本掌握篮球进攻	1.1 运动能力:懂得篮球运动的锻炼意义、价值、原理、规则及特点;感知篮球运动的时间和空间,学会运用基本知识和技能,较好解决篮球学、练及赛中的问题;基本掌握篮球进攻移动和防守步法,准确做出变向跑、变速跑及侧身跑,移动速度快,前、后及侧滑步,步伐连贯,保持低重心;基本掌握双手胸前和头上传接球技术,明确传接球手型、姿势、路线及用力顺序;基本掌握原地单手肩上投篮,正确做出投篮时下肢先用力蹬地、身体伸展、伸臂、翻腕、拨指投球、手臂跟送;基本掌握高/低运球和体侧运球,运球连贯协调,臂和腕随球自然屈伸,运球于两脚之间,身体和异侧臂护球;较熟练掌握行进间单手肩上投篮,运球、跨大步接球、较小步用力跳起、举臂、伸臂、屈腕、拨球,动作连贯,较熟练。基本掌握防守打球、抢球和断球,做出准确的判断、快速的移动及合理	1.1 引导学生采用多种熟悉球性的练习方法,如从原地双手手指、手腕由近至远端(往返)拨球、围绕身体下肢和躯干及颈部顺时针(逆时针)方向绕球、胯下交叉画"8"字形等;从原地过渡到行进间的高低、左右、前后及胯下交叉画"8"字形运球等,加强弱侧手(如左手)的球性练习,全面增强学生的球感 1.2 指导学生在实践课中,特别是在比赛过程中学习有关规则,这既有助于增强学生对篮球比赛规则的理解,又能培养学生遵守规则的意识 1.3 在进行篮球单项技术的教学时,避免让学生采用单个静态的学练手段,注意不要过度强调动作技术的细节,应引导学生在运动中反复学练,提高学生单项技术的熟练程度;应合理安排学练内容与方式,提高学生的运动密度和强度,如在固定区域内自由运球相互打球、抢球等游戏,绕标志杆运球比赛,全场或半场传接球接力比赛,定点自投自	1.1 运动能力(80%): 运动认知(10%):考核篮球运球、持球移动和球回后场的违例及罚则 运动技能(40%):考核篮球全场往返运球上篮、一分钟定点自投自抢、半场二对二比赛 体能(30%):考核800/1000米跑(参考《国家学生体质健康标准(2014年修订)》)、全场往返传接球、五米三向折返运球 1.2 健康行为(10%):通过平时上课师评、自评、互评,以及课外的自评进行考核。包括参与课内外体育运

续表

模块	内容要求	学习要求	教学建议	评价要求
1	技术：双手胸前、头上传接球、原地单手肩上投篮、高/低运球和体侧运球；较熟练掌握行进间单手肩上投篮；基本掌握防守技术：打球、抢球和断球、抢篮板球 1.5基本掌握篮球进攻组合技术：摆脱—上插—下顺、移动接球—运球—传球；防守组合技术：抢、断球—传球 1.6基本掌握篮球进攻战术：传切配合与突分配合；防守战术：挤过、穿过和绕过配合。积极参与二攻一、二攻二、一防二的活动和比赛	的手部动作；基本掌握抢篮板球，做出合理判断和积极争抢位置；基本掌握组合技术：摆脱—上插—下顺进攻移动，移动接球—运球—传球，准确掌握进攻组合中相互配合动作、时机和移动线路；基本掌握防守组合中断球—传球，能做好防守时提前预判，上前防守准备，选择恰当时机，移动迅速果断，上去抢球或破坏球；基本掌握篮球进攻战术传切配合与突分配合，防守战术的挤过、穿过、绕过配合，传切配合中传球到位、时机好、路线对、切入的动作连贯，突分配合中突破动作连贯、节奏变化，分球到位、时机好、路线对、切入的动作连贯，挤、穿和绕过配合防守时移动迅速、补位合理、动作准确。基本掌握二攻一、二攻二的比赛方法，拉开与同伴的距离，通过传接球推进，当持球人接近对手时，能根据防守人位置和所学战术采用投篮或者传球；一防二，预先占据篮前5米的中间位置，利用假动作，争取让对手停球或者失误，延误对方进攻速度，对方投篮时积极	抢比赛等，利用游戏和比赛情境，促进学生运动技能和体能的发展，激发学生的学习兴趣和热情 1.4在进行进攻运球—传球—接球—投篮和防守的抢、断球—传球等组合动作技术教学时，要提示学生注意技术之间的衔接和连贯，让学生先自主体验组合动作技术，再分组设置有防守情境的组合攻防练习；先一防二降低防守难度，再到二防二攻防技术组合转换练习，逐步培养学生自主学习、合作学习的能力 1.5每节课不能只教一项技术，应该指导学生进行多种技术相结合的学练，并在游戏和比赛情境中加强动作技术的运用与提高，使学生尽早体验完整的篮球运动的乐趣和价值，培养学生运用综合知识和技能解决问题的能力 1.6在进行个人战术、局部战术的教学时，要让学生在对抗的情境下进行练习，如一对一练习中，进攻时如何突破过人，防守时如何盯人、压迫；在进行二攻一和二攻二练习前，先指导学生掌握基本的两人配合，如进攻传	动和比赛、调节控制情绪、适应环境、养成健康的生活方式等健康行为 1.3体育品德（10%）：课堂表现和半场二对二比赛表现进行考核。包括不怕困难、积极进取、遵守规则、正确对待胜负、团队合作和公平竞争等体育品德

续表

模块	内容要求	学习要求	教学建议	评价要求
1	1.7 参与篮球运动一般体能和专项体能练习 1.8 了解国内篮球比赛并作简要评价 1.9 懂得篮球运动对培养优秀体育品德的作用	封盖。观看国内篮球比赛并做简要评价；初步掌握篮球运动一般体能和专项体能的练习；如800/1000米跑、五米三向折返跑及平板支撑等一般体能练习；专项体能练习如连续纵跳摸高、全场往返运球、连续抢篮板球打板接力及各种步伐移动等。提高篮球运动的一般体能和专项体能水平 1.2 健康行为：适应篮球运动的环境，掌握科学的锻炼方法，形成良好的锻炼习惯 1.3 体育品德：在学练赛中，能表现出自尊自信、遵守规则、不怕困难和文明礼貌等体育品德	切与突分等局部配合，然后指导学生练习如何跑位与掩护后的拆分配合等，逐步提高学生在比赛中主动观察和快速决策的能力 1.7 根据2022版新课标要求，每节课都应安排一般体能和专项体能的练习，采用合理有趣、丰富多样、实用有效、安全可靠的内容和方式进行体能教学，注重学生体能发展的个体差异和性别差异，注重因材施教、区别对待。如800米跑、平板支撑、连续纵跳摸高及五米三向折返跑等一般体能练习；各种步伐移动、篮板球打板接力及全场往返运球等专项体能练习。这既有助于增强学生的体能，提高动作技术和理论基础配合的水平，又能培养学生吃苦耐劳、坚韧不拔的意志品质 1.8 通过课堂、电视、网络、图书报刊等途径，观看或者收听与篮球运动相关的知识或者事件，逐步提高学生的篮球运动认知水平 1.9 通过创设情境的课堂教学比赛，使学生表现出一定的合作能力、意志品质、不怕困难和文明礼貌的品格	

续表

模块	内容要求	学习要求	教学建议	评价要求
2	2.1 了解篮球动作技术、组合动作技术、个人战术及局部技术的基本原理和特点；掌握篮球运动相关技战术应用的安全知识与方法；认识篮球运动的应用意义与锻炼价值 2.2 了解篮球规则：脚踢球、拳击球、时间的违例及罚则 2.3 基本掌握篮球进攻移动：跨步和跳步急停，双脚与单脚跳；防守步法：后撤步、攻击步和碎步 2.4 基本掌握篮球进攻技术：低手和反弹传接球、体前变向不换手与换手运球、	2.1 运动能力：懂得篮球运动的动作技术、组合动作技术、个人战术及局部技术的原理、规则及运用；篮球运动的安全防护知识与方法；较准确感知篮球运动的时间和空间，学会基本知识和技能，解决篮球学、练及赛中的问题；基本掌握篮球进攻移动和防守步法，准确做出进攻移动中跨步和跳步急停，双脚与单脚跳，速度快，节奏清晰，防守步法中后撤步、攻击步及碎步，保持身体重心；基本掌握低手和反弹传接球技术，明确传接球手型、姿势、线路及用力顺序；基本掌握体前变向不换手与换手运球，臂和腕能在运球时随球自然屈伸，节奏变化，动作连贯协调，重心转换，运球于两脚之间，身体和异侧臂护球；基本掌握背后运球和胯下运球，能做出背后运球的向后拉球与另外一手的配合运球，胯下运球的运球方向与时机，全身的协调配合，身体和异侧臂保护好球；较熟练掌握原地单手肩上投篮，正确做出投篮时下肢用力蹬地、身体伸展、伸臂、翻腕	2.1 在进行篮球动作技术的教学时，让学生在反复练习的基础上初步掌握单项动作技术，要重视让学生尝试进行从左右两边突破练习、体前变向不换手与换手运球练习，在掌握一定动作技术的基础上增加有防守人防守的练习，提高学生对篮球技术的运用能力。此外，要注意创设比赛情境，让学生在比赛情境中反复运用动作技术，通过实战演练提高动作技术水平； 2.2 在进行篮球组合动作技术的教学时，应通过有效的教学方法促使学生掌握动作技术之间的衔接，保持动作技术的连贯性，体验内压急停摆脱—侧身跑外拉—接球—体前变向运球—原地单手肩上投篮进攻组合技术；抢、断球接传（或运）球防转攻组合技术。在教授接球—体前变向运球—原地单手肩上投篮进攻组合动作技术时，可在体前变向运球和投篮位置前设置标志物，在此基础上过渡到二对二有人防守的练习。同时，要引导学生在比赛情境中反复运用和强化组合动作技术，提高学生学以致用的能力；	2.1 运动能力（80%）： 运动认知（10%）：考核篮球比赛脚踢球、拳击球、时间的违例及罚则； 运动技能（40%）：考核篮球体前变向不换手与换手运球、背后运球、胯下运球、传接球的全场往返组合、半场三对三比赛； 体能（30%）：考核一分钟跳绳、纵跳摸高、前后左右步伐移动 2.2 健康行为（10%）：通过平时上课师评、自评、互评，以及课外的自评进行考核。包括参与课内外体育运动和比赛；自我健康管理；饮食、作息和卫生习惯；控制体重，远离不良嗜好，改善健康状况等

148

续表

模块	内容要求	学习要求	教学建议	评价要求
2	背后运球、胯下运球；较熟练掌握原地单手肩上投篮；熟练掌握行进间单手肩上投篮；基本掌握防守技术：防有球队员的投篮和运球突破 2.5 基本掌握篮球组合进攻技术：内压急停摆脱—侧身跑外拉、接球—体前变向运球—原地单手肩上投篮；防守组合技术：防守的抢、断球—传（运）球 2.6 基本掌握篮球进攻战术：掩护配合和策应配合；防守战术：交换、关门和夹击配合。积极主动参与三对二、三对	拨指投球、手臂跟送，动作连贯，命中率高；熟练掌握行进间单手肩上投篮，运球、跨大步接球、较小步用力跳起且充分伸展有滞空、举球、伸臂、翻腕、拨球，动作连贯且协调、熟练，节奏清晰，命中率高。基本掌握防守投篮和突破，做出准确的判断、快速的移动及合理的手部动作；基本掌握篮球组合技术内压急停摆脱—侧身跑外拉，接球—体前变向运球—原地单手肩上投篮，准确地做出进攻组合中相互配合动作、时机和跑动线路；基本掌握抢、断球—传（或运球）的防守技术，防守时能做到提前预判、准备、选择时机及迅速移动抢、断球—传（运）球；基本掌握篮球进攻战术掩护配合和策应配合，防守战术中交换、关门及夹击配合，能掌握掩护配合的意识、时机、移动、合理位置和动作，策应配合的意识、时机、移动、合理位置、接球与传球动作隐蔽，防守中协防意识、移动快、交换和关门及时、合理夹击动作；基本掌握三攻二的比赛方法，进攻方三人拉开距	2.3 在进行局部战术配合的教学时，要让学生熟练掌握进攻基础配合方法，如掩护配合和策应配合等，在此基础上组织小组对抗练习，引导学生学练如何跑位、掩护配合和策应配合；二防三时如何抢占有利位置，合理利用假动作，造成攻方失误或者延缓速度，当一侧上前防守，另外一侧及时退守中间防守，看准时机断球等，既能增强学生的技战术运用能力，又能培养学生的合作意识和能力 2.4 侧重指导学生进行三攻二、二防三的教学比赛，引导学生将基本的技战术运用于实战情境中，逐步培养学生分析问题和解决问题的能力，不断提高学生的心理调控能力、合作精神和公平竞争意识 2.5 每节课安排专项体能和一般体能的练习，采用趣味性较强、针对性强、实用性强、丰富多彩的内容和方式实施体能教学，因材施教、区别对待，注重个体差异和性别差异的学生体能发展。如一分钟跳绳、引体向上/斜身引体及各种跳跃练习等一般体能练习；各种步伐	2.3 体育品德（10%）：通过课堂表现和半场三对二比赛进行考核。包括不怕困难、诚信自律和相互尊重等体育品德

续表

模块	内容要求	学习要求	教学建议	评价要求
2	三的活动和比赛 2.7 积极参与篮球运动一般体能和专项体能练习 2.8 了解国内外篮球比赛并做出评价 2.9 懂得篮球运动对培养优秀体育品德的作用	离,中间人运球突破,防守方哪一侧队员上来防守将球传给哪一侧,如不上来防守则直接突破投篮;二防三,抢占有利位置,合理利用假动作,造成攻方失误或者延缓速度,当一侧上前防守,另外一侧及时退守中间防守,看准时机断球。观看国内外重要篮球比赛并做出评价; 初步掌握篮球运动一般体能和专项体能的练习。一般体能练习有各种跳跃、一分钟跳绳及引体向上/斜身引体等练习;专项体能练习有全场或半场跑动投篮、连续纵跳摸篮板(网)及各种步伐移动练习等。提升一般体能和专项体能的水平 2.2 健康行为:参与校内外体育锻炼。进行自我健康管理,养成良好的饮食、作息和卫生习惯,控制体重,远离不良嗜好,改善健康状况 2.3 体育品德:在学练赛中,能表现出不怕困难、诚信自律和相互尊重等体育品德	移动、全场或半场运球投篮及连续纵跳摸篮板(网)等专项体能练习。增强学生的体能,为提高学生技战术的运用能力和实战能力奠定良好的基础 2.6 教授学生篮球比赛脚踢球、拳击球等违例及罚则,结合篮球运动实践提高学生对比赛规则的理解,培养学生遵守规则的意识 2.7 指导学生运用篮球运动自我锻炼,学会锻炼方法,养成良好的习惯 2.8 通过课堂教学展示活动、观看现场比赛、电视或者网络收看与收听等多种途径,使学生进一步了解篮球运动,提高篮球运动认知水平 2.9 通过创设情境的课堂教学比赛,使学生表现出不怕困难、诚信自律和相互尊重等体育品德	

续表

模块	内容要求	学习要求	教学建议	评价要求
3	3.1 了解篮球动作技术、组合动作技术、个人战术及局部技术的基本原理和特点；掌握篮球运动相关技术、战术应用的安全知识与方法；实践应用与锻炼方法 3.2 了解篮球规则：干扰球、球出界和掷界外球的违例及罚则 3.3 基本掌握篮球进攻移动：前与后转身动作；防守步法：绕前与绕后步 3.4 基本掌握篮球技术：单手肩上、体侧、勾手及背后传接球、原地跳起单手肩上投篮、运球急停急起、交叉步	3.1 运动能力：懂得篮球运动的实践应用意义与锻炼价值及锻炼方法；动作技术、组合动作技术、个人战术及局部技术的原理、规则及运用；篮球运动预防伤害的知识与方法；准确感知篮球运动的时间和空间，学会运用综合知识和技能，判断、分析和解决篮球学、练及赛中的问题；基本掌握篮球进攻移动和防守步法，熟练做出进攻移动的前与后转身动作，速度快，节奏清晰，防守移动中绕前与绕后步，保持身体低重心；基本掌握单手肩上、体侧、勾手及背后传接球，明确传接球的手型、姿势、线路及用力顺序；基本掌握原地跳起单手肩上投篮，正确做出原地垂直向上起跳、双手持球上举、伸臂、翻腕、拨指投球、空中身体保持平衡，出手动作连贯，落地屈膝缓冲；基本掌握运球急停急起，能做出跨步急停低重心，急起下肢蹬地加速提重心；熟练掌握交叉步持球突破，交叉步的变向突破，重心和节奏变化，全身协调配合，身体和异侧臂保护好球；基本掌握防守中防有	3.1 在进行动作技术教学时，可以创设练习情境让学生反复练习，如单手肩上、体侧、勾手及背后传接球和防守球队员的传球等。同时，让学生在二对二、三对三、四对四的比赛情境中运用和强化这些动作技术，培养学生的动作技术运用能力 3.2 在进行篮球组合动作技术教学时，通过有效的教学方法促使学生掌握好动作技术之间的衔接，保持动作技术的连贯性，如让学生学练摆脱—向内侧身跑纵切、起动—向外侧身跑—后转身插中接—传球、接球—运球急停急起—行进间单手肩上投篮、防有球的前锋和有球后卫组合技术。组织半场或全场二对二、三对三、五对五练习，在对抗情境中反复运用和强化这些组合动作技术，提高学生运用组合动作技术的能力 3.3 在进行长传快攻、短传与运球结合快攻的攻防战术教学时，进攻时先不设防守主要体会战术，再变为一名防守，最后逐步增加到人数相等的防守，由易到难，让学生体会到不同强度的防守，增	3.1 运动能力（80%）： 运动认知（10%）：考核篮球出界、掷界外球及干扰球的违例及罚则； 运动技能（40%）：考核原地跳起单手肩上投篮、交叉步持球突破、半场五对五比赛； 体能（30%）：考核 4×28 米折返跑、立卧撑、半场往返运球投篮 3.2 健康行为（10%）：通过师评、自评及互评进行考核。包括参与课内外体育运动和比赛；篮球运动安全知识，预防运动损伤，运动损伤的处理方法等运动行为与安全意识 3.3 体育品德（10%）：通过课堂表现和半场三对三、五

151

续表

模块	内容要求	学习要求	教学建议	评价要求
3	持球突破；防守技术：防有球队员的传球 3.5 基本掌握篮球进攻组合技术：摆脱—向内侧身跑纵切、起动—向外侧身跑—后转身插中接—传球、接球—运球急停急起—行进间单手肩上投篮；防守组合技术：防有球的前锋和有球后卫组合技术 3.6 基本掌握篮球战术：长传快攻、短传结合运球快攻；防守战术：防长传快攻、短传与运球结合快攻战术；运用所学技战术积极参与班内三对三和五对五比赛	球队员的传球，做出准确的判断、快速的移动及合理的身体动作；基本掌握篮球组合技术摆脱—向内侧身跑纵切；起动—向外侧身跑—后转身插中接—传球；接球—运球急停急起—行进间单手肩上投篮，较好地做出进攻组合的相互配合动作、时机、跑动线路及投篮；基本掌握防有球的前锋和有球后卫组合技术，能做好防守时提前预判，把握恰当时机，选择能断到球的位置，移动迅速果断，根据有球前锋和有球后卫做出的突破、传球及投篮等进攻技术，采用相应的步伐移动—起跳等防守动作组合；基本掌握长传快攻、短传与运球结合快攻篮球进攻战术，能做好长传球的时机、路线及恰当位置，接球人的侧身跑、接球及上篮动作连贯，短传与运球结合快攻的及时传球、传球时机、有效突破及上篮动作连贯；基本掌握篮球防守快攻战术，能做到相互协助封堵第一传球与截断接应，其余防守人快速退守的意识和动作方法；基本掌握三对三比赛方法，能合理运用篮球技战	强学生应对不同情境的对抗能力 3.4 在班内安排三对三教学比赛，让学生完整地体验篮球比赛的乐趣，逐步加深对篮球运动的整体理解，提高运用综合知识和技能解决问题的能力。同时，要求学生发扬团结奋进、挑战自我、敢于拼搏的精神，具有遵守规则、公平公正、相互尊重的体育道德，正确对待比赛结果，做到胜不骄、败不馁，保持良好的心态 3.5 根据新课标要求，每节课均应安排8—10分钟的体能练习，练习内容要有针对性和多样性，方法要有趣味性和安全性，尽量做到"补偿性"的体能设计与实施，并能因材施教，关照学生的体能个体差异性。如30米折返跑、立卧撑、多级跳、1200米跑、1500米跑、全场传接球上篮、连续跑位投篮及各种步伐移动等一般体能和专项体能练习。为提高学生三对三的篮球比赛能力奠定良好的体能基础，培养学生勇敢顽强、坚韧不拔的意志品质 3.6 引导学生在课外或校外参加篮球比赛并学会应用技战术。结合实践	对五比赛进行考核。包括克服困难、公平公正、团队合作、正确对待比赛胜负和社会责任感等体育品德

续表

模块	内容要求	学习要求	教学建议	评价要求
3	3.7 积极主动参与篮球运动一般体能和专项体能练习 3.8 了解国内外主要篮球比赛,并能做简要的技术分析 3.9 懂得篮球运动对培养优秀体育品德的作用	术进行进攻与防守的相互配合;基本掌握半场五对五人盯人战术的比赛,能简单运用篮球技战术和规则进行进攻防比赛;观看并能用专业术语与同伴交流国内外主要篮球比赛中双方应用的技战术;如基本掌握篮球运动一般体能和专项体能的练习,如立卧撑、多级跳、30米折返跑及1200米跑、1500米跑等一般体能练习,全场传接球投篮、连续跑位投篮及各种步伐移动等专项体能练习,发展综合体能水平 3.2 健康行为:积极主动参加校内外体育锻炼。在篮球运动的复杂环境中能自我调控情绪,保持乐观开朗心态,善于与他人合作 3.3 体育品德:在学练赛中,能表现出克服困难、公平公正、团队合作、正确对待比赛胜负和社会责任感等体育品德	学会篮球裁判规则相关的违例及罚则,增强学生对比赛规则的理解和运用能力 3.7 指导学生了解篮球运动安全知识,预防运动损伤,学会运动损伤的处理方法;使学生养成良好的运动行为,形成安全意识 3.8 通过课堂教学展示活动或网上观看比赛,用专业术语与同伴简单交流比赛双方应用的技战术,以便进一步了解篮球运动,提高篮球运动认知水平; 3.9 通过创设情境的课堂教学比赛,使学生表现出克服困难、公平公正、团队合作、正确对待比赛胜负和社会责任感等体育品德	

三 具身体育课时教学模式的设计思路

具身体育课时教学模式的设计是依据具身体育单元要求,树立"健康第一"的指导思想,培养学生的学科核心素养。设计具身体育课时教学模式前,应充分了解课程教学对象的身心特点和已有的知识与技能基础,为设计具身教学策略奠定基础;充分了解课程教材内部结构和本课在单元教学中的地位与作用,以确定各个课时的重点与难点。

确定具身体育课时的指导思想、教学目标、教学对象与教材后,接下来就是构建课的教学模式。课的教学模式分成四个部分,第一部分是开始部分,该部分主要设置"心理集中练习",既集中注意力,又符合"身心一体"的具身要求。第二部分是热身部分,该部分设置慢跑、徒手操和辅助练习,慢跑与徒手操是根据体育课程实践的特点,活动身体关节与肌肉以避免受伤,同时在心理上做好上课承受运动负荷的思想准备,辅助练习主要练习本专项运动技能的简单动作,可以提高课程教学的连贯性,起到承上启下的作用。第三部分是学习提高部分,该部分大概有4—6个教学步骤:一是先让学生体验课的技能动作,再进行示范讲解教学,让学生建立以具身性体验为主的动作概念;二是创设简单的情境让学生学练,学生、老师、场地器材及环境充分互动,提高运动技能;三是创设复杂的情境让学生学练赛评,具身感受,在复杂情境下打破旧认知,构建新知识与技能,提高分析问题与解决问题的能力,培养情感;四是创设趣味性体能练习,具身体验体能训练带来的快乐,培养坚强的意志品质。第四部分是整理部分,该部分主要是放松与小结,采用音乐伴奏下的"身心放松"方式,以达到良好的放松目的,也符合具身体育教学要求。

四 具身体育课时教学模式的设计运用案例

(一)具身体育初中课时教学模式设计运用案例

运用案例:水平四(初二年级)篮球运球急停急起课的设计。

1.指导思想

依据《义务教育体育与健康课程标准(2022年版)》的精神;结合2018年版《福建省义务教育教学"指导意见"体育与健康(试行)》的要求,发展学生体育与健康学科核心素养。本课构建"具身理论"的体育教学模式,注重激发学生的学习兴趣,采用"情境""实战应用"等富有吸引力的教学手段;充分了解男女生学情和教材特点,设置不同难度的练习手段,关注个体差异。本课教学旨在让不同水平的学生都能学到篮球运球急停急起的知识、技能和体能,培养良好的情感,促进身心全面发展,为"终身体育意识"的形成奠定基础。

2.教材分析

(1)主教材"运球急停急起"来自人教版《体育与健康》八年级篮球单元。运球急停急起是篮球的进攻基本技术,包括手型、步法、重心高低转换及速度节奏的变化(快—慢—快),主要作为篮球运动中突破对方防守的方法之一,是与篮球运动的传接球、投篮等相结合的进攻技术。根据本教材特点,教会学生运球的手型(急停手控球的前上方、急起手推球的后上方)、步法(跨步急停球控两腿之间)及速度节奏与重心的变化(急停低重心、急起高重心),提高学生的手控球和运球突破能力,能较好地发展学生的速度、灵敏、协调等身体素质,培养学生积极进取的精神。教学重点:急停、急起时身体重心高低的掌控。教学难点:手触球的部位,上、下肢协调配合。

(2)搭配教材内容"运球急停急起突破防守接投篮"。在防守情境中实践应用急停急起的"突破"技术,进一步促进技能的发展。将"运球急起急停"和"投篮"两者有机地结合,自然衔接,合理地组成进攻组合技术,进一步激发学生的学习兴趣。教学手段上,根据生情差异,男生设置"人"的防守;女生设置"物"的防守。

(3)体能教材"四个项目组合"。根据本课教材以下肢负荷较大的特点,应用"补偿性"原理发展上肢和躯干,同时,针对目前初中学生心肺耐力和肌肉耐力薄弱的特点,设置"弹力绳拉伸、跳绳"等组合的练习内容。采用"循环训练法",提高课的强度与密度,激发学生的练习兴趣。

3.学情分析

本课教学对象是初二年的学生40人(男、女各20人),该年级学生处于青春发育期这一身心发展的关键阶段,活泼好动,主动性、参与性和表现欲强;但缺乏持久性、连续性和稳定性;好奇心强,喜欢新鲜事物;模仿能力强,理性分析、判断和理解能力较差;身体素质薄弱,仅仅掌握部分运动技能的基本技术。本教材篮球运球急停急起为本单元的第1课时,学生运球能力普遍较低,尤其是女生。教学上遵循循序渐进原则,采用"带教—自主学习—分组合作学习"等教学方法,搭配教材运球急停急起接投篮和体能。本课女生篮球基础较男生薄弱,教法上主要让女生以模拟学习、自主与探究学习为主,"情境防守实践"采用以标志物代替人的防守,降低防守难度,让女生都能顺畅突破情境防守的"物"接投篮进攻,体验成功的快乐。本节课为省级优质课评比课,在泉州第十六中学借班上课,对学生的具体学情还不够了解,在教学中有序组织教学,以充分调动学生的学习积极性为主,尽量留给学生更多的学练时间。

4.教学目标

根据学生学习能力、教材和身心特点制定以下四个教学目标:

(1)认知目标:让学生懂得运球急停急起在篮球运动中的应用和练习方法;了解其锻炼价值,激发学生的学习兴趣。

(2)技能目标:初步学习篮球运球急停急起技术及其应用,发展学生的运球突破和判断能力。

(3)体能目标:发展学生的速度、灵敏、肌肉耐力及心肺耐力等综合身体素质。

(4)情感目标:培养学生的团队合作意识和遵守纪律的品格。

5.教学策略

构建"具身理论"的体育教学模式:

(1)教法上采用设置情境、实践应用、性别差异练习、集中纠错与个别指导及展示与交流等方法,引导学生更好地学练;

(2)学法上采用自主学习、合作学习和探究学习等方式,促进学生自主体验学习和生生之间的互动性学习。

6.教学环境分析

(1)硬件环境:本课教学选在泉州第十六中学体育馆或者室外篮球场。馆内篮球场地一个、室外篮球场两个。如果采用室内教学,学生练习场地会偏小,但篮球馆内设有多媒体硬件设施,便于播放微课视频,可以满足本课教学需要;如果采用室外教学,场地较大,但可能欠缺多媒体硬件设施。不管是篮球馆内还是室外,通过合理的课堂组织可增加学生的练习次数和提高课的密度。

(2)软件环境:本课教学对象为初二年级独立的行政班,同学之间关系良好,师生关系和谐,有利于学生更好地开展合作与探究学习,便于师生、生生的课堂互动。

7.教学任务分析

本课充分考虑教材、生情和场地器材,根据教材特点和学情制定了合适的教学目标,预计任务能完成。本教材是新授课且技术难度较大,预计运动负荷会小,会通过合理的分组来增加学生的练习次数,并通过体能组合练习来提高学生的生理负荷。教学实践中通过有序地组织教学,各个教学环节设计连贯,预计能在规定的时长内完成教学。

8.教学程序

(1)开始热身部分(10分钟)

采用常规导入,集中学生注意力,介绍本课学习内容——篮球的价值与应用,提高学生的认知能力。组织学生绕一个篮球场练习变换运球、动态拉伸、球操及跨步急停等内容,围绕本课"运球急停急起"动作步法、手法和重心变化,既起到热身作用,又针对主教材内容设置相关辅助内容,为主教材学习做好充分准备。

(2)学习提高部分(31分钟)

①介绍运球急停急起技术的价值和应用方法,教师结合挂图做讲解及示范,让学生建立初步认知和动作概念,激发学练兴趣。

②介绍与示范"运球停—起"的动作方法,学生做慢速、中等速度动作练习。设计意图是让学生体会运球停时降低重心及触球前上方,运球起时提高重心及触球后上方,保持球被控制在体侧。

③学生分组练习急停急起突破标志物。该环节主要是设置过标志物情境(防守情境)教学。设计意图是让学生学会解决问题的办法,即采用急停急起技术突破防守;进一步体会急停降重心,手触球正前方;起动时用力蹬地,提高重心,手触球后上方;学法上达到让学生学会自主、探究的学习方式,体会完整的技术动作。

④学生展示与交流。各组派代表展示,大家交流与评价。设计意图是让学生学会评价,提高评价能力;同时,进一步加深对急停急起动作技术的理解。

⑤设置防守或者过标志物情境下运球急停急起接投篮。男生在有防守人的情境下运球急停急起接投篮;女生在过标志物情境下运球急停急起接投篮。设计意图是让学生能够将本课所学的知识与技能应用于实践中,进一步巩固并提高技术,激发学生的学习兴趣。根据男女生学情差异,采用区别对待的原则,

设置不同难度的练习手段,达到应用实践的效果。

⑥体能练习。学生分四组练习四种体能项目,采用循环训练方法。设计意图是改善初中学生的心肺耐力和肌肉耐力薄弱点,提高课的强度与密度,激发学生的练习兴趣。

(3)恢复整理部分(4分钟)

①学生集体练习伦巴舞蹈。在《高原红》乐曲伴奏下,让学生体会悠扬、缓慢、柔和、缠绵的伦巴舞蹈,放松身心,延伸课堂。

②总结。表扬优秀,激励不足。(图5-5)

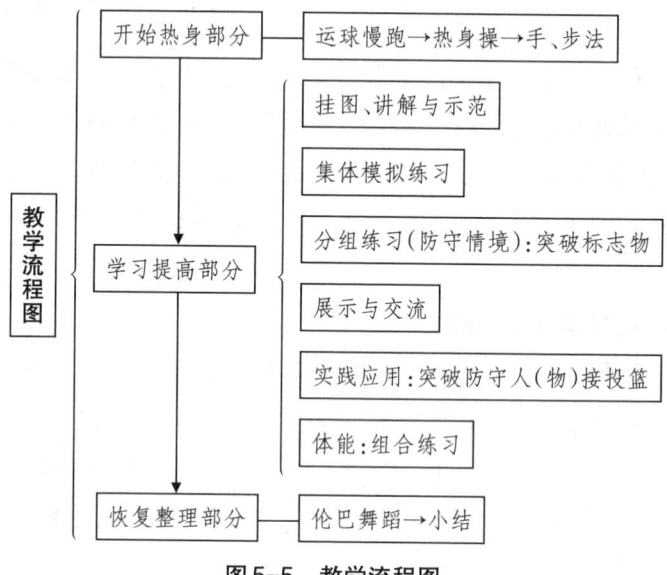

图5-5 教学流程图

9.预计教学效果

(1)技能掌握方面:90%左右的学生能初步掌握。

(2)运动负荷方面:70%左右的运动密度;45%左右的练习密度;180次/分左右的最高心率;140次/分左右的平均心率。

10.预测可能会在教学中出现的伤害事故

(1)安全问题:运球时距离太近,可能会相互冲撞;突破与防守时可能会出现冲撞。

(2)解决办法:保持练习间距,运球时抬头观察周围环境;因是第一次课,要求防守人消极防守。

11.场地器材

篮球场1—2个、篮球41个、挂图1幅、标志物若干、弹力带11条、跳绳11根、可移动一体机1台、播放机1台。

运用案例:水平四(初二年级)篮球运球急停急起课教案。(表5-5)

表5-5　水平四(初二年级)篮球运球急停急起课教案

教师:李加前　　班级:初二(1)班　　人数:40　　课次:1　　时间:2019-11-19

教学内容	1.学习篮球运球急停急起 2.防守情境下运球急停急起突破接投篮 3.体能:四种项目组合	重点:急停、急起时身体重心高低的掌控 难点:手触球的部位,上、下肢协调配合				
教学目标	1.认知目标:让学生了解篮球运动的锻炼价值;懂得运球急停急起在篮球运动中的应用和练习方法;激发学习篮球的兴趣 2.技能目标:初步学会篮球运球急停急起技术及其应用,提高运球突破和判断能力 3.体能目标:发展学生的灵敏、速度、心肺耐力及肌肉耐力等综合体能 4.情感目标:培养学生遵守纪律的品格和团队合作意识						
课的结构	教学内容	教学活动方式与组织措施	次数	时间	强度
开始热身部分	1.上课常规(略) 2.绕篮球场运球 ①1—2组顺时针边底线内侧运球,3—4组逆时针边底线外侧运球 ②听哨音低运球—停—转换方向并换手运球;听哨音正常高运球……以此循环进行 3.动态牵拉和球性操6节 (1)动态牵拉3节 ①大腿前压牵拉后肌群 ②单脚站立后腿牵提拉 ③弓步侧身牵提拉 (2)球性操3节 ①绕下肢写8字 ②手指手腕拨球 ③原地前后拉球 4.步伐移动 跨步急停	1.集合,师生问好,安排见习生;介绍本课目标、内容及要求;德育教育 组织1:成四列横队 要求:注意力集中 2.学生集体练习,教师统一指挥 组织2:单纵队绕边线和底线 要求:保持间距,体会运球动作 3.在教师的统一指导下,学生集体练习 组织3:两个大小不一的圆形队形	1 2 6	1′ 3′ 5′	小 中 中

续表

课的结构	教学内容	教学活动方式与组织措施	次数	时间	强度
开始热身部分		要求:动作连贯协调,前后拉球时触球部位有变化 4.学生集体练习,教师统一指导 组织4:同组织"3" 要求:动作连贯协调,重心高、低控制	4	1′	中
学习提高部分	1.学习篮球运球急停急起技术 (1)动作方法:运球急停时,用手按拍球的前上方,同时两脚做跨步急停,并转入低运球,用臂、身体和腿保护好球;运球急起时,后脚用力蹬地,同时按拍球的后侧方,向前运球,加速超越防守队员 (2)动作要点:急停稳、起动快,人和球速度一致,上体前倾和脚的蹬地协调一致 (3)动作技术图片 (4)易犯错误与纠正方法 ①易犯错误:控不住球 纠正方法:练习原地和行进间左右、前后运球技术,体会触球位置;练习跨步急停 ②易犯错误:动作不连贯 纠正方法:明确动作要领,练习慢、中及快速度运球急停急起;练习跨步急停 ③易犯错误:节奏不清晰 纠正方法:明确动作要领,练习快速度高重心与慢速	1.教师介绍运球急停急起技术在篮球运动中的应用和价值,观看挂图并讲解示范动作要领。学生观看并思考 组织1:四列横队 要求:注意力集中,积极思考 2.学生慢速集体练习;中等速度分组练习"运球停—起"。教师统一带教指导 组织2:前后左右等宽间距的四列横队 要求:运球停时降低重心无球手触地,有球手控球前上方,保持球控制在体侧;运球起时提高重心手按拍球的后上方 3.学生分组练习运球急停急起,观看多媒体或者挂图开展自主与探究学习。教师巡回指导	6 2 6	4′ 5′ 6′	小 中 中

续表

课的结构	教学内容	教学活动方式与组织措施	次数	时间	强度
学习提高部分	度高重心运球节奏转换 2.运球急停急起突破防守接投篮 方法一(男生):男生20人分两大组,每大组10人再分两小组各5人。组织队形纵队排列,每一大组分别在同一个半场的一侧。每大组10人中5人持球分别对应5人无球做运球急停急起突破接投篮,抢篮板后分别排对方队尾并轮换练习,循环往复 方法二(女生):女生20人分两组,每组10人。两组分别成纵队排在斜对篮架45度的同一个半场的两侧,各组有序地做运球急起急停接投篮。运球急停急起动作位置在设置的标志物前。自投自抢球后排在同一个半场的另外一个队伍后面,循环往复 3.体能:4种项目组合 (1)弹力带拉伸 (2)平板支撑 (3)跳过标志物 (4)一分钟跳绳	组织3:分成4组 要求:体验防守情境(标志物)下的运球急停急起突破技术。有序练习,注意安全 4.各组派代表展示,教师引导评价 组织4:同组织"3" 要求:主动展示,大胆交流评价 5.学生分组练习运球急停急起突破防守(男生突破防守人、女生突破标志物)接投篮。教师巡回指导 组织5:男生分4组、女生分2组 要求:利用速度与节奏变化,运球急停急起突破防守人;防守人消极防守;有序练习,突破与防守及抢篮板球时注意安全 6.学生分组循环练习4种体能项目,教师指导 组织6:分4组在4个位置 要求:4组同时练习不同体能项目,每隔2分钟轮换一次;组长负责本组同学的练习;动作应连贯协调	1 6 6	2′ 6′ 8′	小 中 大

续表

课的结构	教学内容	教学活动方式与组织措施	次数	时间	强度
恢复整理部分	1.身心放松 音乐伴奏下练习伦巴舞蹈放松身心。伦巴节奏柔和、缓慢；舒缓放松；情感缠绵 2.课堂小结 3.布置作业，收拾器材	1.教师引导，学生集体舞蹈练习 组织：四列横队，广播操队形 要求：调整呼吸，身心放松 2.本课的总结与布置课外任务 3.师生道别，收拾器材	3 1	3′ 1′	小 小
场地器材	篮球场1—2个、篮球41个挂图1幅、标志物若干弹力带11条、跳绳11根可移动一体机1台、播放机1台	安全措施	1.运球急停与急起时可能会因距离近产生冲撞。 2.保持学练的间距，并且注意观察周围环境；设置有防守人的应消极防守。		
预计运动负荷	练习密度：50% 运动密度：70% 平均心率：145次/分 最高心率：180次/分				
课后反思					

(二)具身体育高中课时教学模式设计运用案例

运用案例：高中篮球"复习双手胸前传接球、学习行进间单手低手投篮"课的设计。

1.指导思想

依据高中体育与健康课程标准精神，以学科核心素养统领本课的目标、内容及教学方法，构建"具身"的体育教学模式，注重激发学生的学习兴趣，采用技能学练、防守情境及比赛等教学手段，通过本课学习让不同水平的学生都能学到篮球行进间双手胸前传接球接单手低手投篮的知识和技能，并学会将其应用于实践，促进学生身心健康、体魄强健，培养学生的学科核心素养，奠定学生终身体育意识的基础。

2.教材分析

(1)新授课"行进间单手低手投篮"和复习课"双手胸前传接球",选自普通高中体育与健康人教版教师教学用书篮球单元基本技术部分。行进间单手低手投篮和双手胸前传接球属于篮球运动的进攻技术,行进间单手低手投篮是直接进攻得分手段;而双手胸前传接球是创造良好进攻机会的手段。本教材是高中篮球模块一,模块一是以学习篮球的基本技术为主要内容,行进间单手低手投篮与双手胸前传接球均属于篮球最基本的技术。通过本教材的学习,可提高学生投篮和传球的能力,能较好地发展学生的速度、灵敏、协调等身体素质,培养学生的团队合作意识。

行进间单手低手投篮:重点是两跨步、起跳伸展,腕、指上挑球;难点是上、下肢协调配合。

双手胸前传接球:重点是传球时蹬地、伸臂、腕旋内、拨指传球;接球对准来球,伸臂引球于腰间;难点是上、下肢协调用力。

(2)辅助教材比赛——"防守下的双手胸前传接球接行进间单手低手投篮",并运用于篮球实践。把新授课"行进间单手低手投篮"和复习课"双手胸前传接球"两者有机地结合,自然衔接,是一种合理的组合进攻技术,激发学生的学习兴趣,设置防守接近比赛实际。

(3)体能内容设置:弹力带拉伸、平板支撑、一分钟跳绳、跳过标志物(结合本课可跳投)四项,采用分组循环训练法。针对本课教材特点,应用"补偿性"原理,针对学生肌肉耐力和心肺耐力薄弱特点设置本练习,补短板,发展学生的综合素质。

3.学情分析

本课教学对象是高中一年级的学生,该阶段学生身体发育日趋成熟,学习的主动性、参与性和表现欲强,持久性、连续性和稳定性较好,具有一定的身体素质;掌握了一定的运动技能,具备了独立思考、判断、概括等能力。高中学生在初中阶段已初步学习双手胸前传接球和行进间单手低手投篮技术,但大多数学生的技术动作不稳定,还处于分化阶段。根据高中新课标要求,采用模块必修(选学)方式,本课教学内容模块一是篮球的基本技术。新授课"行进间单手低手投篮"采用徒手—步法—分组无篮圈投篮—分组有篮圈投篮等技术环节,循序渐进。复习课"双手胸前传接球",学生已经掌握基本技术,本课以"四角传球"进行技术改进与提高。根据高中生学生身心特点,引导学生自主与合作学练,改进提高学生技术动作,达到提高技能、发展体能、培养情感的目的。选择的辅助教学内容是防守下的投篮比赛和体能组合练习:一方面激发学生的学习兴趣;另一方面是根据新课标的"技能学习应用于实践"要求和针对高中生肌肉耐力和心肺耐力薄弱特点而定。

4.教学目标

依据学生身心特点与学习能力,以及教材特点制定以下四个教学目标:

(1)认知目标:让学生了解行进间单手低手投篮和双手胸前传接球在篮球运动中的作用及其练习方法;提高学生的运动认知能力,激发学练兴趣;

(2)技能目标:初步学会篮球行进间单手低手投篮技术;巩固提高双手胸前传接球技术,发展学生传接球和投篮的能力;

(3)体能目标:发展学生的心肺耐力和肌肉耐力,以及全身协调性等综合体能;

(4)情感目标:培养学生遵守纪律的良好品格和团队合作精神。

5.教学策略

构建"具身"的体育教学模式:

(1)教法上采用设置情境、分组练习、巡视纠正及展示与交流等方法,引导学生更好地学练;

(2)学法上采用自主、合作、探究学习,以及比赛等方法,促进学生更好地具身体验学练。

6.教学环境分析

(1)本课教学选在福建省同安第一中学篮球室外场。篮球场地多个,完全满足本课教学需要,但考虑课堂组织的需要,本课将使用1—2个篮球场地,以较好地组织掌控课堂,通过合理安排可以提高学生的练习次数和课的密度。

(2)本课教学对象为高一篮球选修班学生,同学之间关系良好,师生关系和谐,有利于学生的合作与探究等学法的实施,有利于生生互动、师生互动。

7.教学任务分析

本课充分了解生情和研透教材,制定的教学目标符合学生的实际,预估能够较好地完成。本课通过紧凑地组织教学,使各个教学环节连贯,能较好地按照预定的设计完成教学。本教材是新授课和复习课合理搭配,新授课技术难度较高放前面;复习课技术难度较低放后面,将两者有机结合,预计会较好地完成本课的教学任务。运动负荷方面,本课技能教学运动负荷预计居中,通过合理的分组练习和体能练习可提高课的负荷。

8.教学程序

(1)开始热身部分(8分钟)

首先,介绍行进间单手低手投篮在篮球运动中的价值与应用,提高学生的认知能力,激发学生的学练兴趣。其次,组织学生绕篮球场练习运球、球操、基本步法,以及针对主教材的辅助教学内容,该设计既起到热身作用;又为学习主教材做好铺垫。

(2)学习提高部分(34分钟)

①示范讲解行进间单手低手投篮技术,学生观摩学习。设计意图是让学生较快建立动作概念,有利于学生模仿练习,提高感性认知。

②在教师的统一指导下,学生集体练习持球伸臂翻腕拨指、持球迎面(间距8米)行进间单手低手投篮。设计意图是让学生初步体验伸臂翻腕拨指和行进间三步上篮的步伐动作。

③在教师的示范、讲解与要求下,学生分组练习行进间单手低手投篮板。设计意图是让学生体会一大二小高跳步伐,伸臂至最高点,翻腕、拨指投球动作。

④在教师的统一要求下,学生分组练习完整的动作。设计意图是让学生体会跨步接球,起跳充分,伸臂最高点翻腕、拨指投球动作。

⑤四角双手胸前传接球练习。教师讲明"四角传接球"练习方法,学生分组练习。目的是让学生巩固提高双手胸前传接球技术,发展传接球和跑动的能力。

⑥比赛情境。设置在一人防守情境下二人双手胸前传接球接单手低手投篮比赛。设计意图是让学生学会传接球和行进间三步上篮的技术组合运用,在比赛中进一步激发学习兴趣。

⑦体能练习。设置一分钟跳绳、平板支撑等四项体能项目,采用循环练习

方法,重点发展心肺耐力和肌肉耐力,有效提高学生的运动负荷。

(3)整理恢复部分(3分钟)

①采用拉伸肌肉的练习方式,让学生身心放松,延伸课堂。

②课的小结,总结本课的优点和缺点。

9.预计教学效果

(1)预计95%以上的学生能初步掌握本课所学的动作技术。

(2)预计本课学生的运动密度在75%左右;练习密度在50%左右;最高心率为195次/分左右;平均心率为145次/分左右。

10.教学中可能出现的安全事故

(1)可能出现的问题:在一人防守两人行进间传接球接行进间三步单手低手投篮比赛情境下,容易发生冲撞;四角传接球时跑位容易出现冲撞等。

(2)解决办法:练习时保持安全间距;消极防守;抬头观察环境。

11.场地器材

篮球场1个、挂图1幅、篮球41个、球托若干、标志物若干、弹力带11条、跳绳11根。

运用案例:高中篮球"复习双手胸前传接球、学习行进间单手手低投篮"教案。(表5-6)

表5-6 高中篮球"复习双手胸前传接球、学习行进间单手低手投篮"教案

教师:李加前 班级:高一篮球选修 人数:40 课次:1 时间:2019-11-14

教学内容	1.学习行进间(三步)单手低手投篮 2.复习双手胸前传接球 3.比赛:防守下的双手胸前传接球接单手低手投篮 4.体能练习	重点:两跨步,起跳伸展,腕、指上挑球; 难点:上、下肢协调配合 重点:蹬地、伸臂、翻腕臂旋内、拨指传球; 接球对准来球,伸臂引球于腰间; 难点:上、下肢协调用力
教学目标	认知目标:让学生了解行进间单手低手投篮和双手胸前传接球的锻炼价值,及其在篮球运动中的作用,激发学习篮球运动的兴趣 技能目标:初步学习篮球行进间单手低手投篮;改进双手胸前传接球技术,提高学生投篮和传接球的能力 体能目标:发展学生的全身协调性、力量及心肺耐力等综合素质 情感目标:培养学生的团队合作精神和遵守纪律的良好品格		

续表

课结构	教学内容	教学活动方式与组织措施	次数	时间	强度
开始热身部分	1.上课常规(略) 2.运球绕一个篮球场 3.动态牵拉4节、球操2节 4.篮球步法练习 (1)前后转身 (2)跨步急停	1.整队,师生问好,安排见习生 2.教师宣布教学内容、教学目标、教学要求及安全教育措施 组织1:成四列横队 3.教师指导,学生练习 组织2:两纵队分别按顺、逆方向绕边线和底线行进 要求:听从老师指导,保持间距 4.教师带操并言语提示,学生集体练习 组织3:广播操队形 要求:连贯、协调 5.教师统一指导学生练习篮球步法动作 组织4:同"组织3" 要求:重心稳定控制,动作连贯	1 2 6 2	1′ 3′ 3′ 1′	小 中 中 中
学习提高部分	1.学习行进间单手低手投篮技术 (1)动作方法(以右手投篮为例) 接球(或者运球急停收起)的同时右脚跨出(第一步),紧接着左脚跨出(第二步)的同时充分起跳,伸展身体和手臂,用手腕、手指上挑,动作柔和连贯,使球前旋入框 (2)动作要点 一大二小三高跳 (3)动作技术图片	1.学生观察与思考;示范与讲解行进间(三步)单手低手投篮动作要领 组织1:四列横队,前面两列蹲下 要求:注意力集中,建立概念 2.学生集体持球做伸臂、翻腕、拨指动作和行进间三步上篮动作模拟练习,教师统一口令带教 组织2:四列横队,稍宽广播队形间距 要求:伸臂最高点翻腕拨指,步法准确 3.学生分组行进间(三步)单手低手投球触碰篮板,教师巡回指导	2 2 4	2′ 5′ 2′	小 小 中

续表

课结构	教学内容	教学活动方式与组织措施	次数	时间	强度
学习提高部分	2.复习双手胸前传接球易犯错误与纠正方法 (1)易犯错误:用力顺序错误 纠正方法:徒手模拟传球时蹬地、伸臂动作 (2)易犯错误:传球手型错误 纠正方法:徒手和近距离做手腕旋内、拨指传球动作 (3)易犯错误:接球不准/稳 纠正方法:由近到远、由原地到移动接球练习,伸臂引球于腰间 3.比赛(实践应用):防守下的双手胸前传接球接单手低手投篮 练习方法:把全班学生分为人数均等的两大组,每一大组再分成三小组,其中两小组相互传接球接投篮,另外一小组派到对方场地进行防守,各大组进行一轮次(两人传接球接投篮一次)进攻和防守,以投中多者为胜 4.体能练习 (1)弹力带拉伸 (2)平板支撑 (3)一分钟跳绳 (4)跳过标志物(结合本课可跳投)	组织3:分4组练习 要求:体验一大二小三高跳的三步节奏和伸臂、翻腕、拨指的低手碰板投篮动作 4.学生分组练习行进间(三步)单手低手投篮,教师巡回指导 组织4:同"组织3" 要求:跨步接球,起跳充分,伸臂最高点翻腕拨指使球入筐,有序练习,注意安全 5.学生分两大组练习四角双手胸前传接球,教师巡回指导 组织5:两大组每组20人,每个角5人 要求: (1)蹬、伸、翻(内旋)、拨传球;接球对准来球,伸臂引球于腰间 (2)想象防守情境的传接球 (3)有序练习,注意安全 6.学生分两大组练习双手胸前传接球接单手低手投篮,教师指导	6 6 6	5′ 5′ 6′	中 中 中

续表

课结构	教学内容	教学活动方式与组织措施	次数	时间	强度
学习提高部分		组织6:两组传接球接投篮,另一组防守 要求:(1)传接球快速、准确、隐蔽,接球投篮连贯、命中 (2)防守时注意安全,不宜扑抢过凶 7.学生分组循环练习体能,教师指导 组织7:分4组循环练习 弹力带拉伸　　平板支撑 一分钟跳绳　　跳过标志物 要求:动作到位,连贯协调	2	8′	大
恢复整理部分	1.身心放松 音乐伴奏下,做3节拉伸放松操 (1)静态拉伸下肢 (2)静态拉伸躯干 (3)相互放松上肢 2.课堂小结 3.布置作业,收拾器材	1.教师引导,学生练习 组织: 要求:身心放松 2.教师总结本课教学,并布置课外作业 3.师生道别,收拾器材	3 1	3′ 1′	小 小
场地器材	篮球场1个、挂图1幅、篮球和球托各41个、标志物若干、弹力带11条、跳绳11根	安全措施	1.两人传接球接行进间单手低手投篮进攻一人防守比赛,可能会出现冲撞伤害;四角传接球可能会出现冲撞伤害 2.保持一定的练习间距;练习时抬头观察环境;消极防守			

续表

运动负荷预计	课的密度:75% 练习密度:50% 平均心率:145次/分 最高心率:195次/分

第三节 具身体育教学方法

孙子曰:"兵无常势,水无常形,能因敌变化而取胜者,谓之神。"其意为打仗排兵布阵没有固定的战术方法,而是根据不同战场的场景、不同敌人的特点,采取不同的策略,以能够战胜敌人为本领。将此兵法运用于现代教学方法,则表现为"教无定法,贵在得法"。

一 体育教学方法简述

体育教学方法是指在体育教学过程中,教师为实现教学目标,组织学生进行学习活动所采取的教与学相互作用的活动方式的总称。可分为"教学理论"的宏观层次、"教学方略"的中观层次、"教学方法手段"的微观层次。

体育教学方法众多,常用的方法包括讲解、口令与指示、口头评价等语言法;动作示范、挂图、多媒体等直观法;完整法与分解法;预防与纠正错误法;游戏与比赛法;自主学习法;合作学习法;探究学习法;发现式教学法;领会学习法等。各种教学方法有各自的特点,在实践运用中,教师应根据教材内容特点、学生身心特点与实际场地器材情况等,科学、合理地设计与实施教学方法,以高效课堂、达成教学目标为准则。

二 具身体育教学方法的概念与理论依据

(一)具身体育教学方法的概念

具身体育教学方法是指在体育教学过程中,为达到体育教学目标与任务,以具身认知教育理论为基础,教师指导学生所进行的一切活动方式、途径及手段的总和。

(二)具身体育教学方法的理论依据

具身体育以具身认知理论为指导,教育过程与方法注重身体参与、体验性、操作性、感知觉器官调动、情境性,学生、教师、教育环境三者相互作用、相互生成的过程成为具身体育的过程与方法。教育过程与方法的核心部分是学生的身体和环境。

具身体育教学树立"以学生为中心"的理念,让体育教育回归"身体"本质属性。遵循学生认知发展规律;遵循运动技能的泛化、分化、巩固、自动化逐级形成的规律;遵循知识与技能、过程与方法、情感态度和价值观的生成规律;同时,在教学和学习过程中还应优化内、外部环境,更好地与学生、教师相互促进,提高教学与学习效果,发展核心素养,培养"身心全面"的社会主义建设者和接班人。

三 具身体育教学方法的运用

具身体育教学方法倡导以身体为中心的教学方法,强调通过身体动作、体验和感知来促进学习。这种方法认为,身体不仅仅是学习的载体,更是认知和情感的来源。具身体育教学方法可以帮助学生更好地理解知识、发展体能和掌握运动技能,提高教学和学习效果。下文将介绍六种具身体育教学方法。

(一)具身体验式学习法

具身体验式学习法是让学生通过亲身参与和体验来学习知识和技能。体验式学习运用于新授课效果较为显著,类似翻转课堂,在教师教授之前先让学生自主体验,感受学习的体育运动技能以获得初始认知,建立初始概念,以便对下一步教师教学有更深的切身体验。例如,学习篮球"跳投",让学生先亲自尝试体验,感受运动的乐趣;感受投篮的身体姿势、手型、时机、弧度、角度等,教师在学生体验后教学,学生较快建立动作概念,提前进入分化阶段,有利于较快掌握运动技能。

(二)具身情境教学法

具身情境教学法是创设真实或模拟的情境,让学生在情境中具身学习体育运动知识与技能。具身认知倡导身体与环境的互动性,认为学生的新认知是通过"身体与情境互动"而建构的,因此,在体育教学中,应尽量创设各种情境。可由简单的情境创设发展到复杂的情境创设,让学生身体沉浸到各种情境中,感受运动,建构新的认知和运动技能,同时,在情境中自然生成"真实"非预设的情感、态度和价值观,更好地形成核心素养的"体育品德"要素。例如,在学习篮球传接球时,设置:双人传接球—三人及以上传接球—防守下的传接球—游戏传接球—比赛传接球等递进式学习情境,激发学生的学习热情,使其掌握运动技能和发展体能,培养情感。

(三)具身游戏(或比赛)法

具身游戏(或比赛)法类似复杂的情境教学方法,即在运动技能学习的后半程,也就是运动技能的巩固阶段,创设游戏(或比赛)情境,将学习内容融入游戏(或比赛)中,让学生在游戏(或比赛)中进一步巩固知识与技能,使之提前进入"自动化"运用阶段。同时,具身游戏(或比赛)法能更好地激发学习兴趣,培养核心素养的"体育品德"要素。例如,在学习篮球传切配合时,在学生了解篮球传切配合基本动作后,创设篮球"二攻一""三对三"等游戏比赛,让学生在真实的游戏比赛中,体验传切配合的"传球时机和跑位线路"这一重点,提升运动能力。

(四)具身合作学习法

具身合作学习法是为完成共同的学习任务,组织学生相互合作的学习方法。具身教育注重学生、教师与环境三者的相互融合。因此,具身体育教学方法必然要求生生合作的学习方式,以更好地促进技能的生成。例如,在学习篮球运球时,自主体验运球动作技术,设置一人防守的攻防配合练习,适应在真实情境下突破运球技术的运用,巩固运球技术,相互纠正技术,同时,培养团队合作精神。

(五)多元评价法

多元评价法是引导学生对自己或他人的学习过程和结果进行全面、多元的评价。具身体育倡导身心参与学练,应对学生进行身心全面的评价:一方面,评价学生的运动技能与体能;另一方面,评价学生的情感态度与价值观。例如,在体育课中或课后,让学生自评或者评价他人的运动技术、情意表现等,客观公正的评价会激励学生更好地学习。

(六)跨学科整合法

跨学科整合法是将体育与其他学科相结合,让学生在学习体育的同时,也能学到其他学科的知识。具身体育注重"身心一体",目标是促进学生全面发展,因此,要求有全学科的知识融合,构建身心全面发展的体育运动知识与技能。例如,在篮球比赛中到关键球时,运用心理学的知识,让学生养成稳定的心理素质,无论是进攻还是防守,都要保持良好的心理状态和拼搏精神。

除此之外,具身体育还根据项目内容特点,采用自主学习法、分解与完整法、动作模仿法等方法。总之,具身体育教学方法强调通过身体动作、体验和感知来促进学习,有助于提高学生的学习兴趣和效果。教师可以根据学生的特点和需求,灵活运用这些方法,创造有趣、高效的体育课堂。

第六章

具身体育教学评价

2020年10月,中共中央、国务院印发了《深化新时代教育评价改革总体方案》,其主要原则是:改进结果评价,强化过程评价,探索增值评价,健全综合评价。要求深化评价改革,以评促学,以评导教,落实立德树人根本任务,为提高教育教学质量发挥导向作用。教学评价是教育的方向与教学的指挥棒,确立了培养人的方向和规定标准,是提高教学质量和促进学生发展的重要手段之一。

第一节 具身体育教学评价概述

2021年6月,教育部出台《〈体育与健康〉教学改革指导纲要(试行)》,文中提到"完善教学评价":改进对体育知识、健康知识等的评价;突出对基本运动能力和专项运动能力的评价;完善对学生健康行为和良好品德的行为评价;对标《国家学生体质健康标准(2014年修订)》,强化对中小学生的体质健康评价。

体育与健康课程是促进学生全面发展的重要载体。但是当前体育与健康课程教学存在诸多问题,其教学评价弊端尤为突出:过分看重结果性评价,忽视学生的过程性、形成性评价,评价标准过高或者过低、评价内容不够全面、评价方法与主体单一等,导致学习评价缺乏科学性和合理性,一定程度而言,不能激发和促进学生的发展。基于学科核心素养的具身体育教学评价,强调体育学习评价的内容全面性、方法多样性和主体多元性,凸显教育评价的诊断、反馈、激励、发展作用。

一、教学评价

美国教育家布卢姆在《教育评价》一书中指出:评价乃是系统收集证据用以确定学习者实际上是否发生了某些变化,确定学生个体变化的数量或程度。日本筑波大学教育学研究会编著的《现代教育学基础》(1982年日文版)一书认为:教育评价就是系统地、有步骤地从数量上测量或从性质上描述儿童的学习过程与结果,据此判定是否达到了所期望的教育目标的一种手段。

李秉德主编的《教学论》一书中指出:教学评价是对教育效果进行的价值判断,是通过各种测量,系统地收集证据,从而对学生通过教学发生的行为予以确定。王汉澜主编的《教育评价学》一书中指出:教学评价是对教学过程、教学成果的价值判断;教学评价既是对教师教的能力和教的效果做出的价值判断,也是对学生的学习能力和学习成就上的变化做出的价值判断;教学评价中包括教师的教学活动和学生的学习能力及成就。田慧生和李如密在《教学论》中提出:

所谓教学评价,主要指依据一定的客观标准,通过各种测量和相关资料的收集对教学活动及其效果进行客观衡量和科学判定的系统过程,强调教学评价是根据已经存在的客观标准进行的一种判断,而评价对象是一种教学活动。

教学评价是基于教学目标,对教学过程及结果进行价值判断,并为教学决策服务的活动,是对教学活动实际的或潜在的价值做出判断的过程,其中最主要的就是对学生的学习效果的评价,运用评价结果来反馈教育学的质量,从而检验课程教学目标的达成度。它对指导教学实施、监督教学过程、评估教学效果和推进教学改革等有着重要的作用。

(一)教学评价的三个特性

1.教学评价是对教学活动的价值进行判断的一种活动。价值判断是教学评价的本质属性,也是教学评价区别于教学测量的根本标志。价值判断的依据是期望的教学目标和有关标准。价值主体不尽相同,有的强调学生的学习效果,有的强调教师的教学过程和教学成果,甚至泛指教师的教学工作。

2.教学评价对象包括教学过程和教学结果。

3.教学评价是对教和学的统一过程进行的评价,而不是把教和学分开来进行评价。

(二)教学评价的五要素

围绕特定教学主题,按照规定的路径构建有利于学科核心素养落地的教学评价。

1.评价什么(确定概念基础):方向(国家要求)与依据(课程标准)。

2.如何评价(规定评价模式):试题测试、实践测试、发展测试及其综合。

3.怎样实施(具体实施评价):工具制作、工具应用场域、测试流程和管理。

4.如何应用(结果分析利用):结果呈现(等级与评语)和结果应用(发展与终结)。

5.是否有效(整体评估修正):测试的信度、效度;方案和工具的改进。

二 体育教学评价

体育教学评价是体育教学的重要组成部分,国内体育教育专家对体育教学提出以下观点。

毛振明在《体育教学论》一书中认为:体育教学评价是依据体育课程标准和教学目标,运用科学评价方法,对体育"教"和"学"的过程及其结果,进行价值判断和测量评定,为改进教学、提高教学质量提供科学依据。

樊临虎在《体育教学论》一书中认为:体育教学评价就是根据体育教学目标,运用一切可行的评价技术手段对体育教学过程及其效果进行测量,并予以价值判定的过程。该评价强调定量评价,认为评价的对象是教学过程和教学结果。

潘绍伟等在《学校体育学》一书中认为:体育教师的教学评价是按照一定的标准,对教师的教学活动及其相关因素进行系统的描述,并做出相应的价值判断。该观点仅对教师的教学进行评价,同时,在该书中还对学生提出"学习评价",完善教学评价的概念。

于长镇教授在《体育教学论》一书中认为:体育课的评价就是依据体育教学目标和教学原则,运用各种评价技术与手段,对一堂课或一系列的体育课给予价值上的判断,以不断提高体育课的教学质量。该评价突出限定了体育课是一节课或一系列的体育课,但没有具体说明评价体育课的哪些方面。

姚蕾等在《对我国体育教学评价的理论思考》一文中认为:体育教学评价是教育评价的组成部分,是一般评价活动在教育领域的具体表现,是按照一定的评价标准,运用科学的方法和手段,对体育教学的要素、过程和效益进行价值评判的活动。该评价虽然详细说明了评价的对象,但体育教学的要素、过程、效益这三者不是一个层面上的内容。

体育教学评价是根据教学目标,判断教学过程和效果产生的价值。这个课堂教学是在特定的时间内,教师和学生共同为解决特定的课题进行的双边互动活动,这是有组织性的活动。体育课堂的教学评价,不仅评价了整个教学过程的开展情况,还评价了教学目标实现的有效性,也就是学生在学习中的表现和学习前后发生的变化。教师要明确,学生才是教学价值的主体,教学的根本目的是培养学生,促进学生的身心健康,为学生发展提供需要。因此,学生的成长和发展直接体现出教学效果。

综上所述,教学评价是为提高教学质量和改进教学,依据教学目标,运用科学的评价方法,对体育教学过程和结果进行评定与判断。

三 具身体育教学评价的概念和理论依据

(一)具身体育教学评价的概念

依据体育教学评价核心概念和具身体育理论,概括具身体育教学评价的概念为:依据体育课程标准和具身体育教学目标,运用科学评价方法,对具身体育教学过程及其结果,进行价值判断和测量评定,为提高教学质量和改进教学方法提供科学依据。具身体育教学评价包含对教师"教"和学生"学"的评价。

(二)具身体育教学评价的理论依据

1.基于具身体育教学的特点,具身体育教学评价既重视"评",还重视"价"

具身体育教学具有情境性、开放性、动态性、生成性和交互性的特点。具身体育教学评价能够客观、公正、全面、科学地评价学生的知识、技能和情感等,符合当前学校体育教学评价的理念和要求。具身教学评价必须围绕教学环境、教学内容、教学方法、教学过程的特点及具身教学的特殊性进行设计。具身体育教学评价对"评"和"价"同等重视,也就是说,不但重视评价量化的数字符号,而且重视符号隐藏的价值,使学生的体育品德和健康行为等情意方面的内容得到了充分重视。因此,真实性评价、生成性评价、交互性评价等符合具身教学的评价范式,能更好地使学生的学习过程和过程中的非确定性因素得到评价。

2.基于具身体育教学的特点,具身体育学习评价关注体育学习的结果,更关注学习的过程

体育学习评价应以调节、改进、导向为主要功能。具身体育学习评价关注体育学习的结果,更关注学习的过程,把结果评价和过程评价有机结合,除了考查知识、技能的掌握程度,还关注学生参与体育活动的积极性、习惯性、坚持性,学习兴趣,学习动机等。对学生的某个运动技能的学习评价应同时涉及单项练习测试、非预期情境中技能、思维能力以及真实比赛情境中所需的综合技能运用的能力。具身体育开展学生互评、师生互评这样的交互评价,能对课堂整体

教学做出较为科学、客观、全面的评价。具身体育倡导通过师生间的交流与反馈,结合教师教学反思,能促使教师形成对教学的整体认知,深度了解学生知识与技能获得水平,掌握学生个性差异,这对于教师调整教学、个性化教学以及教学水平的提高起决定性的作用。①

3.基于体育与健康课程的基本理念,注重构建评价内容多维、评价方法多样、评价主体多元的评价体系

《义务教育体育与健康课程标准(2022年版)》提到:体育与健康课程重视学习评价的激励和反馈功能,多方面构建课程教学评价体系。评价内容多维且围绕核心素养构建,既关注基本运动技能、体能与专项运动技能,又关注学习态度、进步情况及体育品德;既关注健康基本知识与技能,又关注健康意识和行为养成。评价方法的多样性体现在重视过程性评价与终结性评价结合、定性评价与定量评价结合、相对性评价与绝对性评价结合。评价主体多样性体现在以体育教师为主,鼓励学生、其他学科教师、家长等参与到评价中。同时,重视制定明确、具体、可操作的学业质量合格标准,为教师有效教学、学生积极学习及学习评价指明方向。通过综合性学习评价,促进学生达成学习目标,形成核心素养。

四 具身体育教学评价的目的、内容及策略

(一)具身体育教学评价的目的

1.诊断性目的

在具身体育教学中,发现学生在体育学练中的问题,并及时纠正,以促进学生技能形成和体能发展。具身体育教学评价的目的是诊断性的,让学生知道自身运动技能学习的问题所在,并提供解决问题的方法,可以促使学生取得新的进步。

---

① 何绍元,杨健科,朱艳,等.基于具身认知理论的体育教学转向研究[J].南京体育学院学报(自然科学版),2016,15(5):116.

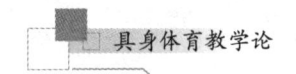

2.发展性目的

在具身体育教学中,激励学生学习上不断进步,促进学生发展的评价。具身体育教学评价的目的是发展性的,肯定学生当前学习的进步,提出学生今后努力的方向,激励学生更好地发展。

(二)具身体育教学评价与学习评价的内容

1.具身体育教学评价的内容

具身体育教学评价的内容是对教师的"教"和学生的"学"两方面的评价。具体评价内容包括:教师对学生学习结果的评价、教师对学生学习过程的评价、学生对自己学习的自我评价、学生对同伴学习的相互评价、学生对教师教学设计的评价、学生对教师教学活动的评价、学生对教师教学行为的评价等。体育教学评价的核心对象是学生,教学活动的目的和发展对象都是学生,具身体育教学中要求及时、准确地反馈体育学习情况给学生,为学生改善自己的学练状态提供有价值的信息。

2.具身体育学习评价的内容

具身体育学习评价的内容是围绕学科核心素养来构建的。主要包括以下三个方面:基本知识与规则、体能、运动技能与应用发展情况;学习态度、进步幅度及体育品德形成情况;健康意识和行为养成情况、运动安全知识的掌握情况。

(三)具身体育教学评价的策略

具身性、情境性、体验性、开放性、动态性、生成性和交互性等具身体育特点,引发真实性、生成性、即时性及交互性等多元性的教学评价方式。在评价方式上,采用定量与定性相结合、终结性与过程性相结合的交互式多样化评价;在评价主体上,采用教师评价、学生评价及小组互评相结合的交互式多元评价;在评价内容上,注重对运动能力水平、健康行为习惯以及体育品德等多方、多维、真实的内容评价。"多元性"的评价是具身教育教学评价的主要策略。

第二节 具身体育教学评价的工具与方法

具身体育教学评价的工具研发与方法制定，基于具身理论和体育与健康课程标准要求，包括对学生学习成绩的评价和对教师教学效果的评价。

一、对学生学习成绩评价的工具研发与方法制定

具身体育教学的自然生成性和即时性的特点，对我们探讨的教学评价——界限在课堂和单元的教学评价较有意义。同时，《义务教育体育与健康课程标准（2022年版）》对专项运动技能的教学要求采用大单元形式，与《普通高中体育与健康课程标准（2017年版2020年修订）》所要求的模块教学相近，都是基于18课时的大单元和模块。课堂教学评价能够即时性体现学生的"情意表现"，符合具身体育的"身心一体"评价要求。因此，以下是对学生学习单元和课堂评价的工具研发与方法制定。

（一）具身体育课堂学习评价的工具研发与方法制定

《普通高中体育与健康课程标准（2017年版2020年修订）》规定：课程结构的特点是以学科核心素养统领课程的目标、内容、方法和评价，即课程目标、课程内容、教学方法、学习评价等都紧密围绕学科核心素养来设计和构建。具身体育课堂学习评价重点围绕课堂学习质量评价改革领域，建立以发展学生核心素养为导向的学科课堂学习质量评价体系。

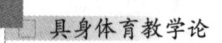

1.研发与制定具身体育技能运动项目课堂学习评价工具(表6-1)

表6-1 具身体育技能运动项目课堂学习评价表

课次：_____ 年级：_____ 班级：_____ 号码：_____ 姓名：_____

学习内容			1.×××;2.×××;3.×××				得分	总分等级
评价内容			评价标准					
一级指标	二级指标	三级指标	优秀	良好	及格	不及格		
运动能力	运动认知与技战术	具体技能技战术的名称	熟练表述某一技能技术动作要领或战术方法;熟练掌握某一技能技术动作技术或战术方法 (37—40分)	较熟练表述某一技能技术动作要领或战术方法;较熟练掌握某一技能技术动作技术或战术方法 (33—36分)	能基本表述某一技能技术动作要领或战术方法;基本掌握某一技能技术动作技术或战术方法 (29—32分)	不能表述某一技能技术动作要领或战术方法;未能掌握某一技能技术动作技术或战术方法 (25—28分)		
	比赛或展示	具体比赛或展示的名称	比赛遵守规则,相互配合,成绩最优;展示动作熟练 (9—10分)	比赛遵守规则,相互配合,成绩次优;展示动作较熟练 (7—8分)	比赛遵守规则,相互配合,成绩一般;基本掌握展示动作 (5—6分)	比赛成绩最差;未能展示动作 (3—4分)		
	体能	具体素质练习内容	体能动作连贯、协调、准确,完成规定的负荷量,状态良好 (9—10分)	体能动作较连贯与协调,完成规定的负荷量,状态较好 (7—8分)	体能动作基本连贯,完成规定的负荷量,状态一般 (5—6分)	不能完成体能动作练习或者规定的负荷量 (3—4分)		

续表

评价内容			评价标准				得分	总分/等级
一级指标	二级指标	三级指标	优秀	良好	及格	不及格		
健康行为	情绪调控；环境适应；锻炼意识与习惯；健康知识的掌握与应用	—	很好地自我管理课堂情绪、适应课堂环境和与他人交流合作；熟练掌握与运用所学技能运动损伤的预防方法（18—20分）	较好地自我管理课堂情绪、适应课堂环境和与他人交流合作；掌握与运用所学技能运动损伤的预防方法（15—17分）	基本能自我管理课堂情绪、适应课堂环境和与他人交流合作；基本掌握与运用所学技能运动损伤的预防方法（12—14分）	无法自我管理课堂情绪、适应课堂环境和与他人交流合作；无法运用所学技能运动损伤的预防方法（9—11分）		
体育品德	体育精神；体育道德；体育品格	—	课堂非常积极进取、责任意识强、遵守规则、尊重他人等（18—20分）	课堂较好地尊重他人、责任意识强、积极进取、遵守规则等（15—17分）	课堂能遵守规则、尊重他人、有责任意识等（12—14分）	课堂情绪消极、无责任意识、不遵守规则、不尊重他人等（9—11分）		

评价者（自己、他人）：_____

根据具身理论和技能运动项目体育课堂教学特点，研发与制定以上具身体育技能运动项目课堂学习评价表，在此做如下说明：

（1）具身体育技能运动项目课堂学习评价围绕具身理论和体育与健康学科核心素养构建。评价内容包括核心素养的运动能力、健康行为和体育品德三方面，并设置了不同的评价标准。

（2）具身体育技能运动项目课堂学习评价重点关注学生课堂的身体和心理，除了评价其运动技能的掌握和体能发展情况外，还评价其在活动过程中的情绪调控、环境适应，以及在课堂上形成的体育品德状况等。

（3）在优秀、良好、及格、不及格四个评价标准中，每项标准设有各自的分数，填上所评选指标的具体分数，最后合成总分。

（4）等级与分数：优秀为85分及以上、良好为75—84分、及格为60—74分、不及格为59分及以下。

(5)该表为技能运动项目体育课堂教学的学习评价表,适合课堂学生个人或小组的评价,也适合听课者对课堂学生学习情况的总体评价。

2.研发与制定具身体育体能课堂学习评价工具(表6-2)

表6-2 具身体育体能课堂学习评价表

课次:_____ 年级:_____ 班级:_____ 号码:_____ 姓名:_____

学习内容			1.×××;2.×××					
评价内容			评价标准				得分	总分等级
一级指标	二级指标	三级指标	优秀	良好	及格	不及格		
运动能力	运动认知与体能	具体体能的名称	熟练表达学习的体能动作要领;熟练掌握所学体能动作技术,动作准确、连贯、协调,超额完成规定的负荷量,状态良好(45—50分)	较熟练表达学习的体能动作要领;较熟练掌握所学体能动作技术,动作较准确、连贯、协调,较好完成规定的负荷,状态较好(39—44分)	能基本表达学习的体能动作要领;基本掌握所学体能动作技术,动作准确,基本完成规定的负荷量,状态一般(33—38分)	不能表达学习的体能动作要领;未能掌握所学体能动作技术,不能完成规定的负荷量,状态差(27—32分)		
	比赛或展示	具体比赛或展示的名称	遵守体能比赛或游戏规则,相互配合,成绩最优;展示的体能动作熟练(9—10分)	遵守体能比赛或游戏规则,相互配合,成绩次优;展示的体能动作较熟练(7—8分)	遵守体能比赛或游戏规则,相互配合,成绩一般;展示的体能动作一般(5—6分)	比赛或游戏成绩最差;未能展示动作(3—4分)		

续表

评价内容			评价标准				得分	总分/等级
一级指标	二级指标	三级指标	优秀	良好	及格	不及格		
健康行为	情绪调控；环境适应；锻炼意识与习惯；健康知识的掌握与应用	—	很好适应课堂环境、管理情绪、与他人交流合作；熟练掌握与运用所学的体能运动损伤预防方法等（18—20分）	较好地适应课堂环境、管理情绪、与他人交流合作；较好掌握与运用所学的体能运动预防损伤方法等（15—17分）	能适应课堂环境、管理情绪、与他人交流合作；能基本掌握与运用某一体能运动损伤预防方法等（12—14分）	无法适应课堂环境、管理情绪、与他人交流合作；未能掌握与运用所学的体能运动损伤预防方法等（9—11分）		
体育品德	体育精神；体育道德；体育品格	—	课堂表现非常积极，责任意识强，会遵守规则和尊重他人等（18—20分）	课堂表现积极进取，有责任意识，能较好遵守规则和尊重他人等（15—17分）	课堂表现有一定责任感，基本能遵守规则和尊重他人等（12—14分）	课堂表现消极，无责任意识，不遵守规则，不尊重他人等（9—11分）		

评价者（自己、他人）：_____

根据具身理论和体能项目体育课堂教学特点，研发与制定以上具身体育体能课堂学习评价表，在此做如下说明：

（1）具身体育体能课堂学习评价围绕具身理论和学科核心素养构建。核心素养三个维度所对应的具体内容为体能课堂学习评价内容，还设置了不同的评价标准。

（2）具身体育体能课堂学习评价除了评价体能发展外，还评价在活动过程中的情绪调控等健康行为要素和体育品德的形成情况。

（3）评价标准划分为四个等级，每个等级设有各自的分数范围，在"得分"列填写具体的分数，汇总出总成绩。

（4）根据分值划分为四个等级：优秀为85分及以上、良好为75—84分、及格为60—74分、不及格为59分及以下。

(5)具身体育体能课堂学习评价表,适合学生的自评与互评,也适合听课者的评价。

3.研发与制定具身体育健康教育课堂学习评价工具(表6-3)

表6-3 具身体育健康教育课堂学习评价表

课次:_____ 年级:_____ 班级:_____ 号码:_____ 姓名:_____

学习内容			1.×××;2.×××				得分	总分等级
评价内容			评价标准					
一级指标	二级指标	三级指标	优秀	良好	及格	不及格		
运动能力	运动认知、知识、原理、文化	某一健身知识或保健知识的具体内容	熟练掌握与运用所学健身知识或保健知识内容(55—60分)	掌握与运用所学健身知识或保健知识内容(50—54分)	基本掌握与运用所学健身知识或保健知识内容(45—49分)	不能掌握与运用所学健身知识或保健知识内容(40—44分)		
健康行为	情绪调控;环境适应;锻炼意识与习惯	—	很好地与他人交流合作、适应课堂环境和管理情绪等(18—20分)	较好地与他人交流合作、适应课堂环境、管理情绪等(15—17分)	能与他人交流合作、适应课堂环境、管理情绪等(12—14分)	不能与他人交流合作、适应课堂环境、管理情绪等(9—11分)		
体育品德	体育精神;体育道德;体育品格	—	很尊重老师和同学,责任意识强,非常遵守课堂纪律等(18—20分)	较尊重老师和同学,责任意识强,较好地遵守纪律等(15—17分)	能遵守纪律和尊重他人,有一定的责任意识等(12—14分)	表现被动,无责任意识,不尊重他人和遵守纪律等(9—11分)		

评价者(自己、他人):_____

根据具身理论和健康教育体育课堂教学特点,研发制定以上具身体育健康教育课堂学习评价表,在此做如下说明:

(1)具身体育健康教育课堂学习评价围绕具身认知理论和体育学科核心素

养构建。其评价的内容是核心素养三个维度所对应的具体内容,还设置了不同的评价标准。

(2)具身体育健康教育课堂学习评价重点关注课堂上学生的身体和心理,除了评价其健康教育知识掌握情况外,还评价其在活动过程中的情绪调控、环境适应能力,以及在课堂上形成的体育品德状况等。

(3)评价标准划分为四个等级:优秀、良好、及格、不及格,每一等级设有对应的分数,实操中直接填写具体的分数,汇总成总分;

(4)依分数定等级。优秀为85分及以上、良好为75—84分、及格为60—74分、不及格为59分及以下。

(5)具身体育健康教育课堂学习评价,适合学生个人自评与小组的互评,也适合听课老师对课堂的总体评价。

(二)具身体育单元学习评价的工具研发与方法制定

新课程标准提出:评价目的是对学生的学习行为进行观察、诊断、反馈、引导和激励,以判断课程目标达成度;评价内容应选择围绕学科核心素养,紧扣学业质量,结合具体的教学内容,评估学生核心素养的发展水平,具体内容为运动能力的发展、健康行为的形成、体育品德的养成;评价方式应注重过程性评价与终结性评价相结合、定性评价与定量评价相结合、相对性评价与绝对性评价相结合、教师评价与学生评价相结合,要求评价方式多样化、重视过程性评价、运用现代信息技术手段辅助评价;合理利用评价结果,及时将评价结果反馈给学生,帮助学生改进学习。具身体育单元学习评价与新课程标准所提出的评价的目的、内容和方式等一致。

大单元(模块)教学是一个相对独立的、系统的知识体系,是由同类知识和技能组成的教学整体。大单元(模块)教学模式能较全面地落实学科核心素养。教学与评价是一对孪生姐妹,由此可见,基于大单元(模块)教学评价内容的全面性,体现学生的过程性学习情况,能够较好地发挥评价的诊断、反馈、激励、发展的作用,落实学科核心素养。

1. 研发与制定具身体育运动技能项目大单元(模块)学习评价工具(表6-4)

表6-4 具身体育运动技能项目大单元(模块)学习评价表

课次：_____ 年级：_____ 班级：_____ 号码：_____ 姓名：_____

单元内容						××××××				
评价内容				评价形式	评价主体	评价标准（在选择等级对应分数处打√）				总分等级
一级指标	二级指标	三级指标				优秀	良好	及格	不及格	
运动能力	运动认知	学中（知识、规则）	学后（知识、规则）	进步幅度	笔试、语言表达	互评师评	10	8	7	5	
	技能	学中（某一运动技能学习情况）	学后（某一运动技能学习情况）	进步幅度	观察展示定性	师评	25	20	17.5	12.5	
	比赛	学中	学后	进步幅度	观察展示定性	师评	15	12	10.5	7.5	
	体能	学中（一般体能）	学后（一般体能）	进步幅度	计时计量定性	师评	5	4	3	2	
		学中（专项体能）	学后（专项体能）	进步幅度	计时计量定性	师评	5	4	3	2	
健康行为	意识习惯	参与某一运动技能学练的行为与习惯、课堂自我管理等			观察行为表现定性	互评自评	5	4	3	2	
	健康知识应用	在某一运动技能学练赛评中的科学锻炼方法、预防运动损伤及疲劳恢复等			观察行为表现定性	互评自评	5	4	3	2	
	情绪调控	在某一运动技能学练赛评中的情绪稳定、包容豁达，与同学、老师保持良好关系等			观察行为表现定性	互评自评	5	4	3	2	

续表

评价内容 一级指标	评价内容 二级指标	评价内容 三级指标	评价形式	评价主体	评价标准（在选择等级对应分数处打√） 优秀	良好	及格	不及格	总分/等级
健康行为	环境适应	在某一运动技能学练赛评中，自然环境与课堂环境的适应情况等	观察行为表现定性	互评自评	5	4	3	2	
体育品德	体育精神	在某一运动技能学练赛评中，团队精神、坚持到底、勇敢顽强等	观察行为表现定性	互评自评	7	6	5	4	
体育品德	体育道德	在某一运动技能学练赛评中，遵守规则、尊重裁判、公平竞争等	观察行为表现定性	互评自评	7	6	5	4	
体育品德	体育品格	在某一运动技能学练赛评中，持正确的胜负观、胜不骄、败不馁等	观察行为表现定性	互评自评	6	5	4	3	

评价者（自己、他人）：_____

根据具身理论和运动技能项目大单元（模块）体育教学特点，研发制定具身体育运动技能项目大单元（模块）学习评价表，在此做如下说明：

（1）具身体育运动技能项目大单元（模块）学习评价，是围绕具身理论和体育与健康学科核心素养构建的，对学生运动技能单元学练后的综合评价。评价内容为运动能力、健康行为和体育品德三个方面，并设置不同的评价标准。

（2）具身体育运动技能项目大单元（模块）学习评价，全面评价学生在学练中的身心发展情况。如评价学生技战术掌握与运用、体能发展情况；评价学生环境适应等健康行为维度；评价学生体育品德培养情况等。

（3）具身体育运动技能项目大单元（模块）学习评价，注重学生学习的过程性评价。主要体现在运动能力维度上，即运动认知、技能、比赛及体能（一般体能和专项体能）四个方面，评价学生的进步幅度。

（4）具身体育运动技能项目大单元（模块）学习评价，评价形式多样性。运动认知主要采用笔试或语言表达方式；技能主要采用观察展示的定性评价；比赛主要采用观察展示的定性评价方式；体能主要采用计时与计量的定量评价方式;健康行为和体育品德采用观察行为表现的定性评价方式。

(5)具身体育运动技能项目大单元(模块)学习评价,评价主体多元。评价过程需要教师、小组及个人三方共同参与,相互配合,评价结果具有全面性、科学性、有效性。

(6)具身体育运动技能项目大单元(模块)学习评价,具有较强的可操作性。操作时在设有分数的四个标准等级中,勾选各项指标的具体分数,最后合成总分评定等级:优秀为85分及以上、良好为75—84分、及格为60—74分、不及格为59分及以下。

2.研发与制定具身体育体能大单元(模块)学习评价工具(表6-5)

表6-5 具身体育体能大单元(模块)学习评价表

课次:_____ 年级:_____ 班级:_____ 号码:_____ 姓名:_____

单元内容						×××				
评价内容			评价形式	评价主体	评价标准(在选择等级对应分数处打√)				总分等级
一级指标	二级指标	三级指标				优秀	良好	及格	不及格	
运动能力	体能运动认知	学中(知识)	学后(知识)	进步幅度	笔试、语言表达	互评师评	10	8	7	5	
	体能练习方法	学中(体能掌握情况)	学后(体能掌握情况)	进步幅度	观察展示定性	师评	25	20	17.5	12.5	
	体能比赛	学中	学后	进步幅度	观察展示定性	师评	15	12	10.5	7.5	
	体能量性变化	学中(一般体能)	学后(一般体能)	进步幅度	计时计量定量	师评	5	4	3	2	
		学中(专项体能)	学后(专项体能)	进步幅度	计时计量定量	师评	5	4	3	2	

续表

评价内容 一级指标	评价内容 二级指标	评价内容 三级指标	评价形式	评价主体	评价标准（在选择等级对应分数处打√）优秀	良好	及格	不及格	总分等级
健康行为	意识习惯	参与体能学练的行为与习惯、课堂自我管理等	观察表现定性	互评自评	5	4	3	2	
	健康知识应用	在体能学练赛评中，科学锻炼方法、预防运动损伤及疲劳恢复等健康知识的运用	观察表现定性	互评自评	5	4	3	2	
	情绪调控	在体能学练赛评中，自我调控情绪，与老师和同学的关系等	观察表现定性	互评自评	5	4	3	2	
	环境适应	在体能学练赛评中，自然环境与课堂环境的适应等	观察表现定性	互评自评	5	4	3	2	
体育品德	体育精神	在体能学练赛评中，积极进取、不怕困难、坚持到底等	观察表现定性	互评自评	7	6	5	4	
	体育道德	在体能学练赛评中，尊重对手、诚信自律、公平公正等	观察表现定性	互评自评	7	6	5	4	
	体育品格	在体能学练赛评中，自尊自信、文明礼貌、有责任意识等	观察表现定性	互评自评	6	5	4	3	

评价者（自己、他人）：_____

根据具身理论和体能大单元（模块）体育教学特点，研发与制定具身体育体能单元（模块）学习评价表，在此做如下说明：

（1）具身体育体能大单元（模块）学习评价，依据具身理论和学科核心素养建构，是对学生体能学练后的一种综合评价。评价内容按照核心素养的三个维度，设置不同的评价标准。

（2）具身体育体能大单元（模块）学习评价，重点关注学生在课堂上的身体和心理状况，除了评价体能练习方法掌握和体能量性变化情况外，还评价学生在活动过程中的情绪调控、环境适应情况，以及在课堂上体育品德的学习情况等。

（3）具身体育体能大单元（模块）学习评价，注重学练的过程性评价。主要评价学生体能的运动认知、方法掌握、一般体能与专项体能，以及体能游戏（或比赛)等,定量评价与定性评价相结合评价体能以上几个方面学后的进步幅度。

(4)具身体育体能大单元(模块)学习评价,评价方式多样。体能运动认知,以笔试或语言表达方式为主;体能练习方法和体能比赛主要采用观察展示的定性评价方式;体能量性变化主要采用计时与计量的定量评价方式;针对健康行为和体育品德采用观察行为表现的定性评价方式。

(5)具身体育体能大单元(模块)学习评价,评价主体多元。评价主体为老师、学生个人及小组他人三方,通过多方的评价,促进评价结果的科学性、全面性与有效性。

(6)具身体育体能大单元(模块)学习评价,具有较强的操作性。四个等级设有不同的分值,操作时,在各项指标的具体分数对应处打"√",总分合成后进行等级评定。各等级对应的分数范围为:优秀为85分及以上、良好为75—84分、及格为60—74分、不及格为59分及以下。

3. 研发与制定具身体育健康教育大单元(模块)学习评价工具(表6-6)

表6-6　具身体育健康教育大单元(模块)学习评价表

课次:_____　年级:_____　班级:_____　号码:_____　姓名:_____

单元内容				健康教育:健身知识				总分/等级
评价内容		评价形式	评价主体	评价标准(等级与分数)				
				优秀	良好	及格	不及格	
知识掌握与应用	学中: 学后: 进步幅度:	笔试或语言表达	互评师评	(55—60分)	(50—54分)	(45—49分)	(40—44分)	
健康行为	学生在单元学习过程中,课堂上表现出来的个人情绪调控、适应课堂环境,以及与他人交流合作等方面的情况	观察行为表现定性	自评互评	(18—20分)	(15—17分)	(12—14分)	(9—11分)	
体育品德	学生在单元学习过程中,课堂上表现出来的个人积极进取、责任意识等方面的情况	观察行为表现定性	自评互评	(18—20分)	(15—17分)	(12—14分)	(9—11分)	

评价者(自己、他人):_____

研发与制定具身体育健康教育大单元(模块)学习评价表,依据的是具身理论和健康教育教学特点,在此做如下说明:

(1)具身体育健康教育大单元(模块)学习评价,是根据学科核心素养和具身理论构建的,对学生健康教育学习后的综合评价。评价内容为知识掌握与应用、健康行为和体育品德的指标要素,设置有不同的评价标准。

(2)具身体育健康教育大单元(模块)学习评价,重点关注学生课堂的身体认知和知识应用,除了评价知识掌握与应用情况外,还评价学生在单元学习过程中,课堂上表现出来的个人情绪调控、适应课堂环境、与他人交流合作等方面的情况,以及课堂上表现出来的个人积极进取、责任意识等方面的情况等。

(3)具身体育健康教育大单元(模块)学习评价,注重学习的过程性评价。在评价健康教育知识掌握与应用的维度上,评价学生在学习后的进步幅度。

(4)具身体育健康教育大单元(模块)学习评价,有多样化的评价形式。教育认知与知识主要采用笔试或语言表达的评价形式;采用定性评价方式,观察学生健康行为和体育品德的行为表现。

(5)具身体育健康教育大单元(模块)学习评价,评价主体多元。多元的主体评价体现在学生个人、小组他人以及教师三方共同参与评价,让评价结果更加全面、科学和有效。

(6)具身体育健康教育大单元(模块)学习评价,操作性较强。四个标准等级中设有不同的分数,在各项指标对应的单元格中填入分数,汇总分数评定等级。等级:85分及以上为优秀、75—84分为良好、60—74分为及格、59分及以下为不及格。

(三)研发与制定具身体育学生课堂情意表现观察评价量表(表6-7)

表6-7 具身体育学生课堂情意观察评价量表

评价内容	评价维度	评价标准与权重			得分
		好:30—34分	中:25—29分	差:20—24分	
身心参与	学习任务	主动承担学习任务	承担一定的学习任务	被动承担学习任务	
	教师提问	积极响应教师提问指导	响应教师提问指导	消极响应教师提问指导	

续表

评价内容	评价维度	评价标准与权重			得分
		好:30—34分	中:25—29分	差:20—24分	
身心参与	思考和学练	自觉思考和主动学练	跟着思考和学练	被动思考和学练	
	运动负荷	主动承受大运动负荷	承受中运动负荷	不承受或承受小运动负荷	
健康行为	意识习惯	积极参与知识与技能学练的行为与习惯、课堂自我管理良好	参与知识与技能学练的行为与习惯、课堂自我管理一般	被动参与知识与技能学练的行为与习惯、课堂自我管理较差	
	健康知识应用	掌握与运用科学锻炼方法、预防运动损伤及疲劳恢复等健康知识	基本掌握与运用科学锻炼方法、预防运动损伤及疲劳恢复等健康知识	未能掌握与运用科学锻炼方法、预防运动损伤及疲劳恢复等健康知识	
	情绪调控	情绪稳定、包容豁达,与同学、老师关系良好	情绪基本稳定,包容他人,与同学和老师关系一般	情绪不稳定,无法包容他人,与同学和老师关系差	
	环境适应	非常适应课堂和自然环境等	适应课堂和自然环境等	不适应课堂和自然环境等	
体育品德	体育精神	积极进取、勇敢顽强等表现良好	团队合作、不怕困难等表现一般	消极、胆怯、懦弱等	
	体育道德	遵守规则、诚信自律等表现良好	尊重对手、公平公正等表现一般	不遵守规则、放松纵容、偏袒等	
	体育品格	文明礼貌、自尊自信表现良好	责任意识、正确胜负观等表现一般	无理蛮横,未能做到胜不骄、败不馁等	
总分		等级			

等级标准:优秀为85分及以上、良好为75—84分、及格为60—74分、不及格为59分及以下

评价者:_____

根据具身理论和体育教学特点,研发与制定具身体育学生课堂情意表现观察评价量表。在此做如下说明:

(1)评价内容。具身体育学生课堂情意表现观察评价内容包含身心参与、健康行为和体育品德三个方面。每一项内容设置对应的评价维度,身心参与的评价维度是学习任务、教师提问、思考和学练、运动负荷等表现情况;健康行为的评价维度是意识习惯、健康知识应用、情绪调控、环境适应等表现情况;体育品德的评价维度是体育精神、体育道德、体育品格等表现情况。

(2)评价方法。具身体育学生课堂情意表现观察评价的方法主要采用观察法、记录法,观察学生在体育课堂上的情意表现并及时地记录。如对课堂学生的身心参与做出评价,通过课堂观察学生的学习任务、教师提问、思考和学练、运动负荷等表现情况,并对其做出准确的记录等。

(3)评价标准分值。具身体育学生课堂情意表现观察评价的标准分为好、中、差三个等级,每一等级设置对应的评价分数,根据评价标准与权重打分,"好"的等级为30—34分、"中"的等级为25—29分、"差"的等级为20—24分。

(4)评价标准表现形式。具身体育学生课堂情意表现观察评价的标准分为好、中、差三个等级,每一等级设置对应的表现形式,如健康行为内容中的意识习惯,"好"的等级表现形式为积极参与知识与技能学练的行为与习惯、课堂自我管理良好;"中"的等级表现形式为参与知识与技能学习的行为与习惯、课堂自我管理一般;"差"的等级表现形式为被动参与知识与技能学练的行为与习惯、课堂自我管理较差。

(5)具身体育学生课堂情意表现观察评价,重点评价身心参与、健康行为和体育品德三个方面,关注学生的身心参与,观察学生的行为表现,检测学生"身心"情意性的教学效果。

(6)具身体育学生课堂情意表现观察评价量表,具有较强的可操作性。操作时在设有分数的三个标准等级中,参考评价标准分值,结合课堂观察,在对应具体栏目中填写分数,最后合成总分评定等级。共四个等级,各个等级对应的分数是:优秀为85分及以上、良好为75—84分、及格为60—74分、不及格为59分及以下。

(四)研发与制定具身体育知识、技能和体能定性评价的工具(表6-8)

表6-8 具身体育知识、技能和体能定性评价表

评价内容	评价标准(等级与分数)				得分
	优秀	良好	及格	不及格	
知识掌握与运用	熟练阐述所学的健康教育知识,内容正确;能将所学的知识准确、灵活地运用于运动和生活中(18—20分)	能较好表述所学的健康教育知识,内容基本正确;能将所学的知识合理地运用于运动和生活中(15—17分)	能简单阐述所学的健康教育知识,内容有少地方错误;能将所学的知识较好地运用于运动和生活中(12—14分)	不能说出所学的健康教育知识,内容有多处错误;未能将所学的知识运用于运动和生活中(9—11分)	
技能掌握与运用	熟练阐述所评价的技能技术动作要领或战术方法;熟练掌握所学技能的技战术,动作准确、连贯、协调;在比赛中能合理、有针对性、有效运用,成绩优胜(55—60分)	较熟练阐述所评价的技能技术动作要领或战术方法;较熟练掌握所学技能的技战术,动作准确、连贯;在比赛中合理、有效运用,成绩良好(50—54分)	基本能阐述所评价的技能技术动作要领或战术方法;基本掌握所学技能的技战术,动作准确;在比赛中基本能合理运用,成绩一般(45—49分)	不能阐述所评价的技能技术动作要领或战术方法;未能掌握所学技能的技战术,动作不准确;在比赛中不能合理运用,成绩差(40—44分)	
体能掌握与运用	熟练阐述所评价的体能动作要领;熟练掌握评价的体能技术,动作准确、协调、连贯;超额完成负荷量;比赛成绩优秀(18—20分)	较熟练阐述所评价的体能动作要领;较熟练掌握评价的体能技术,动作较准确、协调、连贯;较好完成负荷量;比赛成绩良好(15—17分)	基本能阐述所评价的体能动作要领;基本掌握评价的体能技术,动作基本准确;能基本完成规定的负荷量;比赛成绩及格(12—14分)	不能阐述所评价的体能动作要领;未能掌握评价的体能技术,不能承担运动负荷量;比赛成绩差(9—11分)	
	总分		等级		
等级标准:优秀为85分及以上、良好为75—84分、及格为60—74分、不及格为59分及以下						

评价者:_____

根据具身理论和体育教学特点,研发制定具身体育知识、技能和体能定性评价表。在此做如下说明:

(1)评价目的。具身体育知识、技能和体能定性评价,能够客观地反映学生学练体育与健康知识、技能与体能后,掌握与运用知识、技能与体能的情况。定性评价是综合评价的组成部分,能有效地对学生的学习行为进行观察与诊断,判断运动能力目标中的"掌握与运用"维度的达成度,促进学生更好地学习和教师更有效地教学。

(2)评价内容。具身体育评价的内容,是对学生在学练体育与健康知识、技能与体能方面的掌握与运用情况做出定性的等级评价。例如要对学生某一体能掌握与运用的情况做定性评价,评价内容为某一体能"动作要领、动作技术展示与比赛运用"等。

(3)评价方法。具身体育知识、技能和体能定性评价的方法主要采用观察法、测试法、记录法,观察学生在学练体育与健康知识、技能和体能后,掌握与运用知识、技能和体能的情况;测试学生对动作概念的理解等,并及时做好记录。如对学生技能掌握与运用情况的定性评价,通过观察学生的动作表现和比赛运用,以及测试其动作概念的表述等,客观准确地记录评价结果。

(4)评价标准分值。具身体育知识、技能和体能定性评价的标准分为优秀、良好、及格、不及格四个等级,每一等级设置对应的评价分数。根据总分等级标准,优秀为85分及以上、良好为75—84分、及格为60—74分、不及格为59分及以下。

(5)评价标准表现形式。具身体育知识、技能和体能定性评价的标准分为优秀、良好、及格、不及格四个等级,每一等级设置对应的表现形式,如技能掌握与运用定性评价,"优秀"的等级表现形式为:熟练阐述所评价的技能技术动作要领或战术方法;熟练掌握所学技能的技战术,动作准确、连贯、协调;在比赛中能合理、有针对性、有效运用,成绩优胜。"良好"的等级表现形式为:较熟练阐述所评价的技能技术动作要领或战术方法;较熟练掌握所学技能的技战术,动作准确、连贯;在比赛中合理、有效运用,成绩良好。此外,还有"及格""不及格"的表现形式。

(6)具有可操作性。具身体育知识、技能和体能掌握与运用定性评价,通过课堂观察与测试,主观判断学生对体育知识、技能和体能的掌握与运用情况,填写观察与判断结果,分数填写在相应的等级栏目中。

二、对教师教学效果评价的工具研发与方法制定

在具身体育教学过程中,应树立学生的主体性和教师的主导性。对体育教师的评价,一方面是促进教师更好地履行职责,另一方面是检验教学效果,不断提高体育教学质量。依据具身认知理论和体育与健康学科教学要求对教师进行教学评价,评价体育教师教学的工具研发与方法制定遵循客观、公正的原则。

对体育教师教学评价的目的是提高教师教学质量。通过评价,及时收集授课教师的准确信息,鉴定教师教学行为,学习优点,帮助教师改进不足,使其加深自我认识、促进自我发展,提升受评价者和评价者的教学能力。对体育教师教学评价的内容包括评价体育教师的课程理论认识、学科核心素养理解、教学目标设定、教学策略运用、课堂教学组织的驾驭等;对体育教师教学评价的方法采用课堂观察方法、效能评价法及记分评价法等综合评价方式;对体育教师教学评价的主体一般是领导、专家、听课教师及学生等。

(一)制定评价方法与研发评价工具

1.制定评价方法

采用全面性、具身性、科学性、公正性和客观性的评价方法,全面了解教师的教学设计和教学实施情况,了解学生身心参与课堂的程度和教师的教学能力水平。

(1)观察法:评价者在不干扰教师正常工作的情况下,对授课教师的教学准备、教学过程、教学效果和教学评价等评价指标进行检验。

(2)测量法:检验学生的学习效果和运动负荷,测量学生运动能力中的体能和技能等的掌握情况;通过测量学生心率,检验课的运动密度和强度。

(3)测验法:测验运动认知、健康教育知识和规则等的掌握程度。

(4)问卷法:通过问卷了解学生对体育教师教学的满意程度,以及体育兴趣、情绪调控、环境适应和体育品德等情况。

(5)访谈法:访谈听课教师和学生,了解他们对授课教师的评价意见;访谈授课教师,了解其教学的设计思路或创新理念。

(6)记录法:在预先设计的《教师教学评价量表》中,记录教师的教学过程和教学行为,课后进行分析与评价。

2.研发教师教学评价的工具(表6-9)

表6-9 教师教学评价量表

评价内容 一级指标	二级指标	三级指标	评价方法	评价标准 优秀	良好	及格	不及格	得分
教学准备	教学理念（具身理论）	1.身心一体全面发展 2.从以教为本到主体具身参与 3.从知识本位到注重素养导向 4.从静态预设到动态自然生成 5.从单向灌输到多方互动	观察法 访谈法 问卷法 记录法	5	4	3	2	
	学情分析	1.认知水平 2.体能水平 3.技能水平 4.情绪与品德	观察法 访谈法 问卷法 记录法	5	4	3	2	
	教学设计	1.大单元教学设计合理、清晰 2.课时教学设计完整、明确 3.教案设计工整、清晰、具体	观察法 记录法	5	4	3	2	
	教学设施	1.场地与器材布局合理、经济，满足教学需求 2.场地与器材设置安全 3.场地与器材布局的创新教学	观察法 记录法	5	4	3	2	
教学过程	教学目标	1.有针对性、具体的四维目标 2.可测量的知识、体能与技能目标 3.可观察的健康行为目标 4.可观察的情感态度行为表现	观察法 测量法 测验法 记录法	11	10	9	8	
	教学内容	1.精选易培养核心素养的内容 2.精选符合具身学练的内容 3.重点突出，难易程度适当 4.单元和课时的知识与技能连贯性 5.主教材与辅助教材的科学性	观察法 记录法	11	10	9	8	
	教学方法	1.教学法运用有针对性 2.因材施教，关注差生 3.体育学法指导与培养 4.纠错有针对性、有效、及时 5.示范正确优美，讲解清晰明确 6.运用新兴技术手段有效辅助教学 7.激发学生的学习兴趣	观察法 记录法 问卷法	12	11	10	9	

续表

一级指标	二级指标	三级指标	评价方法	优秀	良好	及格	不及格	得分
教学过程	教学组织	1.组织有序,队形调动快速 2.学练顺畅,运动负荷足够 3.教师主导性和学生主体性 4.充分利用空间,各段时间控制符合要求 5.学生情绪稳定,课堂气氛融洽	观察法 测量法 测验法 记录法	11	10	9	8	
教学效果	学生认知、锻炼习惯和体育品德的养成	1.身心参与的重要性认识 2.主动且积极参与活动 3.能自觉做好热身与放松 4.能与他人良好合作 5.活动中能勇于拼搏、团队意识强	问卷法 观察法 测验法 记录法	5	4	3	2	
	学生体能水平的提高	1.一般性体能的提高 2.专项体能的提高 3.体能学练能适应大负荷,表现吃苦耐劳、坚持到底的精神	测量法 观察法 记录法	5	4	3	2	
	学生体育知识和技能的掌握与应用	1.具身参与,记忆、理解及应用体育知识与规则等 2.熟练掌握运动技能 3.在真实比赛情境下,运用运动技能	测验法 测量法 技术评定法	5	4	3	2	
	学生满意度	1.教学内容的兴趣度 2.课堂组织的适应度 3.学练方式的效果度 4.教学风格的接受度	问卷法 面谈法 访谈法 记录法	5	4	3	2	
教师对教学的评价	即时评价的应用	1.关注学生学练行为,激励评价 2.培养学生主体意识,互动评价 3.关注学生技能错误,指导评价	问卷法 观察法 访谈法	5	4	3	2	
	形成性评价的应用	1.体能练习方法的掌握与提高 2.运动技能和知识的掌握与应用 3.身心全面发展性	观察法 测量法 测验法 记录法	5	4	3	2	
	终结性评价的应用	1.大单元核心素养的达成 2.课时教学目标的达成 3.对师生教与学的激励 4.教学状况的诊断与反馈	问卷法 测量法 测验法 记录法	5	4	3	2	
等级			总分					
等级标准	优秀:85分及以上、良好:75—84分、及格:60—74分、不及格:59分及以下							

评价者:_____

根据具身理论和体育教学特点,研发制定教师教学评价量表。在此做如下说明:

(1)评价内容。教师教学评价内容分为三级指标,一级指标分别为教学准备、教学过程、教学效果、教师对教学的评价;二级指标是与一级指标对应的主要内容,如教学过程的二级指标为教学目标、教学内容、教学方法及教学组织四个维度;三级指标是与二级指标对应的主要内容,如教学方法的三级指标为:教学法运用有针对性;因材施教,关注差生;体育学法指导与培养;纠错有针对性、有效、及时;示范正确优美,讲解清晰明确;运用新兴技术手段有效辅助教学;激发学生的学习兴趣七个维度。

(2)评价方法。教师教学评价的方法包括观察法、问卷法、技术评定法、测量法、测验法、记录法等,如对课堂学生身心参与的重要性的认知评价采用问卷法;对课堂学生体能掌握与提高情况评价采用的是测量法;对课堂学生体育知识与规则等的掌握情况评价采用测验法;对课堂学生运动技能的掌握情况评价采用技术评定法和测量法;对课堂教学设计的评价采用观察法;对教师课堂是否激发学生学习兴趣的评价采用访谈法等;对各种评价方法均进行记录备案采用的是记录法。

(3)评价标准。教师教学评价的标准分为优秀、良好、及格和不及格四个等级,设有不同的分值。

(4)对教师教学的评价,重点评价教师的教学准备、教学过程、教学效果及教师对教学的评价四个方面,关注教师对新课程理念及具身认知理论的贯彻程度;观察教师教学对核心素养的落实;检查教师对学生身心一体、身心全面的教育教学效果;判断教师对教学评价的应用是否发挥评价的激励和促进作用。

(5)对教师教学进行评价,具有较强的可操作性。操作时,在四个标准等级中,对应三级指标勾选各项的具体分数,根据总分评定等级。四个等级标准分别为:优秀为85分及以上、良好为75—84分、及格为60—74分、不及格为59分及以下。

教师教学评价是对教师各个教学环节的检验,评价的结果能为提高教师的综合素质提供具体的参考意见,对于教师今后的发展具有重要的意义。[①]

[①] 刘志红.学校体育教学评价体系构建与可操作性研究[D].石家庄:河北师范大学,2007:201.

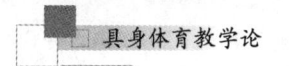

(二)评价教师教学的主体

具身体育对教师教学的评价倡导评价主体的全面性,包括领导的评价、专家的评价、同行的评价、学生的评价及教师的自我评价等五类。

1. 领导的评价

领导的评价是学校管理的手段之一,主要是领导单向评价教师的教学成绩和工作态度,重视评价的结果,对教师的教学过程不予看重。

2. 专家的评价

专家从体育教育规律和具身认知理论的角度,对教师的教学进行评价,具有较强的指导意义。[1]

3. 同行的评价

同行基于自身的认知能力,对教师的业务能力、专业水平以及工作表现,特别是课堂组织、方法运用及教学效果等,做出较为客观的评价。特别是在认定教师业务水平时,同行的评价能够起到很重要的作用。

4. 学生的评价

教学效果的优劣最后体现在学生是否达到"身心"全面发展上,因此学生对教师教学的评价是教学评价的主流。学生与教师相处时间最长,对教师实施的教学活动感受最深,其评价较为直观、及时,符合具身体育倡导的评价方式。学生对教师教学的评价,采用访谈、直接打分、调查问卷等方式。

5. 教师的自我评价

倡导评价主体多元性的具身体育评价,当然也有教师的自我评价。它是教师依据一定的标准,对照自己的工作表现和课堂教学情况评价自我。教师的自我评价感知较强,能激发教师的自我意识,产生自我教育、自我激励的效果,是不可忽视的重要评价方式。但是当评价和个人利益相联系时,教师的自我评价容易出现偏差。

---

[1] 史晓燕.发展性教育评价理论与实践[M].石家庄:河北教育出版社,2003:24-27.

在评价活动中,对教师教学的综合评价,可以根据评价的目的、侧重点不同,赋予不同评价主体以不同的权重分配。

(三)对教师教学评价的操作程序

对教师教学的评价步骤可分为以下四个。

1.课前了解授课教师的备课情况

评价者根据评价要求在课前检查教师的教学准备情况,检查两个方面:(1)检查授课教师的教学设计(大单元和课时教学设计)准备情况;(2)检查授课教师授课场地和器材的准备情况。通过以上两个方面,预先了解被评价教师的教学设计和教学硬件准备情况。

2.课中评价授课教师实践情况

在随堂听课的过程中,记录课堂教学的全过程,主要观察内容有教师的教学程序、教学组织安排、教学方法策略、运动负荷、学生学练效果和教师能力素养等。从观察的内容判断教师教学方法运用的科学性、组织的合理性、运动负荷的适宜性,最终归结到教学目标的达成情况,学科核心素养是否真正得以落实。采用的评价方法有观察法、测量法(运动负荷及时间安排)、收集法及记录法等,也可采用现代化手段进行记录,如用运动手环测量运动负荷、用摄像机录制等,翔实记录课堂的优点与不足,提出改进建议,以供参考。

具身体育教学评价强调教学过程的全面性,主张整个教学过程都纳入评价范围,评价原生态的、动态的、及时性的课堂元素,以便能够客观、公正地评价教师的教学情况。具身体育对教师的教学评价不仅关注被评价教师的课堂行为表现,更关注课堂上学生认知的主体参与意识、学生的知识以及技能和情感的动态生成因素等,对照评价指标体系内容做好记录。[①]

3.课后评价与交流

(1)授课教师自我评价。首先请被评教师说课,了解被评教师教学的基本

---

① 刘志红.学校体育教学评价体系构建与可操作性研究[D].石家庄:河北师范大学,2007:203.

思路和教学策略等；再让被评教师对当天自己的上课情况做出自我评价，主要是介绍临场实施情况。被评教师应在上课前提交评价表(内容和标准)，以便做好自评的准备，并以客观、求实的态度对待自我评价。

(2)听课者评价。听课者指领导、专家及同行，通过听课者与授课教师当面交流，对授课教师的课堂教学进行综合分析和讨论，归纳出授课教师课堂教学的优点和不足，肯定优点，让同行借鉴与学习，同时，分析存在问题与归因，提出中肯的改进建议，达成共识。

(3)学生评价：通过问卷调查、座谈会、个别访谈、定量测量等方式了解学生对教师教学的评价。评价内容主要针对学生身心两方面，围绕核心素养运动能力方面的体能与技能掌握情况，以及健康行为与体育品德心理方面，预先设计各个指标体系让学生逐一对照。对于运动能力方面的指标学生可采用定量测量法；对于心理方面的指标学生可采用定性评价，说明真实的内心感受。

(4)综合评价。评价者汇总听课者、自我及学生的评价信息，以书面的形式写出评价意见，并以附件形式呈现测试的具体数据，保存综合评价信息。

(四)对教师教学评价的效果检验

对于教师教学的评价，从评价的种类来说包括比赛优胜、推荐选拔、职称鉴定、招聘录用、教学诊断等，采用"标准"评价。不管对教师教学选用哪一类评价，最终都应促进教学目标的高度达成和教师教学能力的提升。

对于教师教学评价进行诊断分析，帮助授课教师分析存在的问题和产生的归因，提出针对性的改进办法。以教师评价指标体系为核心，授课教师自我反思，接收学生反馈的信息，听取多方的评价意见，从而改进教学理念和行为，不断提高教学能力。

三　如何观评具身体育课

(一)评价具身体育课

评价具身体育课基于体育课程教学特点、学科核心素养理念和具身认知理论，具体包括以下几个方面。

1.体育教学能否贯彻具身体育理念

贯彻"身心一体"论,整合与运用身体、环境、认知三要素;"身体"和"大脑"共同构造认知;教育过程与方法注重身体参与、身体体验、情境创设和自然生成。

2.具身体育教学能否贯彻新课程理论

坚持"健康第一",落实立德树人根本任务,坚持"健康第一"教育理念;注重"学、练、赛"一体化教学;加强课程内容整体设计;强调从以知识与技能为本向以学生发展为本转变;重视综合性学习评价;关注学生个体差异。

3.具身体育教学能否建立学科核心素养观的教学目标

围绕运动能力、健康行为、体育品德三大核心素养,构建认知、技能、体能、情感体育与健康课程的四维目标,突出学科育人功能,培养学生的学科核心素养。

4.具身体育教学能否精选教学内容,合理处理教材

精选课程内容有利于落实学科核心素养。2018年《福建省义务教育"体育与健康"教学指导意见(试行)》和2021年《福建省普通高中新课程"体育与健康"学科教学指导意见(试行)》提出,统筹兼顾我省各个版本教学内容,精选小学、初中、高中体育与健康教学内容。合理处理教材,根据选择的教材设计单元计划和课时计划,使教学内容"一体化";应根据单元与课次的关系,科学地安排教学内容和方法;教材的处理应结合学生的学情。

5.具身体育教学能否根据学生的特点设计教学

根据学生各个年龄阶段生理和心理特点设计教学;根据学生认知、技能、体能的情况设计教学;根据男女生差异性设计教学。

6.具身体育实施阶段能否满足以下教学要求

(1)课堂组织教学有序。组织有序,课堂活跃,师生融洽;分组练习科学合理,增加学生学练的次数(运动技能),提高运动负荷;给学生时间和空间激发学生的学习兴趣,但又要避免"放羊式",培养体育品德,掌握自我锻炼能力(健康行为);能够以运动技术教学与身体锻炼为载体,切实有效地促进学生形成良好健康行为与优秀体育品德,把几个方面有机地结合起来,使之融为一体。

(2)教学环节科学性、针对性和流畅性。准备活动能否针对本课主教材学习内容设计针对性、科学性的关节、肌肉充分活动;放松环节能否做到身心放松;技能和体能学习环节能否科学性、针对性设计教学内容和方法;教学各环节能否顺畅进行,包括组织与内容。

(3)教学策略能否围绕学科核心素养构建。树立学科核心素养观,注重活动和比赛情境的创设,在真实的活动或比赛情境下解决实际问题,提高学生学以致用的能力,使学生逐步形成学科核心素养。改变教学方式,促进学生积极主动地学习,激发学生的运动兴趣,应避免采用单一的灌输式教学方式,注重多样化的教学方式,倡导"自主、合作、探究"的学习方式。针对开放式和闭合式等不同的运动技能,采用不同的教学方式。创设情境,建立"学—练—赛"一体化的教学模式,落实学科核心素养。运用信息技术,线上线下学习深度融合,有效辅助体育教学。重视区别对待,注意因材施教,关注每个学生的进步和发展。科学安排体能练习,设计"补偿性"体能练习内容和教学方法,促进学生身体素质的全面发展。保证一定的运动负荷,课的密度为75%、练习密度为50%、平均心率为140—160次/分。

7.教师是否具有良好的教学素养

良好的教学素养指较强的示范与讲解能力、学练指导能力、纠错与指导能力、口哨运用能力、语言表达能力(课堂气氛的营造),肢体语言丰富。

(二)具身体育观评课模板

1.通评模板:总—分—总

题目:水平×(年级)××××××观评课稿

(1)总:肯定本课的优点。

(2)分:针对优缺点,分点论述。

①优点及其理论依据,课堂实际情况;

②缺点及其理论依据,课堂实际情况;

……

(3)总:

①再次肯定本课的优点。

②针对本课存在问题,提出改进意见。
……

2.维度评课模板:维度评价(教学组织、方法及手段等维度)

题目:水平×(年级)项目:具体内容观评课稿

(1)教学组织维度

①优点及其理论依据

A.……

B.……

……

②不足及改进建议

(2)教学方法维度

①优点及其理论依据

A.……

B.……

……

②不足及改进建议

(3)教学手段维度

①优点及其理论依据

A.……

B.……

……

②不足及改进建议

第三节 具身体育教学评价运用

教学评价是对教师"教"的评价和对学生"学"的评价,因此,具身体育教学评价的运用,应是将根据体育与健康课程标准和具身认知理论所研发的评价工具和所制定的评价方法,运用于体育与健康课程教学评价实施中。

一、具身体育教学单元学习评价运用

体育与健康课程教学共有8大类,分别是运动技能系列的田径运动、球类运动、体操运动、中华传统运动项目、水上(或冰雪)运动、新兴运动6大类,以及体能运动和健康教育2大类。具身体育教学单元学习评价均可运用于体育与健康课程教学8大类中。下面从8大类中选择有代表性的具体教材,给读者呈现单元学习评价的设计运用,它们分别是运动技能系列田径类快速跑单元、体能运动单元及健康教育知识单元3大类。

（一）具身体育教学水平四田径类快速跑单元学习评价(表6-10)

表6-10 具身体育水平四田径类快速跑单元教学学习评价表

课次:_____ 年级:_____ 班级:_____ 号码:_____ 姓名:_____

单元内容				田径快速跑						
评价内容				评价形式	评价主体	评价标准（在选择等级对应分数处打√）				总分等级
一级指标	二级指标	三级指标				优秀	良好	及格	不及格	
运动能力	运动认知	学中（知识与规则等）	学后（知识与规则等）	进步幅度	笔试、语言表达	互评师评	10	8	7	5	

210

续表

评价内容			评价形式	评价主体	评价标准（在选择等级对应分数处打√）				总分等级
一级指标	二级指标	三级指标				优秀	良好	及格	不及格	
运动能力	技能	学中（起跑、加速跑、途中跑、冲刺跑）	学后（起跑、加速跑、途中跑、冲刺跑）	进步幅度	观察测量	师评	25	20	17.5	12.5	
	比赛	学中	学后	进步幅度	观察展示	师评	15	12	10.5	7.5	
	体能	学中（一般体能）	学后（一般体能）	进步幅度	观察测量	师评	5	4	3	2	
		学中（专项体能）	学后（专项体能）	进步幅度	观察测量	师评	5	4	3	2	
健康行为	意识习惯	在田径学练中，参与态度、行为与习惯、课堂自我管理等			观察表现	互评自评	5	4	3	2	
	健康知识应用	掌握田径的科学锻炼方法，形成基本健康技能，预防运动损伤与疲劳恢复等			观察表现	互评自评	5	4	3	2	
	情绪调控	在田径快速跑学练赛评中，情绪的调控，与师、生的关系等			观察表现	互评自评	5	4	3	2	
	环境适应	在田径快速跑学练赛评中，自然环境与课堂环境的适应情况			观察表现	互评自评	5	4	3	2	
体育品德	体育精神	在田径快速跑学练赛评中，团队意识、勇敢顽强等精神表现			观察表现	互评自评	7	6	5	4	
	体育道德	在田径学练赛评中，遵守规则、公平公正等道德表现			观察表现	互评自评	7	6	5	4	

续表

评价内容			评价形式	评价主体	评价标准（在选择等级对应分数处打√）				总分等级
一级指标	二级指标	三级指标			优秀	良好	及格	不及格	
体育品德	体育品格	在田径学练赛评中，胜负观、责任意识等品格表现	观察表现	互评自评	6	5	4	3	

评价者（自己、他人）：_____

说明：1.围绕学科核心素养构建评价体系；2.对田径类快速跑单元学习全过程进行评价，注重评价学生学习过程中身心参与的程度；3.单元学习评价主体为授课教师和学生；4.以总分定等级（优为85分及以上、良好为75—84分、及格为60—74分、不及格为59分及以下）。

（二）具身体育教学水平四体能运动单元教学学习评价表（表6-11）

表6-11　具身体育教学水平四体能运动单元教学学习评价表

课次：_____　年级：_____　班级：_____　号码：_____　姓名：_____

单元内容					水平四体能运动单元					
评价内容				评价形式	评价主体	评价标准（在选择等级对应分数处打√）				总分等级
一级指标	二级指标	三级指标				优秀	良好	及格	不及格	
运动能力	体能运动认知	学中（知识）	学后（知识）	进步幅度	笔试、语言表达	互评师评	10	8	7	5	
	体能练习方法	学中（体能方法的掌握情况）	学后（体能方法的掌握情况）	进步幅度	观察测试	师评	25	20	17.5	12.5	

续表

评价内容 一级指标	评价内容 二级指标	评价内容 三级指标			评价形式	评价主体	评价标准（在选择等级对应分数处打√） 优秀	良好	及格	不及格	总分/等级
运动能力	体能比赛	学中	学后	进步幅度	观察测量	师评	15	12	10.5	7.5	
运动能力	体能量性变化	学中（一般体能）	学后（一般体能）	进步幅度	计时计量	师评	5	4	3	2	
运动能力	体能量性变化	学中（专项体能）	学后（专项体能）	进步幅度	计时计量	师评	5	4	3	2	
健康行为	意识习惯	参与体能学练的行为与习惯、课堂上自我管理等			观察表现	互评自评	5	4	3	2	
健康行为	健康知识应用	预防运动损伤、疲劳恢复及科学锻炼方法等健康知识的运用			观察表现	互评自评	5	4	3	2	
健康行为	情绪调控	与同学和老师保持的关系、情绪管理等			观察表现	互评自评	5	4	3	2	
健康行为	环境适应	自然环境与课堂环境的适应情况			观察表现	互评自评	5	4	3	2	
体育品德	体育精神	不怕困难、勇敢顽强等体育精神			观察表现	互评自评	7	6	5	4	
体育品德	体育道德	遵守规则、尊重裁判和对手等体育道德			观察表现	互评自评	7	6	5	4	
体育品德	体育品格	自尊自信、文明礼貌等体育品格			观察表现	互评自评	6	5	4	3	

评价者(自己、他人)：_____

说明：1.依据学科核心素养要求实施评价；2.注重体能运动单元学习的过程性评价，关注学生身心全面的参与程度；3.评价主体为学生个人、小组及老师；4.评价等级：优秀为85分及以上、良好为75—84分、及格为60—74分、不及格为59分及以下。

(三)具身体育教学水平四健康教育知识单元教学学习评价表(表6-12)

表6-12 具身体育水平四健康教育知识单元教学学习评价表

课次：_____ 年级：_____ 班级：_____ 号码：_____ 姓名：_____

单元内容	健康教育：健身知识(监测脉搏、溺水自救、逃生技能等知识)					
评价内容		评价形式	评价主体	评价标准(等级与分数)			总分/等级
^		^	^	优秀	良好	及格	不及格
知识掌握与运用	学中：监测脉搏、溺水自救、逃生技能等知识掌握	笔试、语言表达	师评互评	(55—60分)	(50—54分)	(45—49分)	(40—44分)
^	学后：同"学中"内容	^	^	^	^	^	^
^	进步幅度：	^	^	^	^	^	^
健康行为	课堂自我情绪调控与环境适应，与他人交流合作；自我监测脉搏、行为习惯等方面的情况	课堂观察	自评互评	(18—20分)	(15—17分)	(12—14分)	(9—11分)
体育品德	课堂上表现出来的积极进取、诚信自律及责任意识等方面的情况	课堂观察	自评互评	(18—20分)	(15—17分)	(12—14分)	(9—11分)

评价者(自己、他人)：_____

说明：1.按照学科核心素养要求实施评价；2.健康教育知识单元学习评价注重过程性评价，全面评价学生的身心参与度；3.健康教育知识单元学习评价主体多元化(老师、自己、小组)；4.等级设置：优秀(85分及以上)、良好(75—84分)、及格(60—74分)、不及格(59分及以下)。

二、具身体育课堂教学学习评价运用

将已研发与制定的具身体育课堂教学学习评价工具和方法，充分运用于具身体育课堂的教学学习评价中。结合本节第一部分"具身体育教学单元学习评价运用"的内容，选择运动技能项目单元、体能单元和健康教育单元中的各1个课时进行具身体育课堂教学学习评价,并运用于各自的具身体育课堂教学学习评价中。

运用具身体育课堂教学学习评价时,首先注重评价学生学习过程中的身心参与程度;其次,评价主体可为学生、老师、小组及听课者,适合对学生个人或小组的评价,也适合听课者对课堂的总体评价;再次,设置的等级与分数为:优秀为85分及以上、良好为75—84分、及格为60—74分、不及格为59分及以下。最后,实施时在评价表的评价标准四个等级中,填上所评选等级的具体分数,合成总分评定等级。

(一)具身体育教学水平四篮球运球急停急起课堂教学学习评价表(表6-13)

表6-13 水平四篮球运球急停急起课堂教学学习评价表

课次:__18(5)__ 年级:_____ 班级:_____ 号码:_____ 姓名:_____

学习内容			1.篮球运球急停急起;2.体能				得分	总分等级
评价内容			评价标准					
一级指标	二级指标	三级指标	优秀	良好	及格	不及格		
运动能力	运动认知与技战术	篮球运球急停急起的动作要领与技战术	熟练阐述运球急停急起的动作方法;熟练掌握急停时手拍按球的前上方,急起时迅速拍球的后上方,用身体和腿护球;重心转换自然,动作连贯协调(37—40分)	较熟练阐述运球急停急起的动作方法;较熟练掌握急停时和急起时的动作,用身体和腿护球;重心自然转换,动作连贯(33—36分)	基本能阐述运球急停急起的动作方法;基本能掌握急停和急起时的动作;重心转换不够自然和动作连贯稍欠缺(29—32分)	不能阐述运球急停急起的动作方法;急停和急起时拍按球的位置不准确;缺乏控制球的能力(25—28分)		
	比赛	运球突破比快	遵守规则,配合默契,成绩优秀(9—10分)	遵守规则,配合较好,成绩良好(7—8分)	遵守规则,配合一般,成绩合格(5—6分)	配合不好,且成绩差(3—4分)		
	体能	五米三向折返跑	动作准确、连贯、协调,超额完成规定的练习次数,状态佳(9—10分)	动作准确、连贯,较好完成规定的练习次数,状态较好(7—8分)	动作准确,基本能完成一定的练习次数(5—6分)	动作不准确,无法完成规定的练习次数(3—4分)		

215

续表

评价内容			评价标准				得分	总分/等级
一级指标	二级指标	三级指标	优秀	良好	及格	不及格		
健康行为	情绪调控；环境适应；锻炼意识与习惯；健康知识的掌握与应用	—	很好地适应课堂环境、情绪管理及与他人交流合作；熟练掌握预防运球急停急起动作损伤的方法（18—20分）	较好地与他人交流、适应课堂环境和管理情绪；较好掌握预防运球急停急起动作损伤的方法（15—17分）	能自我管理情绪、适应环境和与他人合作；基本能掌握所学的预防运动动作损伤的方法（12—14分）	无法适应环境、情绪管理及与他人交流合作；无法掌握所学预防运动动作损伤的方法（9—11分）		
体育品德	体育精神；体育道德；体育品格	—	团队意识强，积极进取，严格遵守规则，非常尊重他人等（18—20分）	较强的拼搏精神、尊重他人和责任意识等（15—17分）	不怕困难、有责任意识、遵守规则等方面表现一般（12—14分）	消极参与，毫无责任意识，不遵守规则和尊重他人等（9—11分）		

评价者（自己、他人）：_____

（二）具身体育水平四体能教学发展肌肉力量课堂教学学习评价表（表6-14）

表6-14 水平四体能教学发展肌肉力量课堂教学学习评价表

课次：18(6)　年级：_____　班级：_____　号码：_____　姓名：_____

| 学习内容 | 1.主教材：蛙跳和前抛实心球；2.一般体能：十字象限跳 |||||||||

评价内容			评价标准				得分	总分/等级
一级指标	二级指标	三级指标	优秀	良好	及格	不及格		
运动能力	运动认知与技战术	蛙跳和前抛实心球的动作要领与技战术	熟练表述蛙跳和前抛实心球的动作技术；动作正确、连贯协调，成绩优秀（37—40分）	较熟练阐述蛙跳和前抛实心球的动作要领；动作正确、连贯，成绩良好（33—36分）	能基本阐述蛙跳和前抛实心球的动作要领；动作正确，成绩一般（29—32分）	不能说出蛙跳和前抛实心球的动作要领；难以完成动作，成绩差（25—28分）		

续表

评价内容			评价标准				得分	总分等级
一级指标	二级指标	三级指标	优秀	良好	及格	不及格		
运动能力	比赛	蛙跳比快和前抛实心球比远	科学、合理、高效地运用所学的技能于游戏或比赛中,成绩优秀(9—10分)	合理、有效地运用所学的技能于游戏或比赛中,成绩良好(7—8分)	合理地运用所学的技能于游戏或比赛中,成绩一般(5—6分)	无法有效运用技能,成绩差(3—4分)		
运动能力	体能	十字象限跳	动作正确、连贯协调,超额完成规定的练习次数,状态很好(9—10分)	动作正确、连贯,完成规定的练习次数,状态较好(7—8分)	动作基本正确,完成一定的练习次数(5—6分)	动作不正确,较难完成规定的练习次数(3—4分)		
健康行为	情绪调控;环境适应;锻炼意识与习惯;健康知识的掌握与应用	—	能很好地管理情绪、与他人合作和适应环境;熟练掌握与运用蛙跳和前抛实心球动作损伤的预防方法(18—20分)	较好地管理情绪、与他人合作和适应环境;较好掌握与运用蛙跳和前抛实心球动作损伤的预防方法(15—17分)	能管理情绪、与他人合作、适应环境;基本掌握与运用蛙跳和前抛实心球动作损伤的预防方法(12—14分)	不能管理情绪,无法与他人合作,难以适应环境;无法掌握与运用所学动作损伤的预防方法(9—11分)		
体育品德	体育精神;体育道德;体育品格	—	非常积极进取,很强的责任意识,非常遵守规则、尊重他人等(18—20分)	责任意识较强,懂得遵守规则和尊重他人等(15—17分)	积极进取方面表现一般,有责任意识,基本会遵守规则和尊重他人等(12—14分)	课堂表现消极,无责任意识,不遵守规则,不尊重他人等(9—11分)		

评价者(自己、他人):_____

(三)具身体育水平四健康教育教学健身知识课堂学习评价表(表6-15)

表6-15 水平四健康教育教学健身知识课堂学习评价表

课次：__18(8)__ 年级：_____ 班级：_____ 号码：_____ 姓名：_____

学习内容			健康教育的健身知识				得分	总分等级
评价内容			评价标准					
一级指标	二级指标	三级指标	优秀	良好	及格	不及格		
运动能力	运动认知与知识	体育锻炼对身心发展的价值、制定体育锻炼策略	熟练表述体育锻炼对身心发展的价值；制定科学、合理、有效的体育锻炼策略（55—60分）	较熟练阐述体育锻炼对身心发展的价值；制定合理、有效的体育锻炼策略（50—54分）	能基本表达体育锻炼对身心发展的价值；制定合理的体育锻炼策略（45—49分）	不能说出体育锻炼对身心发展的价值；体育锻炼策略制定得不合理（40—44分）		
健康行为	情绪调控；环境适应；锻炼意识与习惯；健康知识的掌握与应用	—	能很好地管理情绪、适应课堂环境和与他人交流合作等（18—20分）	较好地管理情绪、适应课堂环境、与他人交流合作等（15—17分）	能管理情绪、适应课堂环境、与他人交流合作等（12—14分）	不能管理情绪，不能适应课堂环境，不能与他人交流合作等（9—11分）		
体育品德	体育精神；体育道德；体育品格	—	能很好地遵守课堂纪律，有很强的合作精神、责任意识，非常尊重他人等（18—20分）	能较好地遵守课堂纪律，有较强的合作精神、责任意识，能尊重他人等（15—17分）	积极性一般，基本能遵守纪律、尊重他人，有一定责任意识等（12—14分）	消极被动，不遵守课堂纪律，无责任意识，不尊重他人等（9—11分）		

评价者(自己、他人)：_____

三 具身体育教学评价在"观评课"中的运用

"观评课"是针对特定的某一节课中教师的"教"和学生的"学"及其效果的综合评价。可将根据体育课程特点和具身理论研发与制定的"观评课"的工具和方法，运用于具身体育课堂教学评价。"观评课"的主要用途是做教研、打比赛、参加考试、评定教学能力等。选择体育课程8大类中具有代表性的运动技能课（实践课）和健康教育课（理论课）各1节，给读者呈现具身体育教学评价在"观评课"中的运用。本"观评课"由厦门市第四批青年教师成长共同体的两位老师完成。

（一）将具身体育教学评价运用于观评运动技能课（实践课）

案例：课题《外延内涵筑结构　融合运用蕴素养》

——水平五自由泳完整划臂技术及运用

授课者：上海孙敏睿　　观评课者：厦门林树真

今天有幸观看上海中学孙敏睿老师执教的水平五（十一年级）"自由泳：完整划臂技术及运用"一课，收获颇丰。现结合《普通高中体育与健康课程标准（2017年版2020年修订）》（以下简称《新课标》）的理念与要求，以及李老师提出的"具身体育"教学主张，围绕"运动能力"维度，就运动认知及技战术运用、体能状况、体育展示与比赛三个层面的优点、不足及改进建议提出个人的看法。

1.课的概述

本课教学对象为高二男生班，共24人，本课为单元5次课中的第3次课，主要学习自由泳完整划臂技术。在课堂教学过程中，孙老师巧用信息技术、融合多学科知识、实施分层教学、创设学练情境等，引导学生具身参与，使学生提升认知、掌握运动技能，发展体能，学以致用，在真实的情境中解决问题。诸多策略值得观课老师学习与思考。但本课还存在学生主体性发挥不足、展示和比赛设计不够等问题，需要进一步调整和改进，下面将具体阐述。

2.运动认知及技战术运用层面

（1）优点

①信息融合，激趣增效

《新课标》指出，"线上线下学习深度融合，提高学生的信息素养"，为学生提供更多现代化的学习体验。课中教师借助一体机，引导学生直接观察、比较分析、知识融合、问题探究等,实现技术动作认知提升,项目掌握;借助水中录像机,由教师或小组负责人拍摄组员技术动作,探讨相互的问题并纠错,让学生通过观看视频加深对动作的理解,促进学生学以致用,体现核心素养的运动能力。

②巧设分层,以生为本

《新课标》指出,"重视区别对待,关注每个学生的进步和发展",通过分层教学组织形式,让学生的学习具备针对性和有效性。课中,孙老师在学练基本组合技术后,通过让学生具身体验学习扶板单臂划水前行、抱腿完整划臂、双腿夹板划臂前行、完整动作学练及比赛四个难度的分层教学设计,引导学生根据实际掌握情况,选择相应练习内容,激发兴趣,让学生全面参与活动,提升学练成效。

③情境创设,学以致用

《新课标》指出,"注重活动和比赛情境的创设,促进学生学习和掌握结构化的运动知识和技能……提高学生学以致用的能力",借此帮助学生逐渐形成学科核心素养。同时,具身体育教学主张要求采用"情境性"教学方式,以更好地促进学生与环境的互动。课中孙老师创设"水上救护"情境,四人一组,运用所学自由泳的知识和技能,借助救生圈,展开水上救护练习,提升技能认知,帮助学生学以致用,解决实际问题。

(2)不足及改进建议

不足:技能结构内容缺乏,不利运动技能养成。

《新课标》指出,"促进学生学习和掌握结构化的运动知识和技能,在面临真实的活动或比赛情境时能运用结构化的知识和技能解决实际问题",同时,具身体育教学要求精选有利于培养学科核心素养的教学内容。课中孙老师安排的学练知识和技能更多集中在"完整划臂技术",而忽视了课程在大单元、大主题、大问题、大情境、大任务中的地位与价值,解决完整项目中的问题,最终要回归单元系统学习目标。

改进建议:突出自由泳完整划臂技术与其他技术动作的组合学练中存在的问题,比如游泳过程中的动力不足,划臂与侧身转肩的关节发力不对等,聚焦项目掌握过程中的核心知识与技能。

3.体能状况层面

(1)优点

优点:密度充足,习得技能。

运动负荷是由运动密度、练习密度和运动强度来衡量的,是提高学生体能和技能水平,培养学科核心素养的根本保证,也是衡量教学质量的重要指标。《新课标》指出,单个学生的练习时间占课堂总时间的比例,即练习密度,应不低于50%。通过对课的观察与用时记录(表6-16)可知,本课中单个学生的练习时间约为24.2分钟,约占课堂总时间的60.5%,密度较高,练习时间有保障,最终达成教学目标。

表6-16　各个教学环节用时记录表

内容	每组人数	每组活动人数	单个学生用时(秒)
准备活动	24	24	290
手肘碰板	24	24	110
扶板送肩伸肘	24	24	130
侧身转肩	24	24	108
完整动作学练	24	24	176
分层练习	24	24	260
体能	24	24	358
放松	24	24	20
总时间			1452

(2)不足及改进建议

不足:体能学练时间及趣味性不足。

《新课标》指出,每节课最好安排10分钟左右的体能练习,高度重视体能练习手段与方法的多样性,要求实用有趣。同时,具身体育理论倡导合作性、互动性的体能练习方法。课中孙老师安排的体能练习总时长约为6分钟,以个体的上肢、下肢、腰腹抗阻练习为主,练习时间不足,练习方式较为单一。

改进建议:就练习时间而言,应增加体能练习时间,可增加组数或练习内容;就练习趣味性而言,增加两人合作互动的体能学练,将趣味比赛和游戏融入体能练习内容等。

4.体育展示与比赛层面

(1)优点

优点:巧设分组,评价多元。

《新课标》指出,"建立多元学习评价体系,激励学生更好地学习和发展",使学业质量水平的使用更有助于学科核心素养的发展,帮助学生获得全面发展,同时,具身体育倡导"即时性"评价,有利于及时反馈信息。课中孙老师除了挖掘学生个体典型进行展示外,还与小组骨干学生借助水下录像机,即时性捕捉学生学练展示的过程,借助一体机进行针对性技术动作分析,发现问题。学生小组进行分析点评,从核心素养的多个维度展开评价。每个学生个体都是展示的主体。

(2)不足及改进建议

不足:"常赛"设计较为匮乏。

2021年,教育部办公厅印发《〈体育与健康〉教学改革指导纲要(试行)》,指出强化"教会、勤练、常赛",构建科学、有效的体育与健康课程教学新模式,同时,具身体育强调通过"赛"来实现情境性与互动性教学,并解决真实的问题。"常赛"是学生运用运动技能的途径,对于发展学科核心素养具有重要价值。课中孙老师安排的游泳比赛环节仅是在分层教学环节,与前面两个层次技术动作的学生展开比赛,而技术动作掌握较为薄弱的两个层次学生没有进行比赛,未能保证每名学生均有参与比赛的机会。

改进建议:在分层教学中,应组织不同层次的学生开展不同形式的比赛,比如在"扶板送肩伸肘"层次,学生可以借助浮板学练,比比谁游得更快,引导学生赛中学、赛中练、赛中反思、赛中发展学科核心素养。

综上所述,从新课程理念和具身体育理论角度看,本堂课孙老师的教学思想、教学策略基本符合要求,他在信息技术使用、分层教学开展、情境设计及应用等方面的设计值得我们学习,但如果能够在结构化重点问题、体能内容与练习方法以及赛的组织开展等方面加以改进,相信会更有利于学生运动能力的发展。

(二)具身体育教学评价运用于观评健康教育课(理论课)

案例:课题《水平四常见运动损伤处理办法与预防》

授课者:厦门邹家豪　　观评课者:厦门施连江

很荣幸观看了来自双十思明分校,以邹家豪老师上的课。现依据《义务教育体育与健康课程标准(2022年版)》的要求,以"深度学习"理论和李老师提出的"具身体育教学主张"为指导,以"深度学习在课堂中真实发生"为维度,从课的概况、"深度学习在课堂中真实发生"的分析(包括情境素材的链接要真实、学习活动中的思维要外显、学习过程中的互动策略要有深度),提出本人看法。

1. 课的概况

这是由邹老师上的一节关于体育与健康理论知识的室内课,教授内容是"水平四常见运动损伤处理办法与预防",教学对象为七年级行政班,共50人。邹老师以"同学们,你们知道什么是运动损伤吗?"作为问题导入课堂,随即结合学生生活实际提出"同学自身及周边常见的运动损伤有哪些?",引出本课的基础知识点——运动损伤的概念、分类及其内涵,然后根据本节课的重点即擦伤、扭伤、肌肉痉挛(抽筋)三种运动损伤进行讲解与实操和场景演绎。课堂气氛热烈,学生积极参与,并能基本掌握本课重难点,基本达成预设的教学目标。

2. "深度学习在课堂中真实发生"和"情境性"创设的分析

(1)情境素材的链接要真实

"深度学习"和具身"情境性"创设要求,情境内容呈现的形式有体验活动情境、图片、视频、文字材料等资源呈现,以及语言描述等,倡导多种组合形式。避免情境简单,难以体验感受;错误情境会引起误导;编造情境会脱离现实。

课中邹老师的课涉及了情境创设和演绎,有角色轮换实操演练和"三人相约到公园打球时踩到了球场上的石块导致脚踝扭伤"的紧急处理等情境。虽然有情境创设,但是情境过于简单、部分还不够真实。例如,角色轮换实操演练环节和"打球时扭伤后"直接进行处理等情境过于简单;球场上有石块导致扭伤的情境还不够真实。

改进建议:在情境的创设上,首先体现学生的创新性,例如在实操环节可以让学生尝试不同部位的伤,具身体验每个部位伤处处理时的异同点;其次是体现学生的实践性,让学生自主联系生活、创造情境、讨论情境后,制定处理方案与措施,这样能够让学生理解得更深刻、实践得更到位;最后,体现情境的真实性和关联度,在教师情境创设环节,可以创设真实和相关的情境,例如学生独自一人在距离医务室较远处发生损伤时应该如何呼救与处理,或者看到其他同学受伤但不确定是什么样的损伤时应该如何处理等。

(2)学习活动中的思维要外显

"深度学习"和"具身体育"教学主张均倡导学生在各种复杂多样的真实情境中,不断实践、讨论、质疑和反思,用已有的知识与经验,分析、解决各种复杂和陌生的问题。

课中邹老师在各个环节中都有提出问题,部分问题具有一定的意义和讨论价值,但是提问之后给学生讨论、质疑甚至回答的时间极其有限。由于学生的回答稍纵即逝，而且多人同时回答，无法判断学生回答的准确度，也无法对学生的回答进行有针对性的评价和引导。

改进建议：教师的提问应该更具讨论价值，例如如果遇到多种损伤同时出现时应该如何处理，应该注意什么；部分环节的问题提出后应该留有时间让学生进行回答，面对学生提出的新方案或者意见不要立即评价和判断或者否定，而是讨论，在讨论中具身思考、激发灵感等；教师可以通过连续追问让学生充分地表达看法，同时，其他学生在聆听或者参与的过程中也能够不断思考和探索。

(3) 学习过程中的互动策略要有深度

"深度学习"和具身体育教学主张，要求深度互动学习，学生能够将学到的知识、技能、方法运用到真实世界的问题解决中，以及学生表现出主动探索未知世界的好奇心和求知欲。

课中邹老师讲解关于擦伤、扭伤、肌肉痉挛三种常见运动损伤与处理等知识时，讲解到位，重点突出，但是缺少引导和思考的环节，导致与学生的互动程度比较浅。学生只是根据老师的思路"一直走"，在"接受"的过程中缺少思考、沟通、质疑和创造等。实操演绎也是学生一直按照老师说的"步骤"一步一步完成，学生在"操作中"没有质疑、探究等，无法"更深地互动"。同时，教师对学生的评价和反馈不具身且不够充分。

改进建议：教师要设计学生具身体验过的内容，将它当作学习任务，例如常发生在学生运动中的损伤，让学生带着学习处理运动损伤的任务进行学习，激发他们的学习欲望等；教师要给学生尽可能大的空间和尽可能多的时间学习体验，例如在学习完擦伤之后创设探索、研讨等情境，让学生开展分组相同或分组不同任务的合作探究学习，通过探究和教师的指导掌握教师要传授的知识和技能；教师要组织学生研讨和交流，产生思维碰撞；把若干个任务串联起来，形成系统，例如异同点的总结和对比、意外情况的主要步骤与细节的归纳和区分等。

以上就是本人依据新课标精神、"具身体育"教学要求以及"深度学习"理论，对邹老师这堂课进行的点评。邹老师的课虽然有涉及提问、评价、研讨、实践、创设情境等环节，但是在深度、具身性、真实性、外显性等方面都有所欠缺，如能在这些方面有所加强，则能更好地实现教学目标。

第七章

具身体育课程资源的开发与利用

资源指一国或一定地区内拥有的物力、财力、人力等各种物质要素的总称,分为自然资源和社会资源两大类。课程资源指的是一切能够运用到教学活动中的各种条件和材料。

体育与健康课程资源是一切能够支持和拓展体育与健康课程功能的事物的总称。广义的课程资源指有利于实现体育与健康课程目标的各种因素,狭义的课程资源则仅指形成体育与健康学习内容的直接来源。

具身体育课程资源是指可开展具身体育教学活动的一切因素。其开发与利用包括一切可开发和利用的人力、物力及自然资源等,具体含教材、教师、学生、学校、家庭及社区等。

第一节 具身体育课程资源的开发与利用概述

随着社会的不断发展和进步,基于具身理论的具身体育教学是当前体育教学改革的价值诉求。在这个过程中,教学资源的开发和利用也变得尤为重要。具身体育教学资源的开发是指利用现有的教育资源或创造新的教育资源,以满足具身体育教学中的相关需求。由于具身体育教学本身就是以身体直接参与为核心;以主体与环境互动为教学方式,因此,教育资源在具身体育教学中具有十分重要的作用。

一、具身体育课程资源的开发与利用的意义

具身体育课程资源的开发与利用能够丰富和拓宽体育教学的内容和形式,使教学更加丰富、有效、有趣,从而提高学生的学习主动性和积极性,提高教学效果。开发具身体育课程资源的意义主要在于实现具身体育课程目标,促进自身体育课程实施,提高教师的教学水平以及促进学生的身心全面发展。

(一)有利于实现具身体育课程目标

体育课程资源是指有利于实现体育课程目标的各种内外因素和条件的总和。因此,对体育课程资源的合理开发和利用,有助于更好地实现体育课程目标,提高学生的体育素养和综合素质。

(二)促进具身体育课程实施

体育课程资源的丰富性和开发与利用水平,直接影响到体育课程的实施范围和水平。通过开发各种体育课程资源,可以为体育课程的实施提供更为广阔的空间和更为丰富的资源,从而促进体育课程的顺利实施。

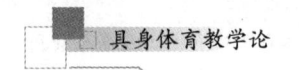

(三)提高教师的教学水平

开发与利用体育课程资源需要教师具备一定的创新能力和实践能力,这有助于促进教师的专业发展和提高教师的教学水平。同时,通过开发与利用体育课程资源,教师还可以不断学习和掌握新的教学方法和手段,提高教学效果。

(四)促进学生的身心全面发展

体育课程资源的开发与利用,可以为学生提供更多元化、个性化的学习体验,有助于激发学生的学习兴趣和积极性,促进学生的全面发展。同时,通过参与各种体育活动,学生还可以提高身体素质、心理素质和社会适应能力等。

因此,在具身体育教学过程中,应该注重体育课程资源的开发与利用,为体育教学提供更好的支持和保障。

二、具身体育课程资源的分类

具身体育课程资源的开发与利用的分类可以从多个角度进行,以下是一些常见的分类方式。

(一)根据来源分类

1.校内体育课程资源:包括校内的各种运动场所和设施,如运动场、体育馆、图书馆等;校内体育人文资源,如教师群体、师生关系、班级组织、学生团体、校风校纪等;与体育教学密切相关的各种活动,如体育活动、课外运动训练、体育比赛、夏令营、冬令营等。

2.校外体育课程资源:包括学生家庭、社区乃至整个社会中各种可用于体育教学活动的体育运动场地、器材、设施和条件,以及丰富的自然资源。

(二)根据性质分类

1.自然课程资源:如天气、地形、地貌等自然资源。

2.社会课程资源:如社区、企事业单位、社会团体等提供的各种可用于体育教学的资源。

(三)根据物理特性和呈现方式分类

1. 文字资源:如体育教材、教学辅导书、体育杂志等。
2. 实物资源:如体育器材、运动装备、体育场地等。
3. 活动资源:如体育活动、比赛、训练等。
4. 信息化资源:如网络体育资源、多媒体教学资料等。

(四)根据存在方式分类

1. 显性课程资源:如体育场地、器材、教材等可以直接看到的资源。
2. 隐性课程资源:如学校文化、教师的教学方法、学生的学习态度等不易直接观察到的资源。

(五)根据功能特点分类

1. 素材性课程资源:如体育知识、技能、体能等可以直接用于体育教学的资源。
2. 条件性课程资源:如体育场地、器材、设施等支持体育教学的辅助性资源。

这些分类方式并不是相互独立的,而是相互交叉、相互联系的。在实际的体育课程资源的开发与利用过程中,可以根据需要和实际情况选择合适的分类方式进行操作。

第二节　具身体育课程资源的开发与利用的策略和要求

一、具身体育课程资源的开发与利用策略

有效的课程资源开发与利用的策略，才能助力具身体育高效教学，提高体育课程的教学质量和效果，为学生的身心全面发展提供有力支持。具身体育课程资源开发与利用的策略可以从以下几个方面来考虑和实施。

(一)充分利用校内资源

对校内的体育设施、场地进行全面评估，了解它们的可用性和潜在功能。鼓励体育教师和学生利用校园内的自然资源，如地形、天气等，进行创新和有趣的体育活动。发掘和利用校园内的文化活动，如体育节、运动会等，作为体育课程的有效补充。

(二)拓展校外资源

与社区、企事业单位合作，共享体育资源，如运动场地、器材等。利用社会资源开展校外实践活动，如户外拓展、社区体育服务等。与其他学校建立合作关系，共同开发和利用体育课程资源。

(三)教师开发课程内容

加强教师培训和发展，提供专业的体育教育培训，提高教师的课程开发能力和教学水平。鼓励教师参与体育课程研究和改革，分享经验和成果。设立奖励机制，激励教师在体育课程开发方面的创新和实践。

(四)鼓励学生参与课程设计和实施

鼓励学生参与课程设计和实施,发挥他们的主体性和创造性。尊重学生的学习诉求,为更好地激发学生的学习兴趣和积极性,共同设计体育与健康课程,特别是学生喜欢的新兴体育运动项目,如轮滑、街舞、攀岩等。

(五)加强与家长的沟通和合作

向家长宣传体育课程开发的重要性,争取他们的支持和配合。鼓励家长参与体育课程资源的开发与利用过程,如提供场地、器材等支持。定期与家长沟通学生的体育学习情况和发展状况,共同促进学生的健康成长。

(六)建立课程开发评价和反馈机制

制定科学的课程评价标准和方法,对体育课程资源的开发与利用进行定期评估。收集学生和教师的反馈意见,及时调整和改进课程内容和教学方法。将评价结果和反馈意见作为改进和优化体育课程资源开发与利用的重要依据。

二、具身体育课程资源开发与利用的要求与注意问题

为更有效地开发与利用体育课程资源,为学生提供更加丰富、多元和有益的体育学习体验,在具身体育课程资源开发与利用的过程中,需要充分考虑以下几个重要的问题。

(一)具身性

基于具身性的要求,具身体育课程资源的开发与利用,应有利于学生具身参与学习的内容和方式。

(二)情境性

基于情境性的需要,开发与利用具身体育教学资源,有利于创设真实的体育学练情境。

（三）安全性

在任何体育活动中，安全性都是首先要考虑的。具身性的课程要求学生身心全面参与，更应该保证课程的安全性。具身体育课程资源的开发与利用要确保所有的场地、器材和活动都符合安全标准，尽量消除伤害事故的发生。同时，教授学生正确的运动技能和安全知识，使他们能够自我保护和预防伤害。

（四）教学目标性

具身体育的教学目标是要让学生达成"身心一体"全面发展，因此，需要相应的课程资源来支持，这就要求开发与利用符合具身体育教学目标的课程资源。

（五）需求与兴趣性

根据具身特性，首要考虑的是学生的需求和兴趣。不同年龄段和性别的学生可能对不同类型的体育活动有不同的偏好，因此，在开发课程资源时，要确保其内容能够激发学生的学习兴趣和动力，才能达到"身心一体"化。

（六）多样性

具身体育倡导提供多样化的体育课程内容，以满足不同性别、学段学生的需求。这包括不同项目、类型的运动及不同难度级别的活动。

（七）适应性

不管是运动项目要求还是课程教学要求，具身体育课程资源的开发与利用，要能够适应学生的不同身体条件和能力水平，确保提供的活动内容和方法既具有挑战性又适合学生的能力。

（八）健康与健身一致性

基于具身体育的"身心一体"性的要求，具身体育课程的开发与利用，应关注学生的身心整体健康和健身的一致性目标。确保学生课堂活动不仅有助于提高学生的运动技能、体能，还要能促进学生的心理健康。

(九)可持续性

课程资源的开发与利用,需要考虑资源的可持续性和经济性。资源的开发、维护和更新都需要一定的经费和人力投入。因此,具身体育课程资源的开发需要考虑长期利用价值和可持续发展问题,合理规划资金和人力资源。

(十)地方特色课程与现有资源

具身体育尊重地方特色运动项目,倡导开发现有的自然资源。开发当地有特色的传统体育项目,可以将其纳入具身体育课程,如北方的"冰雪"运动,福建闽南的"闽南童玩"等;或者可以利用现有地理位置,开发自然课程资源,如学校附近有山,可开发"攀岩"等课程。

(十一)合作与共享

开发与利用具身体育课程教学资源,要与其他学校、社区和企事业单位合作,共享资源。这有助于丰富具身体育课程资源,提高教学效果。

(十二)提升教师研发能力

具身体育倡导全体教师研发课程资源,以满足各地区、各学段体育与健康课程教学的需要,同时,提升教师创新能力和教师专业发展。

(十三)评价与反馈

通过收集学生和教师的反馈,依据新课程评价标准和具身认知教育理论评价标准,定期对所开发的具身体育课程进行评价,了解课程资源开发与利用的优缺点,以及内容和方法是否有效,便于更好地利用课程资源。

第三节 具身体育课程资源的分类开发与利用

我国地域辽阔,文化多元,为了更好地开展体育与健康课程,教学课程资源的开发与利用势在必行。《义务教育体育与健康课程标准(2022年版)》提出:根据运动项目的可替代性和健康教育的必要性,鼓励各地各校结合充分开发和利用体育与健康课程资源,师资队伍、场地器材、学生运动基础等实际情况,提高课程教学质量,形成学校体育与健康课程特色,增强课程实施的成效。

具身体育课程资源开发与利用的内容有:人力资源的开发与利用、器材设施资源的开发与利用、课程内容资源的开发与利用、自然地理资源的开发与利用、信息资源的开发与利用、时间资源的开发与利用共六类内容。

一、具身体育教学人力资源的开发与利用

在体育课程中,具身体育教学以其独特的理念和实践方式,强调身体参与、感知互动和情境体验,对提升学生的身心健康、运动技能及综合素质具有显著效果。然而,要充分发挥具身体育教学的优势,关键在于有效开发与利用人力资源。人力资源不仅指教师,还包括学生、家长、社区体育指导员、体育专家等。有效的人力资源开发与利用能够提升课程质量,增强学生的学习效果,促进体育课程的可持续发展。

(一)具身体育教学中的人力资源内涵与特征

1.人力资源内涵

从广义上讲,具身体育教学中的人力资源包括体育教师、学生、辅助教学人员(如教练、辅导员等)、校内外专家、社区资源等多元主体。他们共同构成一个

动态协作的教学网络,通过知识传授、技能训练、情感引导、环境创设等方式,推动具身体育教学目标的实现。

2.人力资源特征

(1)专业性。体育教师需具备扎实的体育专业知识、教学技能和具身教学理念,能够设计并实施符合学生身心发展规律的具身体育课程。

(2)互动性。具身体育教学强调师生、生生间的深度互动,要求人力资源具备良好的相互沟通协作能力,能营造积极、开放、包容的教学氛围。

(3)发展性。人力资源应具备持续学习与创新的能力,适应具身体育教学模式的变革需求,不断提升教学与学习的效能。

(二)具身体育教学人力资源开发策略

1.教师专业发展

通过岗前培训、在职研修、学术交流等形式,提升体育教师的具身教学理念认知、课程设计与实施能力。同时,鼓励教师开展课程开发、教学反思及案例分享,形成教学经验的内化与传播机制。

2.激活学生主体地位

倡导以学生为中心的教学理念,引导学生具身参与体育活动设计、组织与评价,培养学生自主学习、合作探究的能力。通过设立学生助教(小老师)、体育社团等方式,挖掘学生潜能,提升其体育素养。

3.拓展辅助教学人员角色

充分发挥教练、辅导员等辅助教学人员的专业优势,将其纳入具身体育教学团队,参与课程规划、技能指导、心理辅导等工作,形成教学合力。

4.引入校内外专家资源

定期邀请体育教育专家、优秀运动员进校讲座与指导,引入前沿教学理念与方法。同时,与社区、企事业单位等建立合作关系,共享体育设施、教练资源,拓宽教学资源边界。

(三)具身体育教学人力资源利用策略

1.优化师资配置

根据教师专业特长、教学风格,合理安排教学任务,实现师资力量的最优化配置。提倡跨学科、跨年级合作,打破教学壁垒,提升教学效果。

2.创新教学组织形式

推行模块选修(选项)教学、分层教学等多种教学模式,满足学生个性化和能力水平学习需求。利用信息技术,实现线上线下混合式教学,拓宽教学时空。

3.构建评价激励机制

建立科学、公正、多元的教学评价体系。具身体育既关注学生体育技能与体能的提升,更重视其身心健康、团队协作、创新精神等综合素养的发展。对教师的评价,既要考察教学业绩,也要关注其专业发展、教学改革等方面的贡献,激发人力资源活力。

(四)典型案例

案例一:"全员导师制"下的具身体育教学实践

背景:厦门市某中学在推进具身体育教学改革过程中,创新实施"全员导师制",充分调动教师、学生及社区资源,实现人力资源的深度开发与高效利用。具体做法如下。

1.教师角色转型。所有体育教师不仅承担常规教学任务,还成为学生的"体育导师"。他们依据学生个体差异,制订个性化的运动计划,为学生提供运动学练指导和心理支持。同时,通过定期举办教学研讨会,提升教师的具身教学理念与实践能力。

2.学生主体激活。学校设立"体育小老师"制度,选拔具有一定运动特长和领导力的学生担任班级体育活动的组织者和示范者,协助体育教师进行课堂教学和课外活动指导。此外,通过举办体育文化节、运动会等,鼓励学生自主策划、组织体育活动,提升其组织协调能力和团队合作精神。

3.社区资源融合。学校与周边社区体育场馆、俱乐部建立长期合作关系,邀请专业教练、退役运动员进校授课,丰富体育课程内容。同时,鼓励学生参与社区体育活动,如厦门马拉松(群众组)、球类联赛等,拓宽体育实践平台,提升运动技能。

成效:"全员导师制"的实施,使教师、学生和社区资源在具身体育教学中得到有效整合,形成了"教学相长、全员参与"的良好局面。学生体育兴趣明显提高,体质健康状况显著改善,团队协作、自我管理等综合能力得到锻炼。教师的专业素养和教学热情得以提升,社区资源得到充分利用,形成了学校、家庭、社区三位一体的体育教育格局。

案例二:"体育+X"跨学科教学模式下的人力资源开发

背景:厦门市某中学在体育教学中推行"体育+X"跨学科融合模式,将体育与人文、科技、艺术等多学科深度融合,通过跨学科师资团队的组建与协作,实现人力资源的深度开发与创新利用。具体做法如下。

1. 跨学科师资团队组建。组建由体育教师、文化课教师、科技教师、艺术教师等组成的跨学科教学团队,共同设计并实施"体育+X"课程。如"体育+历史"课程中,体育教师负责教授运动技能,历史教师则引导学生从历史视角解读体育文化;"体育+科技"课程中,体育教师与科技教师合作,将智能穿戴设备、运动数据分析等科技元素融入体育教学。

2. 学生创新能力培养。鼓励学生跨学科组建项目小组,围绕"体育+X"主题开展研究性学习、创新项目设计。如"体育+设计"项目中,学生结合运动生理学、人体工程学等知识,设计符合人体工程学的运动装备;"体育+环保"项目中,学生探索绿色运动理念,研发环保型运动场地材料。

3. 校内外专家资源联动。邀请相关领域的专家学者、专业运动员作为课程顾问或客座讲师,为学生提供前沿知识讲座、实践指导。同时,与相关企事业单位、科研机构合作,为学生提供实习、实训机会,提升其解决实际问题的能力。

成效:"体育+X"跨学科教学模式打破了传统体育教学的边界,实现了人力资源的跨界整合与创新利用。学生在掌握体育技能的同时,提升了跨学科知识应用能力、创新思维与实践能力,增强了就业竞争力。教师的专业视野得以拓宽,教学研究能力得到提升,学校体育教学的影响力与社会服务功能显著增强。

具身体育教学人力资源的开发与利用是提升体育教学质量、实现教育目标的重要途径。通过教师专业发展、激活学生主体地位、拓展辅助教学人员角色、引入校内外专家资源等策略,可有效提升人力资源的专业性、互动性与发展性。同时,优化师资配置、创新教学组织形式、构建评价激励机制,有助于充分调动人力资源的积极性、创造性，实现具身体育教学的深度、广度与效度。未来，应持续关注人力资源的新需求、新挑战，不断探索与实践，推动具身体育教学的持续发展。

二 具身体育教学器材设施资源的开发与利用

具身体育教学除根据教育部发布的中小学体育器材设施配备标准的相关要求配齐器材与设施外，还充分开发与利用其他场地、器材及设施资源。

具身体育教学，以其独特的"身体在场"特性，强调通过亲身参与、身体体验的方式开展体育学习，有助于培养学生健康的生活方式、积极的人生态度以及全面的体育素养。在这一过程中，器材设施资源的开发与利用至关重要，它既是教学活动的物质基础，又是激发学生运动兴趣、提升学生运动技能、培养学生体育精神的有效工具。具身体育教学器材设施资源的开发与利用主要围绕校内外场地与设施资源的整合、器材多重功能的挖掘以及场地与器材的妥善保养三方面展开。

（一）校内外场地与设施资源的整合

1.充分挖掘校内场地潜力

（1）优化布局。根据体育课程设置、学生人数、运动项目需求等因素，科学规划校园体育场地布局，合理分配各类运动场地，确保教学活动的有序开展。

（2）复合利用。倡导场地的多功能、复合化设计，如篮球场、排球场等可临时转换为羽毛球场、乒乓球场，操场可作为田径、足球、体操等多种运动项目的训练场地，提高场地使用效率。

（3）空间拓展。利用楼顶、走廊及楼梯间等非传统体育空间，增设简易健身设施或设计小型运动区，满足学生课间锻炼、休闲娱乐的需求。

2.积极拓展校外场地资源

（1）校企合作。与周边企事业单位、社区体育中心等建立合作关系，共享其运动场地资源，如篮球馆、游泳池、健身房等，拓宽学生体育活动的空间。

（2）公共体育设施利用。引导学生利用城市公园、广场、社区健身路径等公共体育设施进行锻炼，培养学生自主锻炼的习惯，减轻校内场地压力。

(3)自然环境融入。充分利用周边自然环境,如山地、河流、森林等,开展徒步、定向越野、野外生存等户外运动课程,丰富体育教学内容,提升学生对大自然的亲近感。

(二)器材多重功能的挖掘

1.满足教学需求

(1)针对性选择。根据教学内容和学生特点,选择适宜的体育器材,确保其能满足教学和运动训练要求。

(2)创新使用。鼓励教师创新器材的使用方法,如将传统器材与现代科技相结合,使用智能跳绳、电子计数器等,提升教学效果。

2.激发运动兴趣

(1)趣味化设计。引入色彩丰富、造型新颖、玩法多样的体育器材,如彩色泡沫棒、弹力绳、充气球等,增加运动的乐趣,激发学生的参与热情。

(2)游戏化教学。设计以器材为载体的体育游戏,如接力赛、障碍赛、团队对抗等,让学生在游戏中体验运动快乐,提升团队协作能力。

3.培养综合素养

(1)生活化应用。选取与日常生活密切相关的体育器材,如瑜伽垫、健身球、拉力带等,引导学生了解其在健康生活方式中的应用,培养自我健康管理能力。

(2)环保理念渗透。选择可再生、可回收的环保型体育器材,如竹制跳绳、生物降解实心球等,将环保理念融入体育教学,培养学生的环保意识。

(三)场地与器材的妥善保养

1.建立健全管理制度

(1)责任明确。明确场地与器材的管理责任人,落实日常巡查、定期检查、故障报修等职责。

(2)规章制度。制定详细的场地与器材使用、保养、报废等规章制度,确保管理有章可循。

2.定期维护与检修

(1)日常维护。定期清理场地,保持环境卫生;对器材进行擦拭、润滑、紧固等常规保养,延长其使用寿命。

(2)专业检修。定期邀请专业人员对场地设施进行安全检测,对器材进行性能测试,发现问题及时修复,确保使用安全。

3.用户教育与监督

(1)使用培训。对师生进行场地与器材正确使用方法、安全注意事项的培训,增强其使用技能和安全意识。

(2)行为监督。设立举报机制,鼓励师生共同监督不文明使用行为,如故意损坏器材、乱丢垃圾等,营造良好的体育环境。

(四)典型案例

1.开发与利用校内外场地与设施资源的典型案例

案例一:"体育资源地图"

厦门市某中学与社区、企事业单位深度合作,绘制了一张"体育资源地图",将校内外各类体育场地设施纳入其中,包括学校内的篮球场、足球场、室内体育馆,周边社区的健身路径、公园绿地,以及企事业单位开放的游泳馆、羽毛球馆等。地图详细标注了各场地的开放时间、使用规定、预约方式等信息,并通过学校公众号、班级微信群等渠道向师生发布。学生可以根据个人兴趣和时间安排,灵活选择合适的场地进行锻炼,极大地丰富了体育活动的选择,也有效缓解了校内场地的压力。

案例二:"绿色运动走廊"

厦门市某小学在教学楼楼道两侧设置了一系列简易健身器材和运动标识,如跳绳区、平衡木、攀爬墙等,打造出一条"绿色运动走廊"。课间休息时,学生们可以在走廊上自由活动,进行简单的体育锻炼,既充分利用了有限的空间资源,又让锻炼融入学生的日常生活中,培养了他们随时随地运动的好习惯。

2.发挥器材的多种功能的典型案例

案例一:"智能跳绳教学"

厦门市某中学引进了一批智能跳绳设备,这些跳绳内置传感器,可以实时监测跳绳速度、次数、卡路里消耗等数据,并通过蓝牙连接手机App,生成详细的运动报告。教师在教学中,不仅可以用智能跳绳进行常规的技能训练,还可以利用其数据反馈功能,精准掌握每个学生的运动状态,进行个性化指导。此外,学生还可以在课后通过App挑战自己的跳绳纪录,增加了运动的趣味性和竞技性。

案例二:"环保体育器材制作课程"

厦门市某小学开设了一门以环保为主题的体育器材制作课程,学生利用废旧物品如塑料瓶、纸板、布料等,制作出跳绳、沙包、飞盘等简易体育器材。在制作过程中,学生不仅锻炼了动手能力和创新思维,还深入了解了环保理念,认识到废旧物品再利用的价值。制作完成的器材被用于体育课和课间活动,既满足了教学需求,又增强了学生对自制品的珍惜之情,降低了对新器材的依赖。

3.妥善保养场地与器材的典型案例

案例一:"学生体育器材管理员制度"

厦门市某中学设立了学生体育器材"协助管理员"岗位,由学生自愿报名、竞选产生。体育器材协助管理员协助学校专职管理员,负责每日检查、整理体育器材,记录使用情况,发现损坏及时上报维修,并定期向体育组长汇报工作进展。这一制度既培养了学生的责任感和团队协作能力,又保证了器材的正常使用,降低了损耗率。

案例二:"场地环保小卫士"活动

厦门市某小学定期举办"场地环保小卫士"活动,组织学生清理操场、体育馆等体育场地的垃圾,维护环境卫生。同时,通过主题班会、海报宣传等形式,教育学生爱护场地设施,不随意刻画、不踩踏草坪,形成良好的体育行为习惯。这一活动不仅提高了场地的整洁度,延长了设施寿命,也在学生心中播下了环保与公德心的种子。

以上案例充分展示了具身体育教学中器材设施资源开发与利用的多元化实践,为其他学校提供了可借鉴的经验和启示。

具身体育教学中器材设施资源的开发与利用,是丰富教学内容和手段、提升体育教学质量、培养学生身心全面发展的重要途径。通过充分挖掘校内外场地资源、发挥器材的多重功能以及妥善保养场地与器材,不仅可以为学生创造优质的体育学习环境,更能在潜移默化中培养他们的团队协作能力、创新能力、环保意识等综合素质,助力他们在体育锻炼中实现身心健康的全面发展。

三 具身体育教学课程内容资源的开发与利用

在具身体育与健康课程的实施中,开发与利用课程内容资源是关键环节。它旨在确保课程内容既符合课程特点,又能紧密贴合学校与学生的实际情况,激发学生参与体育活动的热情,提升学生的学科核心素养。以下详述如何结合学校与学生实际,创编新的体育运动项目,改造现有项目,精选具有地域特色和学生喜闻乐见的运动项目,挖掘与学生日常生活密切相关的健康教育内容,以实现具身体育课程的有效开展。

(一)创编新的体育运动项目

1.融合现代科技元素

利用现代科技手段,如虚拟现实(VR)技术、增强现实(AR)技术、智能穿戴设备等,创编具有互动性和沉浸感的新型体育项目。例如,设计VR乒乓球、AR定向越野等,让学生在模拟环境中体验传统体育项目的乐趣,同时提升空间感知、反应速度等综合能力。

2.融合多元文化元素

结合多元文化背景,开发具有跨文化交流价值的运动项目。引入新兴体育运动项目,如跆拳道、空手道、拉丁舞、街舞、橄榄球、曲棍球、棒球、垒球、轮滑等,让学生在运动中感受不同文化的魅力,增进国际理解与包容。

3.融合生活技能训练

结合生活实用技能,创设生活技能型体育项目,如攀岩、定向运动、心肺复苏(溺水)急救知识与实操演练等。这类项目既能锻炼身体,又能培养学生在现实生活中应对各种情况的能力。

(二)改造现有的运动项目

1.规则创新

对传统运动项目的规则进行适度调整,以适应不同年龄段、不同体质学生的参与需求。比如,降低篮球比赛的篮筐高度,缩短足球比赛的场地长度,或者设定特殊规则(如无守门员足球、三人制篮球等),使比赛更具趣味性和参与度。

2.教学方法创新

引入游戏化教学、合作学习、项目式(模块)学习等新型教学模式,丰富教学方式。例如,将田径跑的项目学练设计为团队接力游戏比赛,将体操动作设计成闯关任务,让学生在解决问题、完成任务的过程中自然习得运动技能。

3.评价体系创新

从单一的技能(或体能)定量成绩评价转向多元评价。关注学生认知能力、参与度、行为习惯、技能进步幅度、体育品德等多个维度。采用自我评价、同伴互评、教师评价相结合的方式。鼓励学生关注过程而非单纯关注结果,提升体育课程的激励作用。

(三)精选地域特色的运动项目

1.挖掘地方民间体育

深入研究本地的民俗体育、民族传统体育项目,如舞龙舞狮、高跷、陀螺、毽球等,将其纳入课程内容,让学生在锻炼身体的同时,了解并传承地方文化遗产。

2.利用地理环境优势

结合学校的地理位置与自然环境,开发山地徒步、定向运动、海滨沙滩排球等户外运动项目,使课程内容与地域特色紧密相连,增强学生的归属感与运动体验。

3.举办地域特色体育节

定期举办以地域特色体育项目为主的校园体育节,邀请社区居民、家长参与,营造学校与社区联动的体育文化氛围,共同推广和传承地方体育文化。

(四)挖掘与学生日常生活密切相关的健康教育内容

1.生活作息与健康管理

教授科学的作息规律、合理的膳食搭配、常见疾病的预防知识,引导学生养成良好的生活习惯。通过角色扮演、情景模拟等活动,让学生在实践中学会规划个人作息、制定健康食谱,提高自我健康管理能力。

2.心理健康与情绪调节

将心理健康教育纳入教学内容,教授压力管理技巧、情绪识别与表达、同理心培养等,帮助学生建立积极的心理防御机制,提升抗挫折能力。通过团队心理辅导活动等,让学生学会在日常生活中运用心理调适方法。

3.安全防护与应急处理

讲解日常生活中的安全注意事项,如交通安全、网络安全、食品安全等,进行防火、防溺水、防踩踏等应急演练,使学生具备基本的安全防范意识和应急处理能力。

(五)典型案例

案例一:融合科技元素的创新体育项目——"智慧足球"

厦门市某中学在具身体育课程中,将现代科技与传统足球运动相结合,创编了"智慧足球"项目。他们引入智能足球、智能穿戴设备以及配套软件平台,实现了运动数据实时采集、分析与反馈。学生在比赛中佩戴的智能手环,可记录心率、跑动距离、冲刺次数等数据,智能足球则能精准记录传球、射门等技术动作。教练员通过软件平台实时查看每位球员的数据,进行个性化指导;学生也能直观看到自己的运动表现,了解自身优势与不足,从而有针对性地提升技能。

案例二:改造传统运动项目的教学方法——"趣味田径运动会"

厦门市某小学针对传统田径运动项目枯燥乏味的问题,进行了教学方法创新。他们将田径运动会设计成一系列趣味游戏,如"接力跳绳跑""穿越障碍赛""团队拔河"等,让学生在轻松愉快的氛围中体验田径运动的魅力。同时,引入积分制,每个项目结束后,根据团队总分颁发"最佳协作奖""最快进步奖"等奖项,激励学生积极参与,培养团队精神。

案例三：地域特色运动项目融入课程——"江南水乡皮划艇"

福建省某中学地处江南水乡，充分利用地域优势，将皮划艇运动纳入具身体育课程。学校与当地水上运动俱乐部合作，定期组织学生进行皮划艇技能培训和水上实践活动，让学生在领略家乡水乡风光的同时，锻炼身体，增强团队协作能力。此外，学校还举办"水乡皮划艇文化节"，邀请家长、社区居民共同参与，弘扬地域体育文化。

案例四：健康教育与日常生活紧密结合——"校园营养师"项目

厦门市某高中在具身体育课程中，特别注重学生日常生活的健康教育内容。他们启动了"校园营养师"项目，组织学生学习营养学基础知识，了解食物的营养成分、饮食搭配原则等。学生以小组形式，轮流担任"校园营养师"，负责策划一周的食堂菜单，确保营养均衡且符合学生口味。通过实践活动，学生不仅掌握了健康饮食知识，还养成了良好的饮食习惯，对自身的健康有了更深入的认识和管理。

以上四个案例分别展示了具身体育课程在创编新项目、改造旧项目、精选地域特色项目以及挖掘日常生活健康教育内容方面的实践探索，为其他学校提供了值得借鉴的经验。这些创新举措不仅丰富了体育课程内容，提升了课程的趣味性和实用性，更有力地促进了学生的身心健康与全面发展。

具身体育课程内容资源的开发与利用是一个系统工程，需要充分考虑课程特点、学校与学生实际，以及地域文化与日常生活等因素，通过创编新项目、改造旧项目、精选特色项目以及深度挖掘健康教育内容，构建富有活力、贴近生活的体育与健康课程体系，切实提升学生的身心健康水平和综合素质。

四 具身体育教学自然地理资源的开发与利用

在具身体育教学中，自然地理资源的开发与利用是实现课程内容丰富化、教学方式多元化、学生身心健康发展的重要途径。具身体育教学自然地理资源的开发与利用，将围绕利用校内与学校附近的地形地貌，根据当地气候和季节特点开展教学，以及利用山林、冰雪、沙地等自然资源调节学生的身心健康。

(一)因地制宜,利用地形地貌开展具身体育教学

1.山地资源的开发与利用

(1)定向运动。利用校园和周边山林环境,开展定向越野活动。教师预先设计好路线图,设置点标,学生手持地图和指北针,按照指定路线寻找点标,锻炼学生的方向判断、地图阅读、团队协作和应急处理能力。

(2)登山运动。在确保安全的前提下,组织学生进行低海拔山地徒步、攀岩等登山活动。在活动中,教师讲解登山知识,教授安全技能,学生学练攀岩和登山等技能,同时,引导学生欣赏自然风光,感受人与自然的和谐共生,培养坚韧不拔的意志品质。

2.水域资源的开发与利用

(1)水上运动。靠近湖泊、河流的学校,可开展划船、皮划艇、桨板等水上运动项目,锻炼学生的身体协调性、耐力及团队合作精神。

(2)亲水活动。举办"水边课堂",让学生观察水生生物、了解水文知识,通过涉水游戏、泼水大战等活动,让学生亲近自然,释放天性。

3.平原、草地资源的开发与利用

(1)球类运动。在开阔的草地或操场,开展足球、橄榄球、飞盘等运动,让学生在奔跑、追逐中享受运动的快乐,提升身体素质。

(2)户外拓展。设置绳索攀爬、高空滑索、丛林穿越等户外拓展项目,培养学生勇敢面对挑战、克服困难的精神风貌。

(二)因时制宜,根据气候与季节特点开展教学

1.春季

春季是万物复苏的时节,可开展徒步踏青、赏花摄影、风筝制作与放飞等活动,让学生感受生命的活力,培养热爱自然的情感。

2.夏季

在暑期组织游泳教学、水上救生训练,增强学生的水上安全意识和自救互救能力。同时,开设户外夏令营,进行野外生存训练、星空观测等,丰富学生的暑期生活,锻炼学生的意志品质。

3.秋季

秋高气爽,适合开展登山远足、骑行、定向越野等户外运动,让学生在欣赏金秋美景的同时,锻炼身体,陶冶情操。

4.冬季

在北方地区,利用雪原资源,开展滑雪、雪橇、冰壶等冰雪运动教学,让学生体验冰雪运动的乐趣,增强身体耐寒能力。在南方地区,可组织冬季长跑、室内健身、瑜伽、舞蹈等课程,养成并保持学生的冬季运动习惯。

(三)利用自然环境调节学生的身心健康状态

1.绿色氧吧,提升生理健康

让学生在绿树环绕、空气清新的自然环境中开展体育活动,有助于吸收新鲜氧气,增强心肺功能,提高免疫力。

2.自然疗法,舒缓心理压力

定期组织学生进行森林浴、观鸟、静思冥想等活动,利用自然环境的宁静、和谐氛围,帮助学生放松心情,缓解学习压力,提升心理健康。

3.生态教育,培养环保意识

在户外活动中融入环保主题,如垃圾清理、植物认养、生态考察等,让学生在亲近自然的同时,了解生态环境保护的重要性,树立尊重自然、保护环境的价值观。

(四)保障安全,做好风险防控

在利用自然地理资源进行具身体育教学的过程中,安全是首要考虑因素。学校应建立健全户外活动安全管理制度,定期对活动场地进行安全检查,确保设施设备完好;开展师生安全教育培训,提升他们的安全防范意识和应急处理能力;制定应急预案,配备必要的急救设备,确保能迅速、有效地应对紧急突发情况。

(五)典型案例

案例一:山地学校开展定向越野与登山课程

位于山区的厦门市某中学,充分利用校园周边丰富的山林资源,开发了定向越野与登山课程。学校与专业户外机构合作,设计了多条难度适中、涵盖不同地形地貌的定向越野路线。学生在教师的指导下,学习使用地图、指南针等工具,进行实地寻点训练,提升方向辨识、团队协作和野外生存技能。此外,学校定期组织登山活动,教师在行前讲解登山知识、安全要点,学生在攀登过程中体验山地生态,锻炼毅力与体魄。此类活动深受学生喜爱,不仅锻炼了身体,也培养了他们对自然的敬畏与保护意识。

案例二:利用冬天室外旱冰场开展滑旱冰运动

厦门市某小学,每年冬季都会利用周边室外旱冰场资源,开设滑旱冰运动课程。学校与当地旱冰场公司合作,为学生提供专业的教练指导与安全保障。在滑旱冰运动课程中,学生不仅学会了滑旱冰技巧,体验了滑旱冰运动的乐趣,还通过参与滑旱冰竞速,增强了顽强拼搏精神与创新能力。学校还结合滑旱冰运动,开展冬季生存技能教育,如保暖知识、冰雪环境下的应急处理等,使学生在享受冬季运动的同时,提升了自我保护能力。

案例三:海滨学校利用沙地资源开展沙滩体育

厦门市某高中,利用邻近的沙滩资源,开发了一系列沙滩体育课程,如沙滩排球、沙滩足球、沙滩长跑等。在课程中,教师讲解沙地运动的特点与技巧,引导学生适应沙地环境,锻炼身体平衡与协调能力。此外,学校还结合海洋生态保护主题,组织学生进行海滩清洁、海洋生物观察等公益活动,使学生在享受沙滩运动的同时,增强环保意识,培养社会责任感。

案例四:森林学校利用自然环境调节学生身心健康

厦门市某学校位于城市边缘的森林公园内,充分利用周边丰富的森林资源,开展了一系列以自然环境为依托的具身体育课程。学校设计了森林瑜伽、森林徒步等课程,让学生在静谧的森林环境中放松身心,缓解学习压力。同时,通过观察动植物、参与森林生态修复活动,培养学生的生态素养和环保意识。学校还定期组织夜间观星、昆虫夜探等活动,让学生在亲近自然的过程中,增长知识,提升观察力和想象力。

以上四个案例分别展示了不同地理环境下,学校如何巧妙利用自然地理资源,根据气候与季节特点,开展丰富多彩的具身体育教学活动,不仅锻炼了学生的身体,提升了学生的运动技能,还有效调节了学生的身心健康状态,培养了他们的环保意识和社会责任感。这些实践为其他学校提供了极具参考价值的范例。

具身体育教学中自然地理资源的开发与利用,旨在借助丰富的自然环境,开展多元化的体育活动,培养学生的运动技能、团队协作能力、环保意识,同时借助自然环境的疗愈力量,调节学生的身心健康状态。通过科学规划、合理利用,将自然地理资源转化为生动活泼的体育教学资源,让体育教育更加贴近自然,贴近生活,助力学生全面发展。

五 具身体育教学信息资源的开发与利用

在具身体育教学中,信息资源的开发与利用是助力学生提高信息素养、增强自主学习能力、拓宽知识视野、提升健康素养、塑造健康生活方式的重要手段。具身体育教学信息资源的开发与利用,引导学生利用图书馆、阅览室获取体育与健康信息;利用各类媒体拓宽体育与健康知识获取渠道;丰富学生的健康知识与体育文化精神;帮助学生学会学习和锻炼,形成健康意识与生活方式等。

(一)引导学生利用图书馆、阅览室获取体育与健康信息

1.建立体育专题图书角

学校图书馆应设立专门的体育与健康图书区域,涵盖体育理论、运动技能、体育史、健康教育、运动心理学等内容,供学生查阅学习。

2.定期更新体育期刊

订阅国内外知名体育期刊,如《体育科学》《中国学校体育》等,让学生及时了解体育科研动态、体育赛事资讯、健康生活新知等。

3.举办体育主题读书分享会

鼓励学生阅读体育相关书籍,定期举办读书分享会,让学生交流读书心得,深化对体育知识的理解,培养阅读兴趣。

(二)利用各类媒体拓宽体育与健康知识获取渠道

1.利用广播、电视

引导学生收听、观看体育新闻、体育节目、健康讲座等,如CCTV-5体育频道、地方电视台的健康栏目等,让学生在轻松的视听环境中获取体育与健康信息。

2.利用互联网资源

推荐学生访问权威体育网站(如中国体育网、世界卫生组织官方网站)、体育教育平台(如"中国学校体育"公众号、慕课平台体育课程)、健康科普网站(如健康中国行动官方平台),获取最新、最全面的体育与健康知识。

3.利用社交媒体

鼓励学生关注体育明星、体育博主、健康达人的社交媒体账号,了解他们的训练方法、健康生活方式,从中获取运动方法与健康生活建议。

(三)丰富学生的健康知识与体育文化精神

1.开展体育文化讲座与展览

邀请体育学者、运动员、体育史专家来校讲座,介绍体育历史、体育精神、体育名人故事等,加深学生对体育文化的认识与理解。举办体育图片展、体育文物展,让学生直观感受体育文化的魅力。

2.组织体育电影欣赏与讨论

定期播放《夺冠》等体育题材电影,引导学生思考影片中展现的体育精神、团队协作、毅力拼搏等主题,提升学生的体育人文素养。

3.编写体育校本教材

结合学校体育特色与地域文化,编写包含体育知识、健康教育、体育文化等内容的校本教材,作为课程教学资源的重要补充。

(四)帮助学生学会学习和锻炼,形成健康意识与生活方式

1.指导信息检索与筛选技巧

教授学生如何使用关键词搜索、筛选权威信息源、辨别网络信息真伪等技能,提高他们自主获取体育与健康信息的能力。

2.倡导健康生活方式

通过健康教育课程、主题班会、健康知识竞赛等活动,普及合理膳食、适量运动、充足睡眠、心理调适等健康生活方式知识,引导学生在生活中实践。

3.培养自主锻炼习惯

利用信息化手段,如运动App、智能穿戴设备,帮助学生制订个人锻炼计划,记录运动数据,进行自我评估与调整,形成持续、科学的锻炼习惯。

4.开展线上线下混合式学习

结合线上资源,如微课、在线讨论、虚拟实验等,与线下课堂教学、实践操作相结合,实现体育知识的深度学习与技能的熟练掌握。

(五)典型案例

案例一:学校图书馆打造"体育与健康"主题阅读空间

厦门市某中学图书馆专门设立"体育与健康"主题阅读空间,陈列各类体育理论书籍、运动技能教程、健康科普读物、体育人物传记等,同时还订阅了多份体育专业期刊和健康类杂志。图书馆定期举办体育主题读书沙龙,邀请体育教师、健康专家与学生面对面交流,引导学生深度阅读、分享感悟。此外,图书馆还利用电子资源平台,提供丰富的体育电子书、音频、视频资料,方便学生随时随地查阅学习。

案例二:利用互联网平台开展线上体育课程与健康讲座

厦门市某小学利用网络教学平台,开设了"健康生活小课堂"系列线上课程,内容涵盖营养膳食、疾病预防、心理健康、运动安全等方面。学校还邀请医学专家、心理咨询师、体育明星等录制专题讲座,通过学校微信公众号、抖音账号等新媒体平台推送,让学生在家也能接受系统的健康教育。同时,学校引导

学生利用运动App，如Keep、悦跑圈等，进行自我锻炼管理，记录运动数据，形成良好的运动习惯。

案例三：利用电视广播资源开展体育新闻与赛事欣赏活动

厦门市某高中每周固定时间组织学生集体收看体育新闻节目，如CCTV-5《体育新闻》、体育栏目，了解国内外重大体育赛事、体育政策动态、体育人物故事等。学校还利用校园广播，播放体育知识短片、健康小贴士、体育励志故事等，营造浓厚的体育文化氛围。

案例四：开发校本体育课程，融入地域体育文化

厦门市属于闽南地区，某校结合本地丰富的闽南体育资源，开发了校本体育课程——"闽南童玩"。课程内容包括闽南体育项目体验（如跳格子、跳皮筋等）、闽南体育历史探究、闽南体育精神研讨等。学校图书馆专门设立了闽南体育图书专柜，收集相关书籍、影像资料，供学生查阅学习。此外，学校还邀请当地研究闽南体育文化的专家进校授课，让学生亲身体验闽南体育的魅力，加深对体育文化的理解与尊重。

案例五：借助社交媒体平台，开展体育知识竞赛与健康打卡活动

厦门市某学校利用微博、微信等社交媒体平台，定期举办体育知识问答、健康知识挑战赛等活动，激发学生主动学习体育与健康知识的兴趣。同时，学校发起"每日健康打卡"活动，鼓励学生在社交媒体上分享自己的运动照片、健康饮食、良好作息等，形成互相激励、共同进步的健康生活方式。

以上五个案例展示了具身体育教学中信息资源开发与利用的多样化实践，通过有效利用图书馆、阅览室、各类媒体资源，引导学生从多渠道获取体育与健康信息，丰富健康知识与体育文化精神，帮助学生掌握学习和锻炼方法，形成健康的意识和生活方式。这些案例为其他学校提供了可参考的实践模式，有助于推动具身体育教学信息资源的深度开发与高效利用。

具身体育教学信息资源的开发与利用，旨在构建一个立体、多元、互动的信息获取与学习环境，帮助学生在广泛汲取体育与健康知识的同时，提升信息素养，培养健康意识与生活方式，实现体育教育的深度与广度拓展。学校、教师应充分发挥各类信息资源的作用，引导学生主动学习、自主锻炼，使体育教育真正融入学生的日常生活，助力其全面发展。

六 具身体育教学时间资源的开发与利用

在具身体育教学中,时间资源的合理开发与高效利用对于保障充足的体育与健康教育时间、空间,引导学生积极参与课外体育锻炼,巩固和提高学生的学习效果至关重要。具身体育教学时间资源的开发与利用,从提高场地和器材使用效率、保证体育与健康教育的时间与空间、指导学生利用课余时间、布置体育与健康家庭作业等方面。

(一)提高场地和器材使用效率

1.科学规划与合理调度

根据课程安排、学生数量、运动项目需求,科学规划场地使用时间,避免场地闲置或冲突。合理调度器材,确保在上课时段内所需器材准备就绪,减少等待时间。

2.灵活使用与多功能开发

鼓励场地的多功能、复合化使用,如篮球场可临时调整为羽毛球场、排球场,操场可进行田径、足球、体操等多种运动。对器材进行创新使用,如普通椅子可作为平衡训练道具,可利用跳绳可进行力量、协调性训练等。

3.信息化管理

利用信息技术,如预约系统、智能管理系统,实现场地与器材的在线预约、实时监控、数据统计等功能,提高管理效率,避免资源浪费。

(二)保证体育与健康教育的时间与空间

1.严格执行课程标准

严格按照国家规定的体育课程课时安排教学,不得挤占、挪用,确保每周高中2节课、初中和小学五至六年级每周3节课、小学一至四年级每周4节课。同时,确保体育课时长充足,避免缩水现象。

2.开辟课外体育活动时间

利用大课间、课后延时服务等时段,组织各类体育社团、兴趣小组活动,提

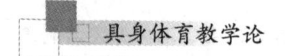

供充足的时间让学生进行自主锻炼,确保每位学生每天活动时间为校内和校外各1小时。

3.拓展体育活动空间

除了常规体育场馆外,还可利用校园空地、楼顶、走廊等非传统体育空间,设置简易健身设施,如跳绳区、拉力带区,为学生提供随时锻炼的场所。

(三)指导学生利用课余时间

1.开展体育俱乐部活动

设立篮球、足球、乒乓球、瑜伽、跑步等体育俱乐部,由专业教师或教练指导,利用课余时间进行系统训练,提高运动技能。

2.推广体育健身App

推荐学生使用如跳绳、体育健身App,提供个性化运动方案,鼓励学生利用碎片化时间进行锻炼。

3.举办体育主题活动

定期举办体育节、健康月、运动挑战赛等活动,激发学生课余时间参与体育锻炼的积极性。

(四)布置体育与健康家庭作业

1.设计多样化作业形式

多样化作业形式包括运动技能练习、健康知识学习、运动记录与反思、健康行为养成等,如要求学生在家完成一定次数的仰卧起坐、跳绳,学习一篇健康科普文章,记录一周饮食与运动情况,养成每天早睡早起的习惯等。

2.家长参与监督

鼓励家长参与到体育与健康家庭作业中,如陪伴孩子一起锻炼,监督作业完成情况,提供必要的支持与指导。

3. 评价与反馈

定期检查、评价学生体育与健康家庭作业完成情况,给予及时反馈,对表现优秀的学生给予表扬与奖励,激发学生完成作业的积极性。

(五)典型案例

案例一:高效率利用校园场地和器材

厦门市某中学在具身体育教学中,充分考虑了场地和器材的使用效率,通过科学规划、合理调度以及创新教学方式,成功地提高了体育教学的时间资源开发与利用。

1. 科学规划。学校对现有的体育场地进行了功能分区,如篮球场、足球场、羽毛球场、乒乓球台等,并制定了详细的使用时间表。同时,根据课程安排,让不同年级、班级的体育课错峰进行,避免场地冲突,确保每个班级都能在最佳时段使用到适宜的场地。

2. 合理调度。学校引入智能化管理系统,实时监控各场地的使用情况,根据实际需求灵活调整教学计划。例如,遇到恶劣天气时,及时将室外活动转至室内体育馆;在学生体质测试期间,提前预留部分场地供体测专用,以减少对常规教学的影响。

3. 创新教学方式。学校推行"模块教学""大单元教学"等体育教学模式,"模块教学"是将一个行政班拆分为若干小组,每个小组在同一时段内进行不同项目的学习。这样既解决了场地不足的问题,又满足了学生的个性化运动需求,提升了教学效率。

案例二:课余时间体育与健康实践活动

厦门市某小学在具身体育教学中,积极引导学生利用课余时间参与体育锻炼和健康实践活动,通过布置体育家庭作业、组织课外兴趣小组等方式,有效巩固和提升了学习效果。

1. 体育家庭作业。学校为学生设计了一系列有趣的体育家庭作业,如跳绳挑战、亲子瑜伽、健身操练习等,要求家长配合监督完成,并通过微信小程序打卡反馈。此举不仅让学生在家中也能保持规律的体育锻炼,还增强了亲子互动,得到了家长的广泛好评。

2. 运动队训练。学校开设了篮球、足球、舞蹈、武术等多个运动项目,每周固定时间进行训练。这些小组由专业教练或教师指导,旨在培养学生的专项技能和团队协作精神,提高校队运动水平。此外,学校还会定期举办校级联赛、表演赛等活动,为学生提供展示自我的舞台,激发他们参与体育锻炼的热情。

3.健康知识讲座与实践活动。学校定期邀请营养师、医生等专业人士来校开展健康知识讲座,教授学生如何合理饮食、预防常见疾病等。同时,组织学生参观农场、举办蔬果采摘活动等,让学生在实践中学习健康生活理念,提升自我健康管理能力。

上文所述两个典型案例分别展示了如何通过高效率利用校园场地和器材、积极引导学生利用课余时间参与体育锻炼和健康实践活动,实现具身体育教学时间资源的开发与利用,有效保障了体育与健康教育的时间和空间,巩固和提高了学习效果。

具身体育教学时间资源的开发与利用,旨在通过科学管理、创新使用、拓展空间、引导课余时间利用、布置家庭作业等方式,确保体育与健康教育有足够的时空保障,激发学生主动参与体育锻炼,持续巩固和提高学习效果。学校、教师、家长应共同参与,形成合力,推动体育教育深入学生生活,助力学生全面发展。

参考文献

一、具身认知理论方面参考文献

[1]贝洛克.具身认知:身体如何影响思维和行为[M].李盼,译.北京:机械工业出版社,2016.

[2]曹周天.具身认知理论引领下的有效教学变革[J].当代教育与文化,2021,13(1):40-44.

[3]陈巍,殷融,张静.具身认知心理学——大脑、身体与心灵的对话[M].北京:科学出版社,2021.

[4]范振强.具身认知视域下的转喻动态构建机制[M].北京:中国书籍出版社,2014.

[5]胡塞尔.哲学作为严格的科学[M].倪梁康,译.北京:商务印书馆,1999.

[6]胡万年,叶浩生.中国心理学界具身认知研究进展[J].自然辩证法通讯,2013,35(6):111-115+124+128.

[7]瓦雷拉,汤普森,罗施.具身心智:认知科学和人类经验[M].李恒威,李恒熙,王球,等译.杭州:浙江大学出版社,2010.

[8]夏皮罗.具身认知[M].李恒威,董达,译.北京:华夏出版社,2014.

[9]王凌雪.从离身到具身:论教学思维中的身体转向[D].重庆:西南大学,2015.

[10]王铿,张盼,岳晓东.儿童认知发展与具身教育[M].北京:清华大学出版社,2022.

[11]叶浩生.具身认知:认知心理学的新取向[J].心理科学进展,2010,18(5):705-710.

[12]叶浩生.具身认知的原理与应用[M].北京:商务印书馆,2017.

[13]叶浩生.身体与学习:具身认知及其对传统教育观的挑战[J].教育研究,2015(4):104-114.

[14]郑旭东,王美倩.从静态预设到动态生成:具身认知视角下学习环境构建的新系统观[J].电化教育研究,2016,37(1):18-24.

[15]张尧均.隐喻的身体:梅洛-庞蒂身体现象学研究[M].杭州:中国美术学院出版社,2006.

[16]赵富学,陈蔚,王杰,等."立德树人"视域下体育课程思政建设的五重维度及实践路向研究[J].武汉体育学院学报,2020,54(4):80-86.

[17]周生旺,程传银.新时代学校体育教育的具身认知转向及其行动逻辑研究[J].武汉体育学院学报,2021,55(12)85-92.

二、具身认知与体育教学方面的参考文献

[18]陈忠菊,曹红敏,杨辉霞.基于具身认知理论的体育教学"立德树人"路径探析[J].池州学院学报,2021,35(3):115-118.

[19]程文广.我国学校体育思想发展的哲学反思[J].北京体育大学学报,2015,38(5):77-83.

[20]邓惠茹,张晓波.具身认知视域下学校体育人文精神培养路径探析[J].四川体育科学,2021,40(6):53-56.

[21]邓若锋.身体练习体验的体育教学理论框架构建[J].体育学刊,2016,23(1):112-120.

[22]冯振伟,张瑞林,杜建军.基于具身认知理论的体育教学意蕴及其优化策略[J].沈阳体育学院学报,2017,36(5):97-102.

[23]何绍元,杨健科,朱艳,等.基于具身认知理论的体育教学转向研究[J].南京体育学院学报(自然科学版),2016,15(5):112-117.

[24]焦宗元.身体视域下体育认知的转向研究[J].沈阳体育学院学报,2017,36(5):65-69.

[25]姜勇,马晶,赵洪波.基于具身认知的体育与健康学科核心素养意蕴与培养路径[J].体育学刊,2019,26(4):88-93.

[26]刘黎,魏来来,侯同童,等.走向具身:身体素养意涵及其在学校体育中的提升路径[J].上海体育学院学报,2022,46(7):42-55.

[27]刘敏,高春刚.从具身视角看中国健康体育课程模式[J].文体用品与科技,2021(6):152-153.

[28]邱伯聪.具身化体育教学:内涵厘定、策略探究与误区规避[J].体育视野,2023(7):4-6.

[29]邱伯聪.具身认知理论开启体育教学新篇章[J].田径,2021(4):75-76.

[30]王艳琼,张亚文,谭周荣.基于具身认知理论的体育核心素养意蕴与培养路径研究[J].体育科技,2021,42(5):115-118.

[31]颜亮.身体素养导向下的我国学校体育身体观研究[D].长沙:湖南师范大学,2021.

[32]杨宁,庄弼.第二代认知科学对幼儿运动教育的启示[J].体育学刊,2015,22(6):59-63.

[33]尤洋,赵延敏.具身认知视域下我国学前儿童体育教育测评体系的高质量发展研究——基于体、技、感3种测评体系的分析[J].体育学刊,2022,29(2):107-112.

[34]张慈军,周惠新.高校体育教学中融入具身认知理论的研究[J].当代体育科技,2019,9(31):114-115.

[35]赵洪波,王祖冬,都晓娟.具身德育视域下的体育课堂教学设计研究[J].教学与管理,2022(18):97-99.

[36]周惠新.现代体育教学中的具身认知与改革[J].贵州体育科技,2015(3):31-33.

三、体育教学论方面的参考文献

[37]曹月宵.新时代初中体育课堂有效教学评价指标体系的构建研究[D].阜阳:阜阳师范大学,2022.

[38]崔久臣.基于学科核心素养的高职体育教学评价体系优化研究[D].天津:天津体育学院,2023.

[39]付成君,张典英.体能导向的大学体育教学模式研究[J].绵阳师范学院学报,2021,40(11):129-134.

[40]高文.教学模式论[M].上海:上海教育出版社,2002.

[41]耿晓松.浅谈体育课程资源开发与利用[J].当代体育科技,2018,8(12):129-130.

[42]何华兴.乐动体育教学模式在高中篮球选项教学中的实验研究[J].体育师友,2022,45(6):1-3.

[43]黄艳艳.核心素养视域下高中体育与健康课堂教学评价指标体系构建研究[D].湘潭:湖南科技大学,2022.

[44]季浏,张力为,姚家新.体育运动心理学导论[M].北京:北京体育大学出版社,2007.

[45]贾玉琛.构建新型体育教学模式推进学校体育教学改革[J].当代体育科技,2021,11(23):69-71.

[46]李秉德,李定仁.教学论[M].北京:人民教育出版社,2001.

[47]李会.信阳市初级中学体育课程资源现状与开发与利用研究[D].武汉:华中师范大学,2015.

[48]李科.贵州省少数民族地区初级中学体育课程资源开发与利用研究——以贵州省威宁县与紫云县为例[D].西安:西安体育学院,2019.

[49]李林.体育课程内容资源开发的理论与实践[D].北京:北京体育大学,2004.

[50]刘小玲.2015-2018年大学生心理健康状况调查研究[J].济宁学院学报,2019,

40(2):84-89.

[51]刘旭.基于学科核心素养的高中体育课堂教学评价指标体系建构[D].沈阳:沈阳师范大学,2021.

[52]刘志红.学校体育教学评价体系构建与可操作性研究[D].石家庄:河北师范大学,2007.

[53]麦乐乐."教会、勤练、常赛"体育教学模式的探索与实践——以广东技术师范大学乒乓球课程为例[J].广东技术师范大学学报,2023,44(3):107-112.

[54]毛振明.体育教学论[M].3版.北京:高等教育出版社,2017.

[55]毛振明,于素梅.体育教学理论问题与案例[M].北京:北京师范大学出版社,2009.

[56]毛振明,于素梅,杜晓红.初中体育教学策略[M].北京:北京师范大学出版社,2010.

[57]孟月强.再谈体育健康课课程资源开发与利用[J].当代体育科技2014,4(9):87+89.

[58]李娟.高校智慧体育教学模式的构建及实施路径[J].许昌学院学报,2022,41(2):19-22.

[59]李利利.四川省宜宾县农村中学体育课程资源开发与利用[J].四川体育科技,2015(5):105-108.

[60]李双军,张庆亮.同伴体育教学模式对3~4年级小学生友谊质量的影响研究[J].山东体育学院学报,2021,37(4):69-74.

[61]潘绍伟,于可红.学校体育学[M].3版.北京:高等教育出版社,2015.

[62]全国十二所重点师范大学.教育学基础[M].2版.北京:教育科学出版社,2008.

[63]全国体育学院教材委员会.体育概论[M].北京:人民体育出版社,1989.

[64]师玲艳,蔡哲琛,孙晨晨,等.KDL体育教学模式与传统体育教学模式的差异及应用研究[J].武术研究,2021,6(7):142-144.

[65]史晓燕.发展性教育评价的理论与实践[M].石家庄:河北教育出版社,2003.

[66]宋尽贤.中国高校体育年鉴[M].北京:九州出版社,2010.

[67]王华玮.基于OBE理念下《学校体育学》课程教学评价体系构建的研究[D].西安:西安体育学院,2023.

[68]王亚琼,罗曦娟,罗建新,等.中学体育课程教学理论与实践[M].北京:北京师范大学出版社,2011.

[69]吴本连,刘杨,季浏.体育课程资源的开发与利用提高了体育教学效果——基础教育新体育课程改革十年回顾[J].体育科技,2013,34(3):97-99.

[70]项为人.论体育课程资源的开发与利用[J].运动,2014(20):117-118.

[71]闫琪.优秀女子曲棍球运动员功能性体能训练方法体系的构建与实证研究[D].石家庄:河北师范大学,2012.

[72]张力为.体育运动心理学研究进展[M].北京:高等教育出版社,2000.

[73]张三宝.新乡市区初中体育教学评价体系构建研究[D].新乡:河南师范大学,2021.

[74]张新.普通高中体能模块课程内容构建的研究[D].重庆:西南大学,2017.

[75]张新.中学体育教学设计[M].北京:科学出版社,2012.

[76]张志勇.体育教学论[M].北京:科学出版社,2004.

[77]赵兵.中学体育课程资源的开发与利用研究[J].当代体育科技,2014(24):100+102.

[78]赵沙.商丘市县域初级中学校内体育课程资源开发与利用的研究[D].郑州:郑州大学,2021.

[79]钟志贤.大学教学模式革新:教学设计视域[M].北京:教育科学出版社,2008.

[80]周晓峰.烟台市中学体育课程资源现状与开发与利用研究[D].烟台:鲁东大学,2016.

后记

随着《具身体育教学论》的落笔,我心中有一种完成一项重大学术任务的释然,有对体育教育深刻理解后的感慨,也有对未来体育教学发展前景的美好憧憬。此书不仅是我35年来从事基础教育体育教学、凝练教学主张的成果,更是我对体育教育领域深入探索与思考的见解。

一、感谢为本书撰写与出版给予支持的单位和指导的导师们!

本书为"卓越教师教学主张丛书"之一。厦门市首批卓越教师培育项目是厦门市教育局与西南大学教育学部战略合作项目之一,本书的出版得益于西南大学教育学部的精心策划和厦门市教育局的大力支持,在此过程中,厦门市教科院培训处做了大量具体的协调工作,西南大学出版社全体编辑人员付出了辛勤劳动。厦门市第四批体育青共体为本书提供部分案例。在此,衷心感谢西南大学教育学部、厦门市教育局、西南大学出版社、厦门市教科院及厦门市第四批体育青共体等单位!

我的导师罗生全教授,以严谨的治学态度和深邃的学术视野,为我指明了研究的方向,让我在具身认知理论与体育教学实践的结合上有了更深刻的理解。项目负责人范涌峰教授和艾兴教授等导师,以其高屋建瓴的理论,为我提供理论研究视角,让我深刻理解教学论的"体系化"和专著撰写的"规范化"。衷心感谢罗生全教授、范涌峰教授及其他导师们!

二、回顾本书的撰写过程,我深刻体会到"具身性"在体育教学中的核心价值

"身心一体"是具身认知理论,具备具身性、感知性、交互性、情境性和生成性特征。基于具身认知理论的体育教学,是学生在复杂的情境性下,具身参与运动体验,身心与环境充分交互作用,生成新的程序认知与情绪认知,达到"以体育人"的目标。

具身体育教学主张教学理念主体性、教学目标生成性、教学内容全面性、教学过程参与性、教学组织情境性、教学方式交互性、教学评价多元性。具身体育高质量发展体育教学,落实学科核心素养,以达到"全面育人"的目标。

后记

书中,我试图通过具体案例分析、教学策略探讨,以及国内外先进教学理念的引入,展现如何在体育课堂中实现知识传授、体能发展、技能培养及人格塑造的和谐统一。

三、希望本书能为体育教育工作者提供借鉴与参考,为推动学校体育教育高质量发展贡献力量

希望《具身体育教学论》不仅能够成为体育教育工作者的参考指南,激发更多关于体育教学创新的思考,也能够启发社会各界更加重视体育在个体成长和社会发展中的作用。让我们共同努力,推动体育教育向着更加科学、人文、全面的方向发展,为培养具有较强运动能力、良好健康行为及优秀体育品德的下一代青少年贡献力量。

在文字的尽头,我心怀感激,期待着这本书能像一粒种子,在读者心中生根发芽,最终开出绚烂的花朵,结出丰硕的果实。这既是对过去的回望,也是对未来的期许。

本著同时作为福建省教育科学"十四五"规划2023年度课题"基于具身认知理论的体育核心素养培养的实践研究"(立项批准号:FJJKZX23－296)的研究成果。

因本人水平有限,书中难免还有许多不足之处,敬请读者们批评指正!

李加前

2024年8月